ERLEBNISWELTEN
IN DEUTSCHLAND

park scout
FREIZEITFÜHRER

VISTA POINT

Der Schwur des KÄRNAN, HANSA-PARK

VORWORT

Liebe Leserin, lieber Leser,

in einer Zeit, die in zunehmendem Maße immer stärker geprägt ist von Hektik und Alltagsstress bieten sich Freizeitparks, Zoos oder auch Erlebnisbäder als Oase der Entspannung oder als Entdeckungsreise in fremde Welten an, um die täglichen Probleme einmal außen vor zu lassen und sich eine kleine Auszeit zu gönnen.

Wilde Achterbahnen, spannende Tierbegegnungen für Jung und Alt, qualitativ hochwertige Wellness-Angebote – die Bandbreite des Angebots in den deutschen Erlebniswelten lässt keine Wünsche offen und zieht jedes Jahr Millionen von Menschen in ihren Bann. Und so unterschiedlich sie auch sein mögen, sind sie doch alle Leuchttürme der gesamten Freizeitindustrie in Deutschland, die mit einzigartigen Attraktionen und Angeboten die Lust der Menschen an Spaß, Nervenkitzel, Bildung und Erholung auf höchstem Qualitätslevel befriedigen. Dieses Buch mag als Landkarte dienen, um diese strahlenden Leuchttürme ausfindig zu machen und damit neue Welten sowie neue Abenteuer zu entdecken.

Wir wünschen Ihnen viel Vergnügen bei der Lektüre dieses Buches und viel Spaß in den deutschen Erlebnisparks Ihrer Wahl, von denen wir auf den kommenden Seiten insgesamt 72 Ziele ausführlich vorstellen ...

Ihr Parkscout.de-Team

208 ERLEBNISREICHE SEITEN

Badeparadies Schwarzwald

Erlebniswelten im
Norden

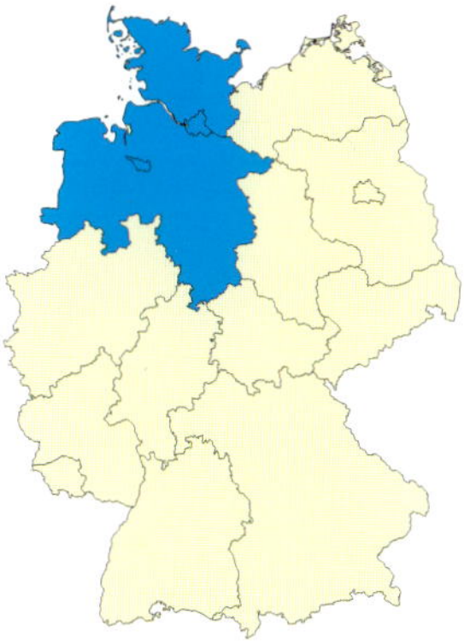

Rund 13 Millionen Menschen wohnen in den vier nördlichen Bundesländern Niedersachsen, Schleswig-Holstein, Hamburg und Bremen auf einer Gesamtfläche von fast 65.000 Quadratkilometern.

Zu den Highlights unter den Ausflugszielen im Norden gehören der Heide Park in Soltau, der HANSA-PARK an der Ostsee, der Hamburger Tierpark Hagenbeck, der Erlebnis-Zoo Hannover, der Weltvogelpark Walsrode und das BadeLand Wolfsburg.

Nachfolgend finden Sie eine Auswahl der beliebtesten Erlebniswelten der Region, von denen wir einige näher vorstellen.

Freizeitparks und Co.

Park	Ort	Internet	Seite
Miniatur Wunderland	20457 Hamburg	www.miniatur-wunderland.de	10
Kidsplanet Harsefeld	21698 Harsefeld	www.kidsplanet.tv	–
rabatzz!	22525 Hamburg-Stellingen	www.rabatzz.de	–
HANSA-PARK	23730 Sierksdorf	www.hansapark.de	14
Tolk-Schau Freizeitpark	24894 Tolk	www.tolk-schau.de	–
Tier- und Freizeitpark Thüle	26169 Friesoythe-Thüle	www.tier-freizeitpark.de	–
Jaderpark	26349 Jaderberg	www.jaderpark.de	–
Bullermeck Spielscheune	26434 Hooksiel	www.bullermeck.de	–
Magic Park Verden	27283 Verden	www.magicpark-verden.de	–
Klimahaus® Bremerhaven 8° Ost	27568 Bremerhaven	www.klimahaus-bremerhaven.de	18
Wild- und Freizeitpark Ostrittrum	27801 Ostrittrum	www.freizeitpark-ostrittrum.de	–
Heide Park Resort	29614 Soltau	www.heide-park.de	22
Serengeti-Park	29693 Hodenhagen	www.serengeti-park.de	26
Abenteuerland Mellendorf	30900 Wedemark	www.abenteuerland-mellendorf.de	–
Rasti-Land	31020 Salzhemmendorf	www.rastiland.de	32
Familienpark Sottrum	31188 Holle/Sottrum	www.familienpark-sottrum.de	–
Erse-Park	31311 Uetze	www.erse-park.com	–
Zappel Spielarena	49124 Georgsmarienhütte	www.zappelspielarena.de	–

Zoos und Tierparks

Park	Ort	Internet	Seite
Wildpark Schwarze Berge	21224 Rosengarten-Vahrendorf	www.wildpark-schwarze-berge.de	–
Wildpark Lüneburger Heide	21271 Hanstedt-Nindorf	www.wild-park.de	–
Tierpark und Tropen-Aquarium Hagenbeck	22527 Hamburg	www.hagenbeck.de	12
Möllner Wildpark	23879 Mölln	www.moelln.de	–
Esel- und Landspielhof	24327 Blekendorf	www.eselundlandspielhof.de	–
Tierpark Neumünster	24537 Neumünster	www.tierparknms.de	–
Zoo am Meer Bremerhaven	27568 Bremerhaven	www.zoo-am-meer-bremerhaven.de	20
Bürgerpark Bremen	28209 Bremen	www.buergerpark.de	–
Wild- und Abenteuerpark Müden/Örtze	29328 Müden	www.wildpark-mueden.de	–
Filmtierpark Eschede	29361 Höfer	www.filmtierpark.de	–
Greifvogel-Gehege Bispingen	29646 Bispingen	www.greifvogel-gehege.de	–
Weltvogelpark Walsrode	29664 Walsrode	www.weltvogelpark.de	24
Erlebnis-Zoo Hannover	30175 Hannover	www.zoo-hannover.de	28
Schmetterlingsfarm Steinhude	31515 Wunstorf/Steinhude	www.schmetterlingsfarm.de	–
Tierpark Bad Pyrmont	31812 Bad Pyrmont	www.tierpark-badpyrmont.de	–
Arche Noah Zoo Braunschweig	38124 Braunschweig	www.zoo-bs.de	–
Tierpark Essehof	38165 Lehre-Essehof	www.tierpark-essehof.de	–
Tierpark Nordhorn	48531 Nordhorn	www.tierpark-nordhorn.de	36
Zoo Osnabrück	49082 Osnabrück	www.zoo-osnabrueck.de	38
Naturtierpark Ströhen	49419 Ströhen	www.tierpark-stroehen.de	–

Erlebnisbäder

Bad	Ort	Internet	Seite
Salztherme Lüneburg	21335 Lüneburg	www.salue.info	–
ARRIBA Erlebnisbad	22850 Norderstedt	www.arriba-erlebnisbad.de	–
Badebucht Wedel	22880 Wedel	www.badebucht.de	–
Ostsee-Therme Scharbeutz	23683 Scharbeutz	www.ostsee-therme.de	–
Badeparadies Weissenhäuser Strand	23758 Weissenhäuser Strand	www.weissenhaeuserstrand.de	–
HolstenTherme	24568 Kaltenkirchen	www.holstentherme.de	–

Erlebnisbäder (Fortsetzung)

Bad	Ort	Internet	Seite
Olantis Huntebad	26122 Oldenburg	www.olantis.com	–
Nordseetherme Sonneninsel	26427 Bensersiel	www.bensersiel.de	–
Ocean Wave	26506 Norden-Norddeich	www.ocean-wave.de	–
Graft Therme	27753 Delmenhorst	www.grafttherme.de	–
Weserpark Oase	28307 Bremen	www.weserpark-oase.de	–
Soltau Therme	29614 Soltau	www.soltau-therme.de	–
Allwetterbad Munster	29633 Munster	www.ihr-stadtwerk.de	–
Wasserparadies Hildesheim	31134 Hildesheim	www.wasserparadies-hildesheim.de	–
Sole- Frei- und Hallenbad	31162 Bad Salzdetfurth	www.mit-natur-natuerlich-fit.de	–
Tropicana Stadthagen	31655 Stadthagen	www.tropicana.stadthagen.de	–
Badeparadies Eiswiese	37073 Göttingen	www.badeparadies.de	–
BadeLand Wolfsburg	38448 Wolfsburg	www.badeland-wolfsburg.de	34
Nettebad Osnabrück	49090 Osnabrück	www.nettebad.de	40
Hallenwellen- und Freibad Vechta	49377 Vechta	www.vechta.de	–
Spaßbad Topas	49733 Haren/Ems	www.schlossdankern.de	–

Informationen im Internet

Mehr Erlebnisparks im Norden Deutschlands finden Sie unter:
www.parkscout.de
www.freizeitstars.de

Direkte Links
Niedersachsen: www.parkscout.de/bundesland/niedersachsen
Bremen: www.parkscout.de/bundesland/bremen
Hamburg: www.parkscout.de/bundesland/hamburg
Schleswig-Holstein: www.parkscout.de/bundesland/schleswig-holstein

01 Hamburg

MINIATUR WUNDERLAND

Und Action!

Adresse
Miniatur Wunderland
Kehrwieder 2-4, Block D
20457 Hamburg
Tel.: 0 40 / 300 68 00
www.miniatur-wunderland.de

Preise
Erwachsene (ab 16 J.): 13,00 €
Kinder (1m – 15 J.): 6,50 €
Kinder (unter 1m): frei
Schüler / Studenten: 9,00 €
Senioren (ab 65 J.): 11,00 €
Parken: öffentliche Parkplätze

Öffnungszeiten
Ganzjährig täglich geöffnet
9:30 – 18 Uhr
Je nach Wochentag oder Jahreszeit hat das Wunderland häufig sogar bis in die späteren Abendstunden geöffnet oder öffnet seine Pforten auch schon früher als 9:30 Uhr.

Gastronomie
Im Bistro-Restaurant werden kalte und warme Speisen zu familienfreundlichen Preisen angeboten.

Neu 2016
Der neue Bauabschnitt »Italien«, der in diesem Jahr eröffnen soll, nimmt mehr und mehr Gestalt an. Bei einem Besuch in diesem Jahr können Sie den Modellbauern bei ihrer spannenden Arbeit über die Schulter schauen.

Events
Mehrmalig im Jahr kann man bei dem Event „Nachts im Wunderland" die Miniatur-Welt in einem kleinen Kreis von Besuchern in entspannter Atmosphäre genießen und sogar einen Blick hinter die Kulissen erhaschen.

Leuchtende Kinderaugen im Miniatur Wunderland (Titelbild)
Themenbereich Amerika (r.)

Wer hat in seiner Kindheit nicht davon geträumt, eine tolle Anlage für die Modelleisenbahn zu basteln und die Züge nach Herzenslust durch die selbstgebauten Landschaften fahren zu lassen?! Die Brüder Frederik und Gerrit Braun haben sich diesen Traum erfüllt – und haben in einem denkmalgeschützten Gebäude in der Hamburger Speicherstadt nicht nur irgendeine Modelleisenbahn-Anlage errichtet, sondern direkt die größte der Welt.

Allerdings fing im Jahr 2000 auch hier natürlich alles erst einmal klein an und die mittlerweile neun vorhandenen Bauabschnitte mitsamt charakteristischen Landschaften und berühmten Bauwerken entstanden Stück für Stück. Bewegte man sich mit »Harz«, »Knuffingen«, »Österreich« und »Hamburg« zunächst auf heimischem Territorium, machte man schließlich den Sprung über den großen Teich nach »Amerika«, wandte sich dann mit dem Bauabschnitt »Skandinavien« dem hohen Norden zu, die letzten Neuzugänge waren die »Schweiz« und der »Flughafen«. Aber damit sind die Gebrüder Braun noch lange nicht zufrieden. Eifrig werden Pläne für die kommenden Jahre geschmiedet. Zunächst folgen »Italien« und »Frankreich« und darüber hinaus spuken noch viele spannende Ideen für die weitere Entwicklung in den kreativen Köpfen der Macher herum.

Weitaus mehr als „nur" Eisenbahnen

Aber das Miniatur Wunderland ist weit mehr als eine herkömmliche Modellbahn-Anlage, in der Züge durch eine idyllische Umgebung fahren und hier und da mal ein paar Figuren zu sehen sind. Stattdessen eröffnet sich dem Besucher eine spektakuläre Miniatur-Welt, die alle 15 Minuten den Wechsel von Tag und Nacht durchläuft und die gefüllt ist mit einer Menge an Leben. Die Landschaften strotzen nur so vor Details und Feinheiten, sind vollgepackt mit größeren oder kleineren Szenerien, die den Betrachter oftmals zum Schmunzeln bringen. Von Großereignissen wie Ritterfestspielen, Pop-Konzerten oder einem Fußballmatch über Gefängnisausbrüche und Verkehrsunfälle bis hin zu tanzenden Elfen oder einem Liebespaar, das es sich im Sonnenblumenfeld gemütlich macht, ist alles vertreten.

Zudem geht auch ein Feuerteufel um, der regelmäßig an verschiedenen Stellen Brände legt – die von einer ganzen Brigade an Wunderland-Feuerwehrwagen aber natürlich schnellstmöglich gelöscht werden. Hinter diesen Aktionen steckt das „Carsystem", eine eigens von den Brauns ausgetüftelte revolutionäre Technik, die die kleinen Fahrzeuge computergesteuert durch die Straßen düsen lässt. Ebenso entwickelten die kreativen Köpfe Möglichkeiten, um die Modell-Flieger am »Flughafen« starten und landen zu lassen und in den großen Wasserbecken im Bereich »Skandinavien« Ebbe und Flut zu simulieren.

Fazit

Diese faszinierende Anlage in der Hamburger Speicherstadt ist absolut einen Besuch wert und kann sowohl großen als auch kleinen Gästen sehr ans Herz gelegt werden. Nicht umsonst ist das Miniatur Wunderland mit über einer Million Besuchern pro Jahr die beliebteste Touristen-Attraktion der Stadt.

Parkscout-Tipps

Vor allem an Wochenenden und in den Ferien kann es am Einlass zu langen Wartezeiten kommen. Um diese zu umgehen, können Sie auf der Homepage einen Blick auf die Wartezeitenprognose werfen oder über das Reservierungssystem spezielle Tickets buchen, mit denen Sie zu einer bestimmten Ankunftszeit bevorzugten Einlass erhalten.

An bestimmten Tagen wird ein Rollstuhl-Abend angeboten, der sich ausschließlich an Rollstuhlfahrer und schwerstbehinderte Gäste richtet, die hier einen freien Blick auf die Anlage bekommen.

02 Hamburg

TIERPARK HAGENBECK

Hamburgs tierisches Original

Adresse
Tierpark und Tropen-Aquarium Hagenbeck
Lokstedter Grenzstraße 2
22527 Hamburg
Tel.: 0 40 / 530 03 30
www.hagenbeck.de

Preise
Tierpark:
Erwachsene (ab 17 J.): 20,00 €
Kinder (4 – 16 J.): 15,00 €
Tropen-Aquarium:
Erwachsene (ab 17 J.): 14,00 €
Kinder (4 – 16 J.): 10,00 €
Kombikarte:
Erwachsene (ab 17 J.): 30,00 €
Kinder (4 – 16 J.): 21,00 €
Kinder (0 – 3 J.): frei

Öffnungszeiten
Ganzjährig täglich geöffnet
Tierpark: 9 – 18 Uhr
Im Winter gelten verkürzte Öffnungszeiten bis 16:30 Uhr, im Sommer ist bis 19 Uhr geöffnet.
Tropen-Aquarium: 9 – 18 Uhr

Gastronomie
Während im Sommer die „Flamingo-Lodge" mit einer abwechslungsreichen Speisekarte für das leibliche Wohl sorgt, können die Besucher im Winter in das gemütliche „Restaurant am Spielplatz" einkehren. Zudem sind ganzjährig mehrere Imbiss-Stände und Picknickplätze zu finden.

Neu 2016
Bei Drucklegung dieses Buches waren noch keine Pläne des Zoos bezüglich Neuheiten für 2016 bekannt – lassen Sie sich einfach überraschen.

Hai-Atoll (Titelbild)
Afrika-Panorama (r.)

Hagenbeck gehört zu Hamburg wie Michel, Hafen, Alster und Elbe und hat sich zu einer der wichtigsten kulturellen Institutionen der Hansestadt entwickelt. Elefanten und Giraffen füttern, Eisbären und Walrossen beim Tauchen zusehen, Ponys reiten und Ziegen streicheln – all das und noch viel mehr können die Besucher des Tierparks.

Der Name Hagenbeck steht seit mehr als einhundert Jahren für die einzigartige Mischung aus großzügiger Parkanlage, Tieren aus aller Welt und kulturellen Bauwerken. Freisichtanlagen wie das berühmte »Afrika-Panorama« oder das innovative Orang-Utan-Haus begeistern die Gäste. Auf 25 Hektar leben 1.850 Tiere aller Kontinente aus 210 Arten, etliche bedrohte Arten werden hier mit großem Erfolg gezüchtet. Das Füttern der Asiatischen Elefanten ist in dieser Form einmalig in Deutschland. Sogar Giraffen dürfen zu bestimmten Zeiten gefüttert werden. Bei den moderierten Schaufütterungen erzählen Tierpfleger Wissenswertes über ihre Schützlinge.

Seit Juli 2012 verzaubert das »Eismeer« die Gäste: Der 750 Meter lange Besucherweg führt durch Felslandschaften und Eisformationen.

Gewaltige Walrosse tauchen in ihrem acht Meter tiefen Becken und beäugen die Besucher. Seebären tollen herum, Eisbären schwimmen vorbei, während eine Kolonie Humboldt-Pinguine blitzschnell durch das Wasser taucht. In dem sieben Grad warmen Lebensbereich der arktischen Pinguine können die Tiere nicht nur schwimmen, sondern mit Klettern, Rutschen und Hüpfen ihr gesamtes Repertoire an natürlichen Bewegungsabläufen nutzen.

Expedition um den Äquator

Ein verschlungener Dschungelpfad führt über vier Ebenen durch die einzigartige Erlebniswelt des Tropen-Aquarium Hagenbeck. Üppige Pflanzen wuchern in verlassenen Dörfern, Schlangen winden sich durchs Geäst, Echsen huschen durch das Grün, Lemuren turnen über den Madagaskar-Dorfplatz, Krokodile lagern am Ufer eines Sees und Vögel fliegen durch die feuchtwarme Luft. Es gibt Leben in jeder Nische, die Natur erobert sich alle Räume zurück. Mehr als 14.300 Tiere aus über 300 Arten leben unter einem sonnendurchlässigen Foliendach.

Ein Stollen führt in eine Höhlenwelt mit einzigartigen Bewohnern. Durch die Kommandozentrale eines U-Boots geht es direkt in die Unterwasserwelt. Armdicke Muränen, extravagante Feuerfische und die farbenprächtige Welt eines lebenden Korallenriffs gehören zu den Anblicken, die sonst nur Tauchern vorbehalten sind. In insgesamt 31.000 Litern Süßwasser und 2 Millionen Litern Salzwasser zeigen sich verborgene Welten. Highlight ist das »Große Hai-Atoll«: Die in Europa einzigartige, konkav gebogene Sichtscheibe ist 14 Meter lang, sechs Meter hoch und 22 Zentimeter dick. Verschiedene Haiarten, Stechrochen, ein Riesenzackenbarsch und viele andere Fische ziehen in den 1,8 Millionen Litern Wasser ihre Bahnen.

Parkscout-Tipp

Während der Dschungel-Nächte am 28. Mai sowie am 4. und 11. Juni werden den Besuchern tropische Klänge, Shows und Exotik geboten; die traumhaften Romantik-Nächte am 13., 20. und 27. August hingegen bezaubern mit Evergreens und Liebesliedern. Beginn ist jeweils um 18 Uhr, geschlossen wird der Tierpark bei diesen Veranstaltungen erst in den späten Abendstunden.

03 Schleswig-Holstein

HANSA-PARK

Freizeitspaß mit frischer Brise

Adresse
HANSA-PARK
Am Fahrenkrog 1
23730 Sierksdorf
Tel.: 0 45 63 / 47 40
www.hansapark.de

Preise
Erwachsene (ab 15 J.): 36,00 €
Kinder (4 – 14 J.): 29,00 €
Kinder (0 – 3 J.): frei
Senioren (ab 60 J.): 29,00 €
Parken: 4,00 €

Öffnungszeiten
24.03. – 30.10.2016
9 – 18 Uhr
Während der „Zeit der Schattenwesen" (01.10. und 03.10. sowie 07.10. bis 09.10.) sowie während des „Herbstzaubers am Meer" (15.10. bis 30.10.) hat der Park bis 21 Uhr geöffnet.

Gastronomie
Der HANSA-PARK bietet seinen hungrigen Gästen nicht nur Quickfood und Süßigkeiten, sondern auch eine große Auswahl an regionalen und internationalen Gerichten, wobei auch gesunde Speisen wie frische Salate, Gemüsesticks und Obst nicht fehlen. Das alles gibt es zu wirklich fairen Preisen, so dass man den Picknick-Korb getrost zu Hause lassen kann.

Events
Die „Zeit der Schattenwesen" bricht vom 01. bis 03.10. sowie vom 07. bis 09.10 über den Parkbesucher herein. Beim „Herbstzauber am Meer" in der Zeit vom 15. bis 30.10. verwandelt sich der HANSA-PARK in ein funkelndes Lichtermeer.

Neu 2016
Im Laufe der Saison werden die Eröffnung der Kinderachterbahn »Der kleine Zar« und des neuen »HANSE-Fliegers« für Begeisterung sorgen. Bereits zu sehen ist der 4D-Film „Das magische Haus".

Der Schwur des KÄRNAN (Titelbild)

Einen ganz besonderen Platz unter den großen deutschen Freizeitparks nimmt unbestritten der HANSA-PARK im schleswig-holsteinischen Sierksdorf ein. Einerseits durch seine einmalige Lage, die den Besuchern einen Blick aufs Meer bietet. Andererseits durch eine Auswahl an Attraktionen für jedes Alter und eine besondere Art des Erzählens, die die Geschichte der Hanse greifbar macht.

Schon vor Betreten des Parks blicken die Gäste auf die originalgetreu in hochwertig handwerklicher Tradition nachgebildeten Fassaden bekannter Gebäude aus verschiedenen Hansestädten in Europa. Das wohl hierzulande bekannteste Wahrzeichen, das Lübecker Holstentor, fungiert als zentraler Blickfang und Eingangsportal zugleich. Der Bezug zu eben jener Historie und dem allgegenwärtigen Wasser sind unübersehbar die Inspirationsquelle der HANSA-PARK-Macher. Wasserspaß ist überall. Eine supersteile Abfahrt erleben die Bootspassagiere im »Super-Splash«, einer spaßigen Attraktion, die im Sommer besondere Beliebtheit durch ihren hohen Nässefaktor und die damit verbundene Erfrischung erfährt. Zumindest die Chance, auch einmal trocken zu bleiben, bietet die Wasserbahn »Rio Dorado« im mexikanischen Design. Das Gleiche gilt im Übrigen für die Wildwasserbahn, die zu den schönsten in Deutschland zählt. Doch nicht nur die Fahrattraktionen zeigen, dass man als Gast seine Wasserscheu ablegen sollte. Gerade für die kleinen Gäste, die in der Regel einen besonderen Drang zum Wasser haben, sind der Wasserspielplatz im Wikingerlook und nicht zuletzt der freche »Sprechende Brunnen« mit seinen lockeren Sprüchen und unberechenbaren Fontänen ein Hit. Eine Wasserattraktion speziell für Familien mit kleineren Kindern und ein großer Publikumsliebling ist die »Sturmfahrt der Drachenboote«.

Hoch hinaus – auch für die Kleinen

Wenn die Großen mutig im »Navajo Trail« den Pfad der Häuptlinge bezwingen und ihren Spaß in einem der höchsten und größten Hochseilgärten seiner Art in Europa haben, kommen im HANSA-PARK auch die Kids nicht zu kurz. Wie bereits der Name »Niedrigseilgarten« verrät, sorgt der spezielle Kinderparcours für altersgerechtes Magenkribbeln knapp über dem Boden.

Überhaupt legt man hier merklich viel Wert darauf, dass die jüngsten Besucher einen tollen Tag im Park erleben können. Erst 2013 gab es mit dem »Dschungel-Paradies« eine Ergänzung zu den vielen Attraktionen wie Ballpools, Kinder-Freifallturm und Karussells, die ganz alleine oder in Begleitung der Eltern erlebt werden können, und 2014 erweiterte der Park sein Spielangebot mit der »Fondaco dei Tedeschi« noch um ein weiteres Highlight.

Ungeheurer Nervenkitzel

»Nessie«, Deutschlands erste Loopingachterbahn, ist nach wie vor ein besonderer Klassiker nicht nur für die Coasterfans. Auch die Achterbahnen »Crazy Mine«, im Stile wildgewordener Bergwerksloren, und »Rasender Roland«, der die Strecke und sogar den Looping von Nessie kreuzt, machen eine Menge Spaß. Die »Schlange von Midgard« als eine der jüngsten Achterbahnen des Parks erzählt indes eine Geschichte aus den nordischen Mythen. Die aufwendig gestaltete Bahn ist nicht nur optisch ein Highlight und sollte unbedingt ausprobiert werden. Für viele Gäste und Achterbahnfreunde weltweit stellt der »Fluch von Novgorod« eine der

Themenwelt „Hanse in Europa“

Rio Dorado (o.)
Im Hochseilgarten (u.)

Top-Attraktionen des Parks dar. Die kombinierte Achterbahn- und Themenfahrt setzt weltweit Maßstäbe und katapultiert die Fahrgäste wortwörtlich auf eine wilde Fahrt mit einmaligen Fahrelementen. Ein schaurig-schönes Vergnügen, das auch bereits mehrere der begehrten Parkscout-Awards gewinnen konnte. Zur Steigerung des Nervenkitzels präsentierte der HANSA-PARK in der vorigen Saison den 73 Meter hohen Stahlgiganten »Schwur des KÄRNAN«. Die mit fast 130 Stundenkilometern über die Schienen jagende Sensationsbahn wurde für die aktuelle Saison weiter aufwendig gestaltet und kann mit einem wahrhaft mystischen Soundtrack aufwarten, der übrigens im Park auf CD gekauft werden kann.

Ob bei einer ruhigen Fahrt im 100 Meter hohen »Holstein-Turm«, nebst Blick über Meer und Park, oder bei einer Eisenbahnfahrt mit dem »HANSA-PARK-Express« – irgendwo lässt sich sicher die eine oder andere Attraktion entdecken, die noch unbedingt ausprobiert werden muss. Sehenswert ist in jedem Falle immer auch das Showangebot, das von der bei Kindern beliebten Seelöwenshow über die Varietéshow in der »Arena del Mar« bis hin zu Freilichtdarbietungen und der aufwendig gestalteten Parade reicht. Für ein paar Minuten Pause und Entspannung sorgen nicht nur gemütliche Bootsfahrten, sondern auch gärtnerisch schön gestaltete Bereiche des Parks mit ausreichend vielen Sitzmöglichkeiten.

Parkscout-Tipps

Eine perfekte Kombination aus Freizeitparkbesuch und Familienurlaub bietet sich mit den Bungalows und Ferienwohnungen des HANSA-PARK Resort direkt zwischen Park und Ostsee.

Das Preis-Leistungs-Verhältnis des Frühstücks im HANSA-PARK ist kaum zu schlagen. Sie können den Park bedenkenlos nüchtern betreten und dort in aller Ruhe frühstücken, ohne dass es sich in der Urlaubskasse allzu stark bemerkbar macht.

Das gastronomische Angebot des HANSA-PARK, das in den vergangenen Jahren ebenfalls mehrfach mit einem Parkscout-Award ausgezeichnet wurde, ist in jedem Falle erwähnenswert. Die abstimmenden Leser honorierten insbesondere die Auswahl, die weit entfernt von der obligatorischen Currywurst mit Pommes (die es aber selbstverständlich auch gibt) liegt: Fischgerichte, die zu einem Park am Meer natürlich dazugehören, sind hier ebenso zu finden wie saisonale Angebote oder gesundes Gemüse.

Ein bunter Strauß an Events

Bekannt ist der HANSA-PARK bereits seit Längerem auch für seine schön gestalteten Events: Bei „Sommerblüte im HANSA-PARK" stehen namengebend die Kunstwerke der Natur im Vordergrund. Farbenprächtige Blütenarrangements und Musik lassen den HANSA-PARK zur permanenten Gartenschau werden. Die „Zeit der Schattenwesen" lässt die Besucher im Herbst gepflegt gruseln, bevor der „Herbstzauber am Meer" traditionell den Saisonabschluss mit einer einzigartigen Lichterparade, einer Abendshow und einem grandiosen Feuerwerk bildet.

Fazit

Der HANSA-PARK macht vor, wie ein guter Freizeitpark sein muss: Spaß für die ganze Familie von Jung bis Alt und ein moderates Preis-Leistungs-Verhältnis machen ihn zum echten Tipp für einen vielversprechenden Familienausflug.

Direkt am Freizeitpark übernachten im HANSA-PARK Resort

04 Bremen

KLIMAHAUS® BREMERHAVEN 8° OST

Kommen Sie mit auf eine Reise um die Welt

Adresse
Klimahaus® Bremerhaven 8° Ost
Am Längengrad 8
27568 Bremerhaven
Tel.: 04 71 / 90 20 30-0
www.klimahaus-bremerhaven.de

Preise
Erwachsene: 15,00 €
Ermäßigte: 11,00 €
Kinder bis 4 Jahre: frei

Öffnungszeiten
April – August
Mo – Fr: 9 – 19 Uhr
Sa + So, Feiertag: 10 – 19 Uhr
September – März
Mo – So: 10 – 18 Uhr
Am 24., 25., 31.12. und am 1.01. geschlossen

Gastronomie
Mit dem »Café südwärts« und dem Restaurant »Längengrad« stehen verschiedene Möglichkeiten für größere oder kleinere Mahlzeiten zur Verfügung. Auch für Veranstaltungen mit bis zu 800 Personen kann auf Anfrage gesorgt werden.

Neu 2016
„Das große Krabbeln im Klimahaus" hat begonnen. In der komplett neu gestalteten Reisestation Sardinien gibt es ab sofort auch Echsen, Schildkröten, Spinnen, Skorpione und viele Insekten zu entdecken. Der Clou: Sie erleben den Ausstellungsbereich selbst aus der Insektenperspektive.

Events
Gefragte Eventlocation: Zahlreiche Veranstaltungen und Kongresse, spezielle Führungen oder Vorträge werden aktuell auf der Internetseite angekündigt. Außerdem können die Räumlichkeiten des Klimahauses für jede Art von Events genutzt werden.

Gehen Sie auf ein beeindruckendes Abenteuer und erleben Sie die Klimazonen der Erde hautnah. Das Klimahaus Bremerhaven 8° Ost ist nicht nur die beliebteste Attraktion der Havenwelten Bremerhaven, sondern auch die besucherstärkste im Land Bremen.

Im Ausstellungsbereich »Reise« wandern Sie einmal um den Globus. Dabei ist das Klimahaus Start und Ziel einer ungewöhnlichen Reise. Entlang des 8. Längengrades erkunden Sie zunächst die schroffe Landschaft der Schweizer Alpen und die Gluthitze der Sahelzone. Vom afrikanischen Regenwald gelangen Sie in das Packeis der Antarktis, bevor es weiter zum Sandstrand von „Samoa" geht. Über Alaska geht es schließlich durch das Wattenmeer zurück nach Bremerhaven. Unterwegs begegnen Ihnen Menschen aus aller Welt, die aus ihrem Alltag erzählen und berichten, wie das vorherrschende Klima ihr Leben beeinflusst.

Weltentdecker für einen Tag

Jede Reisestation zeigt Ihnen die Inszenierung eines tatsächlich existierenden Ortes. Durch die aufwendig gestalteten Landschaften, Gerüche, Klänge und die passenden klimatischen Bedingungen wird der Ausstellungsbesuch zum unvergesslichen Erlebnis. Nicht nur die Rauminstallationen und Kulissen, interaktive Exponate und Medienstationen gehören zum Ausstellungskonzept, sondern auch viele Tiere und Pflanzen. Hier werden Sie für einen Tag zum Weltentdecker. Gänsehaut bei über 30° C inklusive!

Neben der »Reise« erwarten Sie aber noch weitere interessante Ausstellungsbereiche: Die »Perspektiven« veranschaulichen Vergangenheit und Gegenwart des Klimas und geben Auskunft über die Auswirkungen auf die Zukunft. Der Bereich »Chancen« zeigt an konkreten Beispielen und praktischen Experimenten, wie Sie durch einfache Maßnahmen zum Klimaschutz beitragen können.

Im »Wetterstudio« erfahren Sie welche Faktoren das Wetter beeinflussen und moderieren Ihren eigenen Wetterbericht live aus der „Greenbox". Außerdem können Sie in der Eventküche des Klimahauses mit Familie oder Freunden die Zusammenhänge zwischen Klima und Ernährung erfahren oder Sie erleben Ihr Abenteuer über den Wolken beim Pilotentraining in Norddeutschlands einzigem Hubschraubersimulator.

Fazit

Das Klimahaus Bremerhaven bietet ein vielfältiges Tagesprogramm für Jung und Alt. Für Einzelbesucher, Familien, den Klassenausflug oder Ihre Gruppenreise. Für den Snack oder die Stärkung zwischendurch stehen Ihnen das Restaurant „Längengrad" und das „Café südwärts" zur Verfügung.

Parkscout-Tipp

Gerade bei dem komplexen Thema Klima kann man schnell die Übersicht verlieren. Das Angebot einer Führung sollte deshalb gleich genutzt werden – rechtzeitiges Reservieren nicht vergessen!

Außenansicht des Klimahauses (Titelbild)
Klimahaus Eventküche (o.)
Pilotentraining (u.)

05 Bremen

ZOO AM MEER BREMERHAVEN

... mit Nordsee-Aquarium

Adresse
Zoo am Meer Bremerhaven
H.-H.-Meier-Straße 7
27568 Bremerhaven
Tel.: 04 71 / 30 84 10
www.zoo-am-meer-bremerhaven.de

Preise
Erwachsene (ab 15 J.): 8,50 €
Schüler / Studenten: 6,00 €
Kinder (4 – 14 J.): 5,00 €
Kinder (0 – 3 J.): frei
Parken: 6,00 €

Öffnungszeiten
Ganzjährig täglich geöffnet
April – September: 9 – 19 Uhr
März + Oktober: 9 – 18 Uhr
November – Februar: 9 – 16:30 Uhr

Gastronomie
Nicht nur für das Wohl der Tiere wird hier gesorgt – auch die Besucher werden bestens verpflegt im Restaurant und Café mit Meerblick.

Events
Im Zoo am Meer wird so einiges geboten, darunter eine Nachtführung, der Forschertag für Kinder oder der Zootag, an dem man einmal hinter die Kulissen schauen darf. Weitere Informationen finden Sie auf der Homepage.

Neu 2016
Bei Drucklegung dieses Buches waren noch keine Pläne des Zoos bezüglich Neuheiten für 2016 bekannt – lassen Sie sich einfach überraschen.

Tauchender Eisbär (Titelbild)

Waren Zoos und Tierparks in der Vergangenheit oftmals nur eine Ansammlung von Tiergehegen, so sind moderne Anlagen nicht nur von den Haltungsbedingungen exotischer und heimischer Tiere deutlich besser geworden. Thematische Konzepte bilden einen großen Kontrast zur reinen Tierschau. Ein besonderer Vertreter dieser neuen Art Tierparks ist der Zoo am Meer in Bremerhaven.

Nicht nur im Wasser zu Hause

Zwar zählt der 1928 gegründete und nach mehrjähriger kompletter Umbauphase in 2004 wiedereröffnete Zoo mit rund 300.000 Besuchern jährlich nicht zu den größten Tierparks in Deutschland – jedoch zeichnet sich dieser vielleicht gerade deshalb mit seiner nordischen und maritimen Ausrichtung als besonders lohnenswertes Ziel aus. Die Chance, mit dem Umbau „alles richtig zu machen“, wurde genutzt: Die Einbeziehung der natürlichen Meereskulisse in die Gehegegestaltung vermittelt durch die großzügigen, naturnahen Biotopanlagen einen Eindruck von der Weite im Lebensraum von Robben, Pinguinen und ihren tierischen Kollegen. In dem ständig gereinigten und daher glasklaren Wasser hinter dicken Glasscheiben tummeln sich Eisbären so nah, dass man unweigerlich Gänsehaut bekommen muss. Auch die quirligen Zwergotter sind auf ihren Unterwasserstreifzügen prima zu beobachten. Das Leben begann im Wasser, und da Wasser ein Themenschwerpunkt im Zoo am Meer ist, sind neben Scholle, Kabeljau, Knurrhahn, Seesternen und Seeigel auch versteinerte Wasserlebewesen in vielfältiger Form zu sehen.

Im neuen Nordsee-Aquarium trifft man in neun Becken mit einem Gesamtwasservolumen von etwa 200.000 Litern auf Tiere verschiedener Lebensräume der Nordsee. Tiere des Brackwassers der Weser, wie beispielsweise Zander, Aal oder Meerforelle, werden hier vorgestellt. In Seegraswiesen lassen sich Jungfische, Seenadeln und Seepferdchen beobachten. Der Nachbau einer Hafenmole mit ihren Bewohnern beeindruckt ebenso wie die Tangwälder vor Helgoland. Doch auch andere Tiere, die man eigentlich weder dem nassen Element noch einer nordischen Herkunft zurechnen würde, haben in Bremerhaven eine Heimat gefunden und fühlen sich sichtlich wohl:

Die Schimpansen mit ihren Jungtieren in der weiten Zoosavanne und die kleinen Weißgesichtsseidenaffen im Regenwald begeistern immer.

Lehrreiches Engagement

Der Zoo engagiert sich für den Schutz bedrohter Tierarten mit der Beteiligung an Zuchtprogrammen und Projekten in den Herkunftsländern der Tiere. Bei verschiedenen Veranstaltungen wird in vielfältiger Weise auf die Bedrohung von Tierarten und Lebensräumen hingewiesen, damit auch die Besucher ein Gespür für die Wichtigkeit dieser Projekte bekommen. Forschungen an Wildtieren und naturkundliche Bildung in Form von Zooschulunterricht gehören heute ebenfalls zu den Aufgaben von modernen Zoos. Insgesamt kann der Zoo am Meer mit seiner modernen Gestaltung und Präsentation überzeugen und sollte bei einem Aufenthalt im Raum Bremerhaven zu den Ausflugszielen gehören.

Parkscout-Tipps

„Wissen live“: Durch tägliche kommentierte Fütterungen (ab 10:30 Uhr) erfährt man Unglaubliches, Wissenswertes und Lustiges direkt von den Tierpfleger/-innen.

An jedem Montag (abgesehen von Feiertagen) gelten reduzierte Eintrittspreise.

Wer noch ein originelles Geschenk für verschiedene Gelegenheiten sucht, wird sich vielleicht für eine Tierpatenschaft gewinnen lassen: Ab 50 € für ein Zwerghuhn bis 2.500 € für einen Eisbären findet sich bestimmt das Passende.

Seepferdchen im Aquarium (o.)
Pinguine beobachten (u.)

06 Niedersachsen

HEIDE PARK RESORT

Rekorde und Premieren

Adresse
Heide Park Resort
Heide Park 1
29614 Soltau
Tel.: 0 18 05 / 91 91 01
0,20€/Min. aus dem Festnetz, Mobilfunk max. 0,60€/Min.
www.heide-park.de

Preise
Erwachsene (ab 12 J.): 46,00 €
Kinder (3 – 11 J.): 39,00 €
Kinder (0 – 2 J.): frei
Parken: 6,00 €

Öffnungszeiten
19.03. – 20.10.2016
10 – 18 Uhr
In der Nebensaison gelten verkürzte Öffnungszeiten.

Gastronomie
Die Palette reicht von deftigen bayrischen Spezialitäten über amerikanische Burger bis hin zu Currywurst, Pizza und frischen Salaten. Zudem kommen bei Waffeln, Crêpes, Lebkuchenherzen und den verschiedensten Eissorten auch Naschkatzen auf ihre Kosten.

Neu 2016
Der neue Themenbereich „Drachenzähmen – Die Insel" sorgt mit neuen Fahrattraktionen für glänzende Kinderaugen.

Colossos (Titelbild)
Mountain-Rafting (r.o.)
Dive Coaster KRAKE (r.u.)

Weltrekorde, Deutschland-Premieren und eine ausgewogene Mischung aus Thrill-Attraktionen und familienfreundlichen Angeboten – mit diesen Worten lässt sich Norddeutschlands größter Familien- und Freizeitpark, das Heide Park Resort in Soltau, am einfachsten beschreiben. Wenn es darum geht, seinen Gästen deutschlandweit einmalige Erlebnisse zu bieten, war und ist man in der Lüneburger Heide immer ganz vorne dabei – und das bereits seit über 35 Jahren.

So war »Desert Race« mit einer Beschleunigung von 0 auf 100 Stundenkilometern in nur 2,4 Sekunden bei der Eröffnung die erste Katapultstart-Achterbahn des Landes, mit »Limit« brachte man im Heide Park Resort bereits im Jahre 1999 die erste Hängeachterbahn nach Deutschland und »KRAKE« ist seit der Eröffnung 2011 der einzige Dive Coaster bundesweit mit einem Fall aus über 40 Metern Höhe. Das bereits 2001 eröffnete Mammutprojekt »Colossos« gilt immer noch als höchste und schnellste Holzachterbahn Europas, und auf dem ganzen Planeten findet sich kein anderer Gyro-Drop-Tower, der es mit der Höhe von »Scream« aufnehmen kann. Dass im Jahre 2012 mit »KRAKE lebt!« das erste stationäre Maze Deutschlands in Betrieb genommen wurde und zwei Jahre später der erste Wing Coaster des Landes in Soltau eröffnet wird, passt entsprechend in die Vorreiterrolle, die das Heide Park Resort seit Jahrzehnten übernommen hat.

Familienfreundliches Angebot

Doch auch abseits der Großattraktionen, die sich vorwiegend an ein jugendliches Publikum richten, wird hier einiges geboten. Das toll thematisierte »Mountain-Rafting«, eine Wildwasserbahn, der interaktive Wasserspaß »ToPiLauLa Schlacht« oder der 75 Meter hohe »Panorama-Turm« sind Beispiele für die zahlreichen familienfreundlichen Attraktionen, bei denen der Fokus nicht auf Thrill gelegt wurde. Auch unter den insgesamt neun Achterbahnen des Parks gibt es durchaus Anlagen, die für kleinere Kinder geeignet sind, wie der »Indy-Blitz« oder auch der Powered Coaster »Grottenblitz«.

Selbst an einen nur 12,6 Meter hohen Freifallturm für die Jüngeren wurde gedacht: Gleich in der Nähe des großen Bruders »Scream« sorgt »Screamie« auch bei dem Nachwuchs für genug Nervenkitzel. Ganz neu und ideal für die ganze Familie ist der Themenbereich »Drachenzähmen – Die Insel«, der im Laufe des Jahres eröffnet wird und gerade für den Nachwuchs einiges bietet.

Übernachten bei Piraten

Für einen mehrtägigen Aufenthalt bietet sich das einzigartige „Heide Park Abenteuerhotel“ mit seinen thematisierten Zimmern an, das mit einem wechselnden abendlichen Show-Programm auch nach Parkschluss keine Langeweile aufkommen lässt. Wer es etwas preisgünstiger mag, kann auch im parkeigenen „Holiday Camp“ in einem bunten karibischen Holzhaus übernachten.

Insgesamt bietet das Heide Park Resort also ein abwechslungsreiches und hochklassiges Angebot für die ganze Familie – allerdings auch nur bei entsprechendem Wetter, da die Zahl der Indoor-Attraktionen doch etwas überschaubar ist.

Parkscout-Tipp

Aufgrund der recht überschaubaren Anzahl an überdachten oder Indoor-Attraktionen sollten Sie für Ihren Besuch möglichst einen regenfreien Tag auswählen.

07 Niedersachsen

WELTVOGELPARK WALSRODE

Ein Königreich für Piepmätze

Adresse
Weltvogelpark Walsrode
Am Vogelpark
29664 Walsrode
Tel.: 0 51 61 / 604 40
www.weltvogelpark.de

Preise
Erwachsene (ab 18 J.): 20,00 €
Jugendliche (13 – 17 J.): 16,00 €
Kinder (4 – 12 J.): 15,00 €
Kinder (0 – 3 J.): frei

Öffnungszeiten
18.03. – 30.10.2016
10 Uhr – 17 / 18 Uhr
In der Hauptsaison gelten verlängerte Öffnungszeiten bis 19 Uhr.

Gastronomie
Neben dem idyllischen Restaurant „Rosencafé" und dem historischen Gasthof „Zum Kranich" sorgen zwei Imbissstände sowie ein mobiler Eiswagen für das leibliche Wohl der Besucher.

Neu 2016
Bei Drucklegung dieses Buches waren noch keine Pläne des Parks bezüglich Neuheiten für 2016 bekannt – lassen Sie sich einfach überraschen.

Persönliches Meet and Greet mit Papageien (Titelbild)
Pelikane bei der Fütterung (r.)

Was in den 1960er Jahren mit der Hobby-Züchtung einiger Fasanen und Wasservögel begann, hat sich bis heute zu einem der artenreichsten und renommiertesten Vogelparks der Welt entwickelt. Nicht nur das aus etwa 675 Arten stammende und mittlerweile mehr als 4.000-köpfige Federvieh, sondern auch die zahlreichen erfolgreichen Nachzüchtungen vieler bedrohter Arten machen den Weltvogelpark Walsrode zu einem beliebten Ausflugsziel für nationale und internationale Besucher.

Noch heute ist die »Fasanerie« ein wichtiger Bestandteil des Weltvogelparks, darüber hinaus ist hier aber eine Vielzahl der unterschiedlichsten Volieren und Freigehege zu finden. Zu den tierischen Stars gehören unter anderem die Andenkondore mit ihrer beeindruckenden Flügelspannweite von bis zu 3,20 Metern, die sie den Besuchern in einer Flugshow vorführen. Aber auch einige vom Aussterben bedrohte Arten wie Riesenseeadler, Kagu, Mindanao-Hornvogel oder Schneekranich sind im Park zu sehen. Ein weiteres Highlight ist aber auch das 2012 eröffnete »Kolibri-Haus«, in dem sich die kleinsten Vögel der Welt fast wie zu Hause fühlen. Ein weiterer Besuchermagnet ist die 2011 eröffnete Lori-Erlebniswelt »Toowoomba«. Die farbenprächtigen kleinen Honigpapageien flattern frei in der Halle umher und lassen sich natürlich auch gerne von den Besuchern mit bereitstehenden Leckereien verwöhnen – nicht nur für kleine Vogelfreunde ein unvergessliches Erlebnis. »Toowoomba« befindet sich in einem separaten Bereich der »Paradieshalle« gegenüber der »Fasanerie«, weitere Papageien wohnen im »Lori-Atrium«, dem »Papageienhaus« sowie im »Welli-Paradies«.

Eine Besonderheit des Weltvogelparks ist die in Kooperation mit der indonesischen Regierung für die EXPO2000 errichtete »Regenwaldhalle«, in der sich die Besucher ein Bild von der beeindruckenden Tier- und Pflanzenwelt des südostasiatischen Inselstaates machen können. Unter der üppigen Vegetation der Halle sind nicht nur mehr als 80 verschiedene Vogelarten zu finden, sondern auch einige Bauwerke wie die aus Lavagestein errichtete balinesische Tempelmauer oder das Toraja-Haus aus den Berglandschaften Sulawesis. Aber auch Pflanzenfreunde kommen im Weltvogelpark auf ihre Kosten. Die ganze Saison über tauchen hunderte verschiedener Blumen-, Baum- und Straucharten den Park in ein Farbenmeer. Zu den Highlights gehört die Rhododendrenblüte, die ab etwa Mitte Mai den Rhododendrengarten schmückt. Hinzu kommen etwa 70 verschiedene Rosensorten sowie eine Vielzahl anderer Blumen und Pflanzen. Einen besonders schönen Blick auf den Rosengarten hat man im Sommer übrigens vom „Rosencafé" aus, das sich direkt neben dem »Lori-Atrium« befindet.

Fazit

Lebhafte Loris füttern, kreischenden Papageien lauschen oder entspannt durch eine Parkanlage schlendern – im Weltvogelpark Walsrode bieten sich viele Möglichkeiten der Freizeitgestaltung. Viele Spielgelegenheiten für Kinder und ein umfangreiches Edutainment-Angebot machen den Park zudem zu einem idealen Ausflugsziel für die ganze Familie.

Parkscout-Tipps

Verpassen Sie auf keinen Fall die Fütterungen. Etwas Besonderes ist dabei vor allem die tägliche Fütterung in der gläsernen Vogelbabystation.

Einen exklusiven Einblick in die Geschehnisse hinter den Kulissen vermittelt der „Hobby-Tierpfleger-Tag". Das Angebot beinhaltet die persönliche Betreuung durch einen Park-Ranger. Außerdem darf man bei der Fütterung verschiedener Vogelarten helfen und bei der Flug- und/oder der Indoorshow sein Talent als Hobby-Falkner beweisen.

08 Niedersachsen

SERENGETI-PARK

Safari und Achterbahn

Adresse
Serengeti-Park Hodenhagen
Am Safaripark 1
29693 Hodenhagen
Tel.: 0 51 64 / 979 90
www.serengeti-park.de

Preise
Erwachsene (ab 13 J.): 30,00 €
Kinder (3 – 12 J.): 24,00 €
Kinder (0 – 2 J.): frei
Parken: 3,00 €

Öffnungszeiten
19.03. – 30.10.2016
10 – 17 Uhr
An Wochenenden und in den Ferien gelten verlängerte Öffnungszeiten bis teilweise 18:30 Uhr.

Gastronomie
Wer bei all den Aktivitäten hungrig geworden ist, der kann im „Crocodile-Bistro" neben der »Aqua-Safari«, im Service-Restaurant „Zanzibar" mit Seeblick oder im angrenzenden preiswerten SB-Restaurant einkehren. Zudem sind überall im Park verschiedene Kioske verteilt.

Neu 2016
In rasanten Quads geht es hoch hinaus und steil bergab über einen anspruchsvollen Parcours auf den Spuren des deutschen „Indiana Jones", Paul Graetz. Außerdem gibt es die neue Show „Mother Africa – Heia Safari" mit hochwertiger Artistik.

Events
Beim Survival-Run am 10.09.2016 sind durchtrainierte Sportler gefragt, die es mit einer abwechslungsreichen Hindernisstrecke aufnehmen können.

Aqua-Safari (Titelbild)
Dschungel-Safari mit Giraffen und Gnus (r.o.)
Mädchen mit Katta (r.M.)
Black Mamba River Jetboat (r.u.)

Der Serengeti-Park im niedersächsischen Hodenhagen bietet seinen Gästen eine gelungene Kombination aus Safaripark und klassischen Fahrattraktionen – alles eingebettet in eine rund 200 Hektar große natürliche Landschaft am Rande der A7.

Rund 1.500 Tiere warten darauf, Sie während einer zehn Kilometer langen Safari-Tour, bei der es auch Halte- und Fotostopps gibt, zu begrüßen. Elefanten, Tiger, Bären, Nashörner, Zebras oder auch die berühmten weißen Löwen sind hier frei laufend in einzelnen thematischen Arealen zu finden. Die spannende Reise durch das „Reich der wilden Tiere" können Sie wahlweise mit dem eigenen PKW oder alternativ auch mit einem aufpreispflichtigen, kommentierten Safaribus antreten. Besonders Letzteres ist zu empfehlen, da die Erfahrung der Busfahrer so manche Begegnung während der einstündigen Tour ermöglicht, die sonst verpasst werden würde. Außerdem lernt man hierbei natürlich weitaus mehr über die Tiere, als es bei einer Fahrt mit dem Auto der Fall wäre. Nach diesem Abenteuer bietet sich gleich ein Besuch der »Affenwelt« mit ihren rund 200 Bewohnern an, bevor die Fahrgeschäfte und weiteren Attraktionen des Parks genutzt werden.

Safari im Boot oder im LKW

Zu den Highlights gehören hier vor allem die »Aqua-Safari«, bei der in echten „Airboats" aus Florida mit Tourguides auf einem Gewässer nach dem legendären Riesenaffen King Kong gesucht wird, und die »Dschungelsafari«, bei der es in offenen LKWs in hohem Tempo durch den Wald und ein Giraffengehege geht. Je nach Altersstruktur der Gäste können diese Safaris auch durchaus wilder ausfallen, da die Fahrzeuge manuell von Mitarbeitern gesteuert werden. Ebenfalls nicht verpassen sollte man den »Black Mamba River«, der mit schnellen Jetboats befahren wird.

Neben der familientauglichen Achterbahn »Chura Racer« und einer nicht allzu nassen Wildwasserbahn findet man im Serengeti-Park auch einige Kirmes-Klassiker wie einen Top Spin, einen Breakdance, ein Riesenrad oder einen Wellenflieger. Ein Condor oder eine Riesenschiffschaukel gehören ebenso zum Repertoire des Parks wie die 30 Meter hohe Riesenschaukel »Kumba Twister«. Wer sich lieber aktiv betätigt, darf auf einem Abenteuer-Hochseilgarten seine ersten Kletter-Erfahrungen machen.

Parkscout-Tipp

Wer länger bleiben will, kann im Serengeti-Park auch in einer der gemütlichen Lodges übernachten. Auf Anfrage können auch rollstuhlgerechte Ferienhäuser gebucht werden.

Fazit

Sie können sich nicht entscheiden, ob Sie lieber einen Freizeitpark oder einen Zoo besuchen möchten? Im Serengeti-Park finden Sie eine gute Mischung aus beidem. Der Safari-Charakter der Tiergehege bietet einen zusätzlichen Anreiz – gerade, wenn man seinen Fotoapparat im Gepäck hat.

09 Niedersachsen

ERLEBNIS-ZOO HANNOVER

Dschungel und Goldgräberstädtchen mitten in Hannover

Adresse
Erlebnis-Zoo Hannover
Adenauerallee 3
30175 Hannover
Tel.: 05 11 / 28 07 40
www.zoo-hannover.de

Preise
Erwachsene (ab 25 J.): 25,00 €
Junger Erwachsener (17 – 24 J.): 19,00 €
Kinder (6 – 16 J.): 17,00 €
Kinder (3 – 5 J.): 13,50 €
Kinder (0 – 2 J.): frei
Parken: 4,50 €

Öffnungszeiten
Ganzjährig geöffnet ab 9 Uhr, im Frühling und Sommer bis 18 Uhr, in den kälteren Jahreszeiten bis 16 Uhr.

Gastronomie
Im Erlebnis-Zoo Hannover wird auch das Essen zum Erlebnis: Ob geräucherter Fisch in »Yukon Bay«, knusprige Baguettes mit Blick auf die Nashörner, Wok- und Tandoori-Spezialitäten am »Dschungelpalast« oder frische Nudelgerichte im Familienrestaurant – in jeder Themenwelt warten die Restaurants und Snack-Stationen mit passender Gestaltung und entsprechenden Speisen auf die hungrigen Gäste.

Neu 2016
Bei Drucklegung dieses Buches waren noch keine Pläne des Zoos bezüglich Neuheiten für 2016 bekannt – lassen Sie sich einfach überraschen.

Menschenaffen in Kibongo (Titelbild)

Üppige Dschungelvegetationen und versunkene Tempelanlagen, Goldgräberstädte und Abenteuerpfade: Was sich nach der Kulisse eines großen Abenteuerfilms anhört, beschreibt nur einige der Themenbereiche im Erlebnis-Zoo Hannover.

Schon lange gehören Zoos zu den beliebtesten Zielen von Familienausflügen. Exotische Tiere aus nächster Nähe zu sehen statt nur im Fernsehen, fasziniert vor allem die jüngeren Besucher. Der Erlebnis-Zoo Hannover lässt seine Gäste durch seine aufwendige Gestaltung und Wegeführung sowie den Aufbau der auf den ersten Blick völlig offenen Tierareale besonders tief in die erzählten Geschichten eintauchen. So führt ein verschlungener Abenteuerpfad nicht nur durch üppige Vegetation und über schwankende Hängebrücken zu Nilpferden und Giraffen, sondern auch vorbei an Flugzeugwracks oder beeindruckenden Wasserfällen, die unbedingt fotografiert werden wollen. Wer Zebras, Antilopen, Flamingos oder Nashörner aus einer anderen Perspektive erleben möchte, sollte auf keinen Fall eine Fahrt mit den aufwendig dekorierten Booten der »Sambesi Boot Expedition« versäumen.

Die nordamerikanischen Goldgräberstädte sind legendär. Mit gigantischem Aufwand wurde mit

»Yukon Bay« eine Hafen- und Naturkulisse geschaffen, die den Besucher direkt nach Kanada versetzt. Hier im Erlebnis-Zoo dient sie als Zuhause von Eisbären, Wölfen und Pinguinen – wobei Letztere ja eigentlich in Kanada nicht heimisch sind. Die putzigen Gesellen sind nämlich mit einem Frachter direkt im Hafenbecken „gestrandet" – ein Kniff im für den Zoo typischen Humor, um die Wasser und Kälte liebenden Tiere in passender Umgebung zu präsentieren. Eisbären und Robben können durch große Panoramafenster im Rumpf des Schiffes auch unter Wasser beobachtet werden. Die stimmige Kulisse wird durch passende Shop-und Gastronomiegestaltung komplettiert – und das übrigens im Zoo frisch zubereitete Eis ist sogar ein Geheimtipp.

Brrrr – jetzt lieber dahin, wo's warm ist!

Größer als der Kontrast vom kalten Yukon zum heißen australischen »Outback« geht es kaum. Die wohl bekanntesten Tier-Vertreter vom fünften Kontinent, Kängurus, Emus, Wallabys und Wombats, fühlen sich indes in ihrer fast perfekten Kulisse offensichtlich wohl. Während in der australischen Hitze Wasser oftmals Mangelware ist, stellt dieses im »Dschungelpalast« wohl das wichtigste Element dar. Der wie frisch von Forschern aus dem dicht bewachsenen Unterholz geschlagen wirkende Heimatort der Indischen Elefanten ist der absolute Publikumsmagnet und die mehrmals täglich stattfindenden Showeinlagen sind gut besucht. Den Rüsselträgern mit dem sprichwörtlich guten Gedächtnis beim Plantschen und Spielen im Palastpool zuzusehen, ist eine wahre Freude.

Der »Evolutionspfad« führt den Besuchern vor Augen, wie sich Affen und Menschen im Laufe der Zeit entwickelt haben. Am Ziel, dem »Gorillaberg«, fühlen sich neben den Gorillas auch Gibbons sichtlich wohl. Den Blick auf die traumhafte Naturkulisse mit Wasserfällen, plätschernden Bächen und üppiger Vegetation werfen die Besucher durch große Panoramafenster, die in die Felsen eingelassen sind. Ab und an ziehen neue Tierarten im Zoo ein, wie zum Beispiel die Roten Varis, eine Lemurenart aus Madagaskar. Die ersten Europäer, die Madagaskar erforsch-

Eisbär in Yukon Bay

Die afrikanische Themenwelt Sambesi (o.)
Café Kifaru (M.l)
Tierische Stars zeigen ihre natürlichen Talente (M.r.)
Mullewapp (u.)

ten, wurden von den unheimlichen Geräuschen und leuchtenden Augen der Halbaffen erschreckt und die Tiere kurzum nach dem altrömischen Begriff für Geister „Lemur" benannt. Besuchen kann man die Varis im »Tropenhaus«, wo auch Meerkatzen und Kaiserschnurrbart-Tamarine zu Hause sind. Mit »Kibongo« haben auch die Schimpansen ein passendes Zuhause gefunden. Mächtige Baobab-Bäume, eine verlassene Forscherstation und eine marode Hängebrücke bilden die Kulisse für die „Geschichte" rund um die quirligen Menschenaffen.

Landluft schnuppern

Neben Exoten haben natürlich auch heimische Arten eine Daseinsberechtigung: Bei frechen Gänsen und glücklichen Kühen herrscht auf »Meyers Hof« Landidylle pur. Wer auch den kulinarischen Genüssen nicht ganz abgeneigt ist, wird im urigen Ambiente an den üppigen und günstigen Angeboten des „Gasthaus Meyer" seine helle Freude haben. Die berühmten Kinderbuchfiguren von Helme Heine, das Schwein Waldemar, Johnny Mauser und Franz von Hahn, fühlen sich auf dem »Mullewapp«-Hof wohl. Neben allerlei Spielgelegenheiten und einem Fanshop rund um die drei Freunde ziehen besonders die rasante Sommer-Rodelbahn und der Streichelzoobereich die kleinen Besucher an. Für den Unterricht in der Zooschule wird ein liebevoll eingerichteter Biologie-Raum mit Terrarien mit Ameisen und Amphibien zum Beobachten bereitgehalten. Schließlich findet man mit „Tante Millis Futtertrog" noch ein Familienrestaurant mit vielen gesunden und leckeren Gerichten von frischer Pasta bis Pfannkuchen.

Winterspaß

Auch im Winter ist der Erlebnis-Zoo Hannover einen Besuch wert. Wenn Eis und Schnee die Landschaften in ein weißes Kleid gezaubert haben, warten zusätzliche Attraktionen wie eine Schlittschuhbahn oder Eisstockschießen auf die Gäste. Ein Besuch im Winter, vielleicht mit einem leckeren Glühwein, hat so seinen ganz besonderen Reiz.

Der Erlebnis-Zoo Hannover bietet eine perfekte Symbiose aus Freizeit- und Tierpark und wurde schon mehrfach zum Zoo des Jahres gewählt.

Parkscout-Tipp

Wer den Zoo einmal ganz anders erleben will, sollte eine Führung mit einem erfahrenen Zoo-Scout buchen – vor allem für Gruppen empfehlenswert.

Treffen Sie Ihr Lieblingstier – der Zoo wird Sie gerne über die Möglichkeiten solch hautnaher Kontakte informieren.

Die wunderbar thematisierten Toiletten in den einzelnen Themenbereichen sind einen Besuch wert, auch wenn Sie mal nicht „müssen".

Begehbare Känguru-Anlage (o.)
Dschungelpalast (u.)

RASTI-LAND

Der T-Rex wartet!

Adresse
Rasti-Land
Quanthofer Straße 9
31020 Salzhemmendorf
Tel.: 0 51 53 / 940 70
www.rasti-land.de

Preise
Erwachsene (ab 12 J.): 23,00 €
Kinder (3 – 11 J.): 19,00 €
Kinder (0 – 2 J.): frei
Parken: frei

Öffnungszeiten
24.03. – 16.10.2016
Im April, Mai und September ist der Park an einigen Wochentagen geschlossen.
10 – 18 Uhr
Außerhalb der Hauptsaison gelten teilweise verkürzte Öffnungszeiten.

Gastronomie
Für den hungrigen Besucher stehen ein uriges Restaurant mit gutbürgerlicher Küche sowie mehrere Snackstationen und Kioske bereit.

Neu 2016
Bei Drucklegung dieses Buches waren noch keine Pläne des Parks bezüglich Neuheiten für 2016 bekannt – lassen Sie sich einfach überraschen.

Wildwasserbahn (Titelbild)
Bobkart-Bahn (r.o.)
Safari im Rasti-Land (r.u.)

Am Rande des Weserberglandes befindet sich in Salzhemmendorf mit dem Rasti-Land einer der traditionsreichsten Freizeitparks Deutschlands, der auf eine mehr als 40-jährige Geschichte zurückblicken kann und sich mit seinem Angebot an Familien mit Kindern richtet.

Das Highlight des Rasti-Land ist zweifellos der liebevoll gestaltete Themenbereich »Das Reich des T-Rex«, wo eine große Rafting-Anlage auf die Besucher wartet. In neun Personen fassenden Rundbooten geht es durch eine 500 Meter lange Wildwasser-Strecke, die durch einen überdimensionalen Strudel, einen langen Tunnel, einen riesigen Wasserfall zurück ins Tageslicht und anschließend durch die Welt der Dinosaurier mit vielen Spezialeffekten und Überraschungen führt – so steht zum Beispiel auch ein Vulkanausbruch auf dem Programm. Dass man dabei nicht ganz trocken bleibt, versteht sich von selbst. Wer noch nicht nass genug ist, besteigt einfach danach eines der Boote der »Wasserschlacht«, wo auf jeden Insassen eine große Wasserkanone wartet, mit der er die Insassen der anderen Boote ins Visier nehmen kann – ein Riesenspaß bei heißen Temperaturen.
Auch die »Wildwasserbahn« ist ein Garant für gute Laune: Die vom Park in Eigenregie gebaute

Anlage verfügt gleich über zwei Abfahrten, eine davon mit einer Höhe von rund zehn Metern. Wer dabei trocken geblieben sein sollte, geht am besten direkt danach zu den vier »Boots-Wasserrutschen«, wo es zwölf Meter in die Tiefe geht – entweder etwas gemächlicher durch zwei Röhrenrutschen oder in hohem Tempo auf zwei Wellenrutschen.

Natürlich hat auch das Rasti-Land eine Achterbahn, die allerdings entsprechend dem Zielpublikum des Parks ausgesprochen familienfreundlich ausgefallen ist. Ein zwölf Meter hoher Freifallturm im Look eines Leuchtturms, der mit einem witzigen Fahrprogramm ausgestattet ist und für Kinder genau die richtige Mischung aus Spaß und Thrill bietet, sowie die Schiffschaukel »Santa Maria« gehören ebenfalls zu den rasanteren Fahrgeschäften des Parks.

Go-Kart-Rennen ohne Aufpreis

Den Wind um die Nase wehen lassen kann man sich übrigens auch auf den »Go-Karts«, wobei sich das Rasti-Land hier für alle Besucher eine kleine Überraschung hat einfallen lassen: Die Nutzung der Karts, bei denen man wie ein Mini-Schumi durch die Kurven rasen kann, ist nämlich nicht wie in anderen Parks aufpreispflichtig, sondern bereits im Eintrittspreis enthalten – die

Geldbörse darf hier also geschlossen bleiben. Nicht verpassen sollte man auch die »Bobkart-Bahn« – hier kann der Besucher die Geschwindigkeit seines Elektro-Schlittens selbst steuern, während er einen Edelstahlkanal hinab saust.

Fazit

Das Rasti-Land ist ein Paradies für Kinder – es gibt überall etwas zu erleben und zu entdecken. Das Angebot des Parks ist hervorragend auf seine Zielgruppe zugeschnitten und lässt keine Wünsche offen.

Parkscout-Tipp

Bei schlechtem Wetter empfiehlt sich auch ein Besuch der gleich neben dem Rasti-Land liegenden „Kids-Dinoworld", einem kleinen Indoor-Park, der sogar über eine Wildwasserbahn verfügt.

11 Niedersachsen

BADELAND WOLFSBURG

Spaß und Entspannung für jedermann

Adresse
BadeLand Wolfsburg
Allerpark 4
38448 Wolfsburg
Tel.: 0 53 61 / 890 00
www.badeland-wolfsburg.de

Preise
Tageskarte BadeLandschaft (ohne Sauna)
Erwachsene (ab 18 J.): 9,20 €
Kinder (1m – 17 J.): 6,50 €
Kinder (bis 99cm): frei
Tageskarte SaunaLandschaft (inkl. BadeLandschaft)
Erwachsene (ab 18 J.): 14,30 €
Kinder (1m – 17 J.): 7,00 €
Kinder (bis 99cm): frei
Parken: frei

Öffnungszeiten
Ganzjährig geöffnet
8 – 20 Uhr
Je nach Saison oder Wochentag gelten verlängerte Öffnungszeiten.

Gastronomie
Hungrige Badegäste finden sowohl im Eingangsbereich als auch in der Bade- sowie der SaunaLandschaft die Möglichkeit, sich mit leckeren und gesunden Speisen zu stärken.

Events
Familiensonntag: Eine Menge lustiger und familiengerechter Spiele und Wettbewerbe wird im BadeLand an jedem 2. Sonntag im Monat veranstaltet.

Neu 2016
Bei Drucklegung dieses Buches waren noch keine Pläne des Bads bezüglich Neuheiten für 2016 bekannt – lassen Sie sich einfach überraschen.

Badelandschaft (Titelbild)

Im Wolfsburger Allerpark, in dem eine ganze Menge an Freizeitaktivitäten angeboten wird, liegt auch Norddeutschlands größtes Freizeitbad, das BadeLand Wolfsburg. Auf 3.000 Quadratmetern Wasserfläche kann dort mittlerweile schon seit mehr als zehn Jahren ausgiebig geschwommen, geplanscht, gespielt, entspannt und genossen werden.

Der Fokus liegt dabei in erster Linie auf Erholung, wie der großzügige Entspannungsbereich mit seinen verschiedenen Möglichkeiten zeigt. Lassen Sie Ihren Körper im »Wellenbecken« sanft auf und ab wiegen oder machen Sie es sich im »Sprudelbecken« bei einer Wassertemperatur von 36 Grad gemütlich – eine ideale Gelegenheit, um einmal so richtig abzuschalten und die Seele baumeln zu lassen. Das Highlight des Bereichs stellt übrigens das 810 Quadratmeter große »Mediterranbecken« dar, welches einen 110 Meter langen Strömungskanal

Parkscout-Tipp

Neben diversen kostenpflichtigen Aquafitness-Kursen gibt es im BadeLand Wolfsburg montags, mittwochs und freitags morgens die Möglichkeit, kostenlos an Wassergymnastik teilzunehmen.

besitzt und die Gäste zudem mit Sprudel- und Lichteffekten, Unterwasserliegen, Nackenduschen, Unterwassermusik und Massagedüsen verwöhnt.

Abwechslungsreiche Schwitzkammern

Wer noch mehr für Körper und Geist tun möchte, sollte die reizvoll gestaltete SaunaLandschaft ansteuern, in der auf 2.400 Quadratmetern nicht nur zwölf verschiedene Saunen und Dampfbäder, sondern auch vielfältige Wellness-Anwendungen auf die Besucher warten. Das Programm an Schwitzkammern ist übrigens recht abwechslungsreich und orientiert sich an verschiedenen Kulturkreisen, vereint dabei unter anderem finnische, russische, römische und türkische Elemente. Probieren Sie doch auch einmal etwas weniger Bekanntes aus, wie zum Beispiel die gemütliche »Erdkaminsauna«, in der es sich an einem flackernden Feuer entspannen lässt, oder die russische »Banja-Sauna«, bei der Birkenzweige eine wichtige Rolle spielen. Besonders zu empfehlen ist übrigens die »Panorama-Sauna«, die einen weiten Ausblick auf den Allersee und die umgebenden Parkanlagen bietet.

Springen, rutschen, planschen

Natürlich wurde im BadeLand Wolfsburg aber auch an diejenigen Gäste gedacht, die weniger nach Erholung und Entspannung, sondern eher nach Aktivität, Spiel und Spaß suchen. Im Schwimm- und Sportbereich stehen ein großes Wettkampf-Schwimmerbecken sowie ein Springerbecken mit verschieden hohen Sprungbrettern zur Verfügung; zudem laden die »Reifen-Trichter-Rutsche« oder die mit aufregenden Lichteffekten versehene Dunkelrutsche »Black Hole« zu turbulenten Fahrten ein. Auch die kleinen Besucher wurden selbstverständlich nicht vergessen: Sowohl im »Kleinkindbecken« mit Spritzdüsen und Schiffchenkanal als auch im »Wasserspielgarten« mit Rutsche, Geysiren und Wasserpilz lässt es sich nach Herzenslust planschen und toben.

Das BadeLand Wolfsburg ist eine runde Sache und bietet eine gelungene Kombination aus aktivem Wasserspaß und Erholung, bei der wohl (fast) jeder Gast auf seine Kosten kommen dürfte.

Ein Fest für Saunafreunde

12 Niedersachsen

TIERPARK NORDHORN

Seltene Tierarten und begehbare Gehege

Adresse
Tierpark Nordhorn
Heseper Weg 110
48531 Nordhorn
Tel.: 0 59 21 / 71 20 00
www.tierpark-nordhorn.de

Preise
Erwachsene (ab 17 J.): 8,50 €
Junioren (4 – 16 J.): 4,50 €
Kinder (0 – 3 J.): frei
Ermäßigte: 7,50 €
Parken: frei

Öffnungszeiten
Ganzjährig täglich geöffnet
März – Oktober: 9 – 19 Uhr
November + Februar: 9 – 18 Uhr
Dezember + Januar: 9 – 17 Uhr

Gastronomie
Im Gasthaus „De MalleJan“ wird im historischen Ambiente leckere Hausmannskost geboten, während die „Cafeteria“ aufgrund ihrer unmittelbaren Lage am Spielplatz und am Streichelzoo vor allem für Familien geeignet ist.

Neu 2016
Bei Drucklegung dieses Buches waren noch keine Pläne des Zoos bezüglich Neuheiten für 2016 bekannt – lassen Sie sich einfach überraschen.

Events
Das ganze Jahr über finden im Tierpark Nordhorn verschiedene Veranstaltungen wie beispielsweise das traditionelle „Schuhsohlenbacken“ oder der Schafauftrieb der Tierparkschafe statt. Genaue Termine sind der Website des Parks zu entnehmen.

Seehundjungtier (Titelbild)
Waldbisons (r.)

Der Tierpark Nordhorn in Niedersachsen zählt zu den beliebtesten Ausflugszielen der Region. Weit über 1.700 kleine und große Tiere aus 100 verschiedenen Tierarten gibt es hier zu entdecken. Viele begehbare Gehege, tägliche Schaufütterungen und der Riesenspielplatz machen einen Besuch des Zoos zu einem ganz besonderen Erlebnis.

Ein Schwerpunkt des Tierparks ist die Erhaltungszucht von bedrohten Tierarten. So ist das nordamerikanische Waldbison, das gleichzeitig auch das Wappentier des Zoos darstellt, sowohl in seinem Ursprungskontinent als auch in deutschen Tierparks eine Seltenheit. Ende 2011 durften die vier erwachsenen Tiere und das Jungtier in ein neues Gehege einziehen, in dem ihnen ein gemeinsamer Laufstall und ein neuer Außenbereich zur Verfügung gestellt wurden. Der Tierpark Nordhorn gehört zu den wenigen Zoos in Deutschland, in denen diese beeindruckenden Tiere zu sehen sind.

Ungewöhnliche Lebensgemeinschaften

Zu den weiteren Highlights des Tierparks gehört der Geierfelsen, eine naturgetreue Anlage, auf der nicht nur Gänsegeier, sondern auch Sibirische Steinböcke beheimatet sind – eine südeuropäisch-russische Wohngemeinschaft, wie sie nur in wenigen Tierparks zu finden ist. In den Sommermonaten schwimmt ein weiterer Mitbewohner, die Europäische Sumpfschildkröte, im Teich des Geheges umher.

Jedoch ist für Kinder nichts schöner, als kleine Schafe, Ferkel oder Ziegen nicht nur aus nächster Nähe zu sehen, sondern diese auch einmal zu streicheln. Ausgestattet mit einer Tüte Spezial-Futter dürfen Kinder in dem Streichelzoo-Gehege die Tiere sogar füttern. Eine weitere Besonderheit des Tierparks ist der Vechtetalarm, den man seit 2007 auf einem idyllisch gelegenen hölzernen Stegweg erkunden kann. Kleine Klettermaxe finden hier in den Ästen dreier mächtiger Eichen ein verwinkeltes Baumhaus, durch das man auch in die höher gelegenen Bereiche des Parks gelangen kann. Dank der vielen Informationstafeln und Lernspiele entlang des Stegs können sich Groß und Klein hier auf unterhaltsame Weise über den Fluss und den Auwald informieren. Am Ende des Pfades wartet der Vechtehof, in dem originalgetreue bäuerliche Wohnräume und alte Gerätschaften zu sehen sind. Auch die vom Aussterben bedrohten, überwiegend regionalen Haustierrassen, wie die Bentheimer Landschafe und Schweine, die Cröllwitzer Puten und die Twentse Landgänse, sind hier beherbergt. Dort befindet sich außerdem das historische Gasthaus „De MalleJan", in dem man sich im gemütlichen Innenbereich mit Spezialitäten stärken kann. Im integrierten Colonialwarenladen werden darüber hinaus regional produzierte Produkte verkauft.

Fazit

Der Tierpark Nordhorn begeistert nicht nur mit seinen seltenen Tierarten und begehbaren Gehegen, sondern auch durch die schönen Parkanlagen. Viele Attraktionen, wie die täglichen Schaufütterungen, machen den Tierpark Nordhorn zu einer tollen Ausflugsmöglichkeit für die ganze Familie.

Parkscout-Tipps

Mit Ihren Kindern können Sie Bauer Harm und Tante Lisbeth auf dem Vechtehof besuchen und ihnen bei ihren Arbeiten wie Ställe misten, Eier aufholen oder Esel putzen über die Schulter schauen.

Nach Absprache können im Park kostenlos Rollstühle ausgeliehen werden.

13 Niedersachsen

ZOO OSNABRÜCK

Zoo im Wald

Adresse
Zoo Osnabrück
Klaus-Strick-Weg 12
49082 Osnabrück
Tel.: 05 41 / 95 10 50
www.zoo-osnabrueck.de

Preise
Erwachsene (ab 15 J.): 19,00 €
Kinder (3 – 14 J.): 12,00 €
Kinder (0 – 2 J.): frei
Schüler / Studenten / Senioren: 15,50 €
Parken: frei

Öffnungszeiten
Ganzjährig täglich geöffnet
Sommer: 8 – 18:30 Uhr
Winter: 9 – 17 Uhr
Sommer-/Winterzeit wechselt mit der Uhrenumstellung.

Gastronomie
Neben verschiedenen Kiosken bieten das Zoorestaurant, eine afrikanische Lodge und ein Baumhausrestaurant den Besuchern die Möglichkeit, in besonderer Atmosphäre und mit Blick auf die Tiere zu speisen.

Neu 2016
Voraussichtlich im Sommer soll das Menschenaffengebäude in das Angkor-Wat-Thema integriert sein mit vergrößertem Innen- und Außengehege.

Tigerin Diana (Titelbild)
Chapman-Zepras (r.o.)
Hybridbären (r.u.)

Der heutige Zoo Osnabrück wurde im Jahre 1936 als Heimattiergarten eröffnet und ist im südlichen Stadtteil Schölerberg inmitten eines bewaldeten Grundstücks zu finden. Hinter dem eher unscheinbar wirkenden Haupteingang versteckt sich ein moderner Tierpark mit verschiedenen Themengebieten, womit der Zoo Osnabrück zu den modernen Vertretern seiner Art gehört.

Gleich hinter dem Eingang lohnt sich ein Besuch des »Unterirdischen Zoos«, einer weltweit einmaligen Anlage, wo man in einem großen Höhlensystem unter der Erde einen Blick auf Dinge wagen kann, die einem sonst eher verborgen bleiben – als Beispiel wären Nester oder Gangsysteme von Präriehunden oder Ratten genannt. Die Wegeführung gleicht einem Labyrinth, was den Ausflug in die Unterwelt noch einmal deutlich spannender macht. Weitaus übersichtlicher geht es zu im »Tal der Grauen Riesen« mit seinen großen Elefanten- und Nashorn-Anlagen, die sicherlich nicht von ungefähr ein wenig an den „Jurassic Park" erinnern.

Ab nach Afrika!

Der zwei Hektar große Bereich »Samburu« stellt eine Savannenlandschaft nach, welche Giraffen, Strauße, Zebras und Antilopen beheimatet, die dank schön gestalteter Aussichtsplattformen aus nächster Nähe beobachtet werden können. Auch das riesige »Takamanda«-Areal mit seinen Hyänen, Schakalen, Schimpansen, Pinselohrschweinen und Mantelpavianen zeigt einen Ausschnitt der afrikanischen Natur – nur Wassergräben oder Glasscheiben trennen die Tiere von den Besuchern.

Ein Highlight dürfte der 2012 eröffnete »Affentempel« sein. Thematisch angelegt an die Ruinen von Angkor Wat, ragt die Anlage über 15 Meter in die Höhe und bietet ein dichtes Wegenetz, das sich durch den ganzen Tempel erstreckt und damit einen hautnahen Blick auf die dort lebenden Schweinsaffen ermöglicht – der benachbarte »Tigertempelgarten« wurde übrigens im gleichen Stil errichtet. In den Norden hingegen geht es im »Kajanaland«, wo ein bis zu sechs Meter hoher Höhenpfad durch die Tierwelt Finnlands führt. Bären, Rentiere und Luchse findet man hier genauso wie Wisente oder Vielfraße.

Rochen im Aquarium

Freunde von Meeresbewohnern hingegen dürfen sich auf das »Tetra-Aquarium und Terrarium« freuen, wo nicht nur Salz- und Süßwasserfische zu sehen sind, sondern auch zahlreiche exotische Amphibien, Reptilien und Insekten. Insbesondere das über 10.000 Liter fassende Rochen-Becken lädt zu ausgiebigem Beobachten ein. Ein 100 Quadratmeter großes Südamerikahaus, verschiedene Spielplätze, ein Streichelzoo oder eine Dorfschule für den Zoo-Unterricht runden das Angebot im Zoo Osnabrück passend ab. Einzig das leicht konfuse Wegesystem und die oft nicht ersichtliche Ausschilderung schmälern den Gesamteindruck ein wenig.

Fazit

Der Zoo Osnabrück gehört zweifellos zu den schönsten Tierparks in Deutschland und ist gerade bei hohen Temperaturen im Sommer dank der dichten Bewaldung ein Geheimtipp. Allerdings fällt der Eintrittspreis auch zugegebenermaßen nicht ganz günstig aus.

14 Niedersachsen

NETTEBAD OSNABRÜCK

Spiel, Spaß und Entspannung

Adresse
Nettebad
Im Haseesch 6
49090 Osnabrück
Tel.: 05 41 / 20 02 22 70
www.nettebad.de

Preise
Tageskarte Sport- und Freizeitbad:
Erwachsene (ab 18 J.): 11,20 €
Kinder / Jugendliche (4 – 17 J.): 9,20 €
Zuschlag Samstage, Sonntage und Feiertage: 1,00 €
Parken: frei

Öffnungszeiten
Ganzjährig täglich geöffnet
Freizeitbad: 9 – 22 Uhr
Sportbad: 6:30 – 22 Uhr
Spa & Beauty: ab 10 Uhr
Ganzjahresaußenbecken: 9 – 21 Uhr

Gastronomie
Wer durch den ganzen Wasserspaß im Nettebad hungrig geworden ist, der kann sich eine kulinarische Auszeit in der Nette-Gastro nehmen.

Events
Das Nettebad Osnabrück bietet zahlreiche Fitnesskurse für unterschiedliche Altersgruppen an. Die Sportpalette reicht dabei von AquaJogging bis zum AquaRiding.
Schwitzen für Nachtschwärmer: An jedem 2. Freitag im Monat hat die Loma-Sauna bis 2 Uhr nachts geöffnet.

Neu 2016
Bei Drucklegung dieses Buches waren noch keine Pläne des Bads bezüglich Neuheiten für 2016 bekannt – lassen Sie sich einfach überraschen.

Der Außenbereich mit Rutschenpark (Titelbild)

Die einen wollen ein Schwimmbad mit actionreichem Badespaß, die anderen eines, um sich sportlich zu betätigen. Im Nettebad Osnabrück wird Badegästen gleich beides geboten. Spektakuläre Rutschen, Whirlpools und ein eigenes Sportbad stehen dabei für einen erlebnisreichen Aufenthalt. Darüber hinaus sorgt der großzügige Spa-Bereich mit Saunalandschaft für die nötige Entspannung.

Whirlliegen und Super-Rutschen

Das Freizeitbad punktet trotz überschaubarer Größe mit vielen Attraktionen. Direkt beim Betreten der modernen Schwimmhalle trifft man auf das große Freizeitbecken, das zudem mit einem separierten Wellenbeckenbereich sowie einem Abschnitt mit wohltuenden Whirlliegen und Massagedüsen aufwartet. Hier schließt sich auch der Strömungskanal an, der die Badegäste fast schwebend durch das Becken befördert. Freibadliebhaber müssen auch an kalten Tagen nicht auf das Schwimmen unter freiem Himmel verzichten – ein ganzjährig beheiztes Außenbecken bietet den Freiluftfans zwölf Monate Badespaß. An warmen Tagen können Badegäste hingegen auch den Wasserspielgarten, die große

Liegewiese und das Beachvolleyballfeld nutzen. Ein weiteres Highlight ist die 36 Meter lange Edelstahl-Rutsche, die mitten durch die Schwimmhalle verläuft und durch die Kachelverkleidung auch optisch gut integriert ist. Die Hauptattraktion des Nettebads ist jedoch der Rutschenpark mit dem »Crazy-River«, der »Black-Hole«-Röhrenrutsche und der Slooprutsche. Den »Crazy-River« gleiten Badegäste aus gut neun Metern Höhe in großen Reifen hinunter, während die ganz Mutigen fast 80 Meter durch die schnelle, mit Disco-Lichteffekten ausgestattete »Black-Hole« rutschen. Die Dritte im Bunde ist die 2011 eröffnete »Sloop«, eine rasante Free-Fall-Rutsche. Nachdem man hier in einer Art Kapsel Position genommen hat und die Luke sich unter einem öffnet, geht es auf dem 23 Meter hohen Rutschenturm erst einmal fünf Meter im freien Fall in die Tiefe, bevor man Kontakt mit der Rutsche bekommt.

Erholung tanken

Im 50-Meter-Becken des Sportbads können sowohl Hobby-Bahnen-Schwimmer als auch richtige Profi-Sportler ihre Übungs- oder Trainingseinheiten in aller Ruhe absolvieren. Entspannt geht es im Nettebad auch im »Spa & Beauty« sowie in der »Loma-Saunalandschaft« zu. Hier werden Momente der Ruhe und vielfältige Anwendungen für Körper und Schönheit geboten. Insbesondere der Saunabereich lässt dabei kaum Wünsche offen. Ein besonderer Blickfang ist der zentral angeordnete und mit Naturstein ummantelte Saunaofen in der Rosen-Sauna. Zusätzlich schaffen Rosenquarz-Steine eine gemütliche Atmosphäre. Aber auch die Licht-, Hitze-, Farben- und Dampf-Stern-Sauna sind, genauso wie die Dampfbäder, besonders schön gestaltet und sorgen mit ihrem stilvollen Ambiente für eine wohltuende Auszeit.

Das Nettebad Osnabrück bietet für Badegäste jeden Alters ein umfassendes Angebot. Neben rasanten Rutsch-Attraktionen und einem Sportbad für ambitionierte Schwimmer kann das Freizeitbad auch mit seinen abwechslungsreichen Wellness-Angeboten überzeugen.

Parkscout-Tipp

Wer seinen Kindern einmal einen ganz besonderen Kindergeburtstag bereiten will, kann ein entsprechendes Arrangement im Nettebad buchen. Für Kinder von 4 bis 14 Jahren sowie ab einer Gruppengröße von 6 Kindern ist dieser Überraschungsspaß buchbar.

Entspannung pur in der Loma-Saunalandschaft

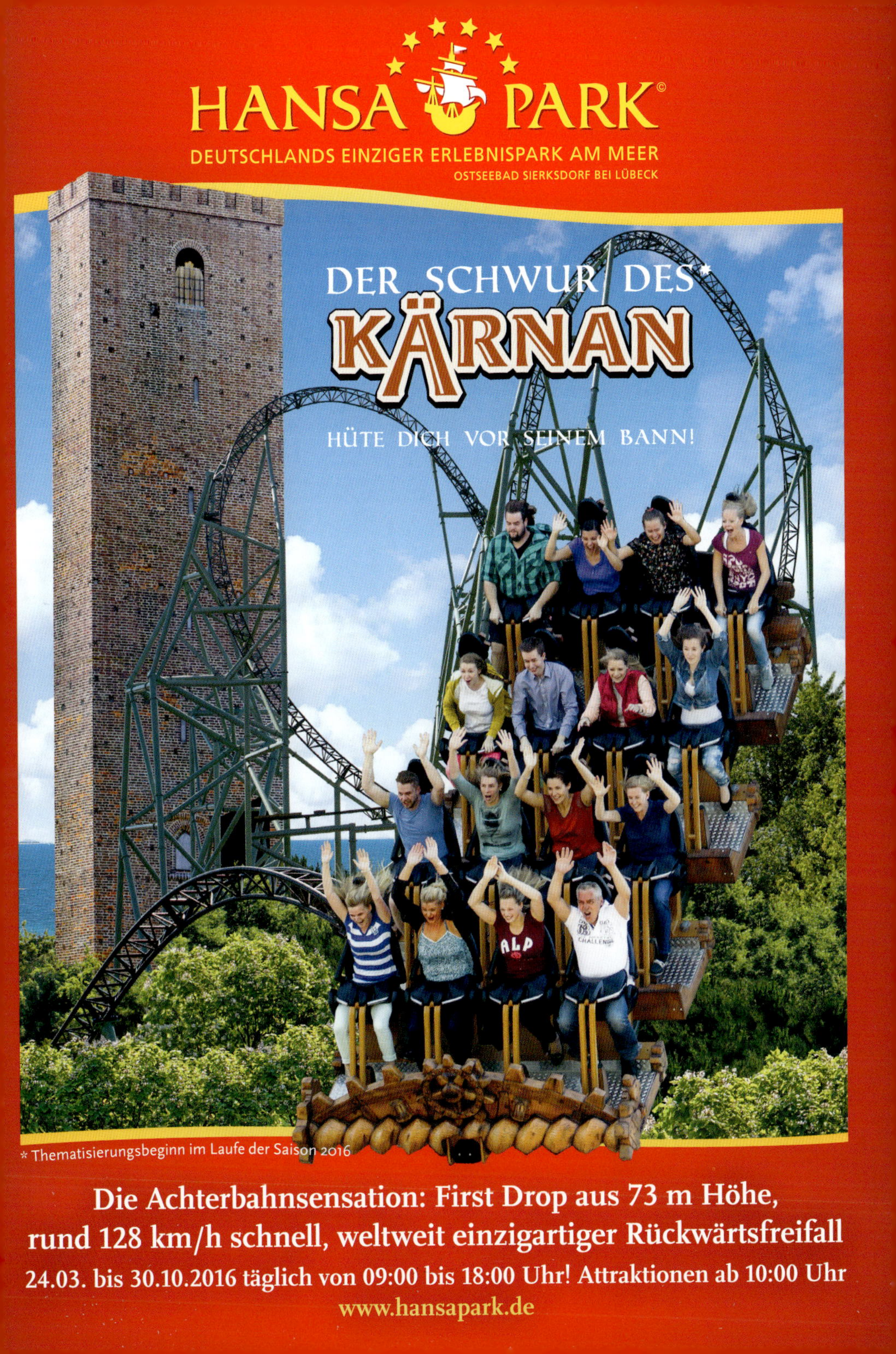
HANSA PARK©
DEUTSCHLANDS EINZIGER ERLEBNISPARK AM MEER
OSTSEEBAD SIERKSDORF BEI LÜBECK
DER SCHWUR DES*
KÄRNAN
HÜTE DICH VOR SEINEM BANN!
* Thematisierungsbeginn im Laufe der Saison 2016
Die Achterbahnsensation: First Drop aus 73 m Höhe,
rund 128 km/h schnell, weltweit einzigartiger Rückwärtsfreifall
24.03. bis 30.10.2016 täglich von 09:00 bis 18:00 Uhr! Attraktionen ab 10:00 Uhr
www.hansapark.de

Erlebniswelten im Westen

Neben dem bevölkerungsreichsten Bundesland Nordrhein-Westfalen gehören noch Hessen, Rheinland-Pfalz und das Saarland zur Region. Fast 30 Millionen Menschen leben hier auf 77.600 Quadratkilometern.

Dementsprechend hoch ist auch die Dichte der Ausflugsziele – hier findet man unter anderem das Phantasialand in Brühl, den Holiday Park in Haßloch, den Kölner Zoo, die ZOOM Erlebniswelt, das Inselbad Bahia in Bocholt oder den AQUApark in Oberhausen.

Nachfolgend finden Sie eine Auswahl der beliebtesten Erlebniswelten der Region, von denen wir einige näher vorstellen.

Freizeitparks und Co.

Park	Ort	Internet	Seite
Potts Park	32429 Minden	www.pottspark-minden.de	–
Zoo Safaripark	33758 Holte-Stukenbrock	www.safaripark.de	48
Erlebnispark Steinau	36396 Steinau	www.erlebnispark-steinau.de	50
Ketteler Hof	45721 Haltern	www.kettelerhof.de	–
LEGOLAND® Discovery Centre	46047 Oberhausen	www.legolanddiscoverycentre.de	–
Grusellabyrinth NRW	46238 Bottrop	www.grusellabyrinth.de	64
Movie Park Germany	46244 Bottrop	www.moviepark.de	66
Schloss Beck	46244 Bottrop	www.schloss-beck.de	70
Kernie's Familienpark	47546 Kalkar	www.kernies-familienpark.de	–
Phantasialand	50321 Brühl	www.phantasialand.de	78
Odysseum Köln	51103 Köln	www.odysseum.de	–
Eifelpark	54647 Gondorf	www.eifelpark.de	–
Tier-Erlebnispark Bell	56288 Bell	www.tier-erlebnisparkbell.de	–
Wild- und Freizeitpark Klotten	56818 Klotten	www.klotti.de	–
FORT FUN Abenteuerland	59909 Bestwig	www.fort-fun.de	92
Freizeitpark Lochmühle	61273 Wehrheim	www.lochmuehle.de	–
Taunus Wunderland	65388 Schlangenbad	www.tauneswunderland.de	–
Kurpfalz-Park Wachenheim	67157 Wachenheim	www.kurpfalz-park.de	–
Holiday Park	67454 Hassloch	www.holidaypark.de	98

Zoos und Tierparks

Park	Ort	Internet	Seite
Zoo Wuppertal	42117 Wuppertal	www.zoo-wuppertal.de	52
Solinger Vogel- und Tierpark	42697 Solingen	www.solinger-vogelpark.de	–
Zoo Dortmund	44225 Dortmund	www.zoo.dortmund.de	56
Tierpark und Fossilium Bochum	44791 Bochum	www.tierpark-bochum.de	–
Grugapark Essen	45147 Essen	www.grugapark.de	58
ZOOM Erlebniswelt	45889 Gelsenkirchen	www.zoom-erlebniswelt.de	60
Zoo Duisburg	47058 Duisburg	www.zoo-duisburg.de	74
Krefelder Zoo	47800 Krefeld	www.zookrefeld.de	–
Allwetterzoo Münster	48161 Münster	www.allwetterzoo.de	76
Naturzoo Rheine	48432 Rheine	www.naturzoo.de	–
Kölner Zoo	50735 Köln	www.zoo-koeln.de	82
Affen- & Vogelpark Eckenhagen	51580 Reichshof Eckenhagen	www.affen-und-vogelpark.de	–
Euregiozoo	52066 Aachen	www.euregiozoo.de	84
Wildpark Rolandseck	53424 Remagen-Rolandseck	www.wildpark-rolandseck.de	–
Hochwildpark Rheinland	53894 Mechernich	www.hochwildpark-rheinland.de	–
Wildgehege und Greifvogelstation Hellenthal	53940 Hellenthal	www.wildgehege-hellenthal.de	–
Zoo Neuwied	56566 Neuwied	www.zooneuwied.de	–
Panorama-Park Sauerland Wildpark	57399 Kirchhundem	www.panoramapark-wildpark.de	–
Zoo Frankfurt	60316 Frankfurt	www.zoo-frankfurt.de	96
Opel-Zoo Kronberg	61476 Kronberg/Taunus	www.opelzoo.de	–

Erlebnisbäder

Bad	Ort	Internet	Seite
Die Welle Gütersloh	33332 Gütersloh	www.welle-guetersloh.de	–
Sport- und Freizeitbad Ishara	33613 Bielefeld	www.ishara.de	–
H2O Remscheid	42897 Remscheid	www.h2o-badeparadies.de	54
maritimo Oer-Erkenschwick	45739 Oer-Erkenschwick	www.maritimo.info	–
AQUApark Oberhausen	46047 Oberhausen	www.aquapark-oberhausen.com	62
Inselbad Bahia	46399 Bocholt	www.bahia.de	72

Erlebnisbäder (Fortsetzung)

Bad	Ort	Internet	Seite
Aqualand	50765 Köln	www.aqualand.de	–
Aquana	52146 Würselen	www.aquana.de	–
monte mare Kreuzau	52372 Kreuzau	www.monte-mare.de	–
monte mare Rheinbach	53359 Rheinbach	www.monte-mare.de	–
AGGUA Troisdorf	53840 Troisdorf	www.aggua.de	–
Taubertsbergbad Mainz	55122 Mainz	www.taubertsbergbad.de	86
monte mare Rengsdorf	56579 Rengsdorf	www.monte-mare.de	–
Westfalenbad Hagen	58097 Hagen	www.westfalenbad.de	88
Schwimm-In Gevelsberg	58285 Gevelsberg	www.schwimm-in-gevelsberg.de	90
AquaMagis Plettenberg	58840 Plettenberg	www.aquamagis.de	–
AquaFun Soest	59494 Soest	www.aquafun-soest.de	–
Rebstockbad	60486 Frankfurt am Main	www.bbf-frankfurt.de	–
monte mare Obertshausen	63179 Obertshausen	www.monte-mare.de	–
Erlebnisbad Calypso	66117 Saarbrücken	www.erlebnisbad-calypso.de	–
La Ola - Das Freizeitbad	76829 Landau	www.la-ola.de	–

Informationen im Internet

Mehr Erlebnisparks im Westen Deutschlands finden Sie unter:
www.parkscout.de
www.freizeitstars.de

Direkte Links
Nordrhein-Westfalen: www.parkscout.de/bundesland/nordrhein-westfalen
Hessen: www.parkscout.de/bundesland/hessen
Rheinland-Pfalz: www.parkscout.de/bundesland/rheinland-pfalz
Saarland: www.parkscout.de/bundesland/saarland

15 Nordrhein-Westfalen

ZOO SAFARIPARK

Afrika anders entdecken

Adresse
Zoo Safaripark
Mittweg 16
33758 Schloß Holte-Stukenbrock
Tel.: 0 52 07 / 95 24 10
www.safaripark.de

Preise
Erwachsene (ab 15 J.): 30,00 €
Kinder (4 – 14 J.): 26,00 €
Kinder (0 – 3 J.): frei
Senioren (ab 60 J.): 28,00 €
Parken: 3,00 €

Öffnungszeiten
25.03. – 23.10.2016
10 – 18 Uhr
Im April und im September teilweise nur an den Wochenenden geöffnet.

Gastronomie
Auf der Speisekarte stehen neben Pommes, Burger und Co. auch Wok-Gerichte, Pizza und Pasta sowie Salate und verschiedene Suppen sowie im Restaurant „Oriental" ein Familien-Menü.

Events
Auch 2016 gibt es im Safaripark eine ganze Reihe interessanter Veranstaltungen: Am 06.08. findet die „Timbavati Night" statt und am 22./23.10. wird Halloween gefeiert. Mehr Informationen bekommen Sie über die Internetseite des Parks.

Neu 2016
Im Sommer geht's rund! Der neue thematisierte Wellenflieger »Africa Swing« dreht sich ab Juni.

Tiere erleben (Titelbild)
Hochseilgarten (r.o.)
Überkopf-Karussellspaß auf der Oil-Pump (r.u.)

Afrika anders entdecken: Der Safaripark ist Zoo und noch vieles mehr. Wildlife, Shows und Fahrspaß. Das besondere Erlebnis: mit dem eigenen Auto oder dem Safaribus auf Safari zu den weißen Löwen und weißen Tigern – die zu den seltensten Raubkatzen der Welt zählen. Elefanten, Giraffen, Zebras oder auch Antilopen leben hier fast wie in freier Wildbahn.

In Stukenbrock, am Fuße des Teutoburger Waldes, sind über 600 Tiere in einem über 650.000 Quadratmeter großen Park zu Hause. Ein Abenteuer ist die Safaritour auf den schmalen Straßen durch die Tiergehege auf jeden Fall. Doch der Zoo bietet auch ein ganz besonderes Erlebnis an: die VIP-Tour. Der Cheftierpfleger nimmt die Familien, Freunde oder Paare exklusiv im parkeigenen Safari-Van mit und stellt seine Tiere auf der Off-Road-Safari ganz nah und persönlich vor. Inklusive: ein Backstage-Besuch im Haus der weißen Löwen oder Geparden. Diese „Safari" muss vorgebucht werden.

Afrika und Indien sind auch im Zoo das Thema. Hier geht die Reise zu Fuß weiter – zu den kleinsten Afrikanern, den putzigen Erdmännchen, und zu den Geparden, die hier die größte Zooanlage Europas bewohnen. Atemberaubend: der Hochseilgarten über dem Gehege der schnellsten Raubkatze der Welt. Weiße Löwen und Tiger sind auch zu beobachten. Und Berberäffchen – vom Affenzug aus. Hier sitzen die Besucher hinter Gittern und die Äffchen sind frei.

Hier geht's tierisch rund

Tierisch rund geht es im angrenzenden Freizeitbereich: im »Giraffe Tower« Freefall, bei einer rasanten Fahrt auf dem »Kongo River«, in der Wildwasserbahn, im »Crocodile Ride« oder dem coolen Familien-Wasserfahrspaß »Wet'n Wild«. 20 Fahrattraktionen gibt es – für große und natürlich auch für die (ganz) kleinen Besucher. Und die erleben nicht nur Fahrspaß, sondern im »Dschungel-Palast« und der »Kinder-Pool-Landschaft« auf Riesenrutschen, Hüpfburgen und Trampolinen auch jede Menge Aktiv-Abenteuer.

Drei Live-Shows bietet der Freizeitbereich inklusive: das Programm im parkeigenen Zirkus, die Westernshow in Dodge City mit Cowboys, Pferden und Indianern sowie die Magic Show im Afrika-Theater.

Parkscout-Tipp

Hier kann man sparen: Im Zoo Safaripark ist freitags (abgesehen von Feiertagen) immer großer Familientag, an dem jedes Ticket für nur 23,00 € zu haben ist.

So viel Erleben macht hungrig: Das Restaurant „Oriental" bietet neben einer umfangreichen Speisekarte ein leckeres Familienmenü an. Am „Hollywood-Snack" in der Parkmitte stehen Burger, Pommes, Currywurst und mehr auf der Karte. Bei schönem Wetter sind die Pizzeria mit Blick auf die weißen Löwen und der Biergarten „Weiße Löwen" geöffnet. Wer das Besondere liebt, ist beim „Dinner mit weißen Raubkatzen", der Safari-Sommer-Gastronomie richtig. Vor dem Dessert bittet der Tierpfleger zur Fütterung der weißen Löwen und Tiger.

Wenn die Familie einen abwechslungsreichen Ausflug machen möchte, sich aber nicht zwischen Zoo und Freizeitpark entscheiden kann, dann ist der Besuch im Zoo Safaripark Stukenbrock die perfekte Alternative.

16 Hessen

ERLEBNISPARK STEINAU

Willkommen bei Erli

Adresse
Erlebnispark Steinau
Thalhof 1
36396 Steinau a.d. Straße
Tel.: 0 66 63 / 68 89
www.erlebnispark-steinau.de

Preise
Personen (ab 1,30m): 14,00 €
Personen (von 1m bis 1,30m): 12,00 €
Personen (unter 1m und über 80 J.): frei
Parken: frei

Öffnungszeiten
25.03. – 03.10.2016
9 – 18 Uhr

Gastronomie
Neben dem Parkrestaurant „Schneewittchen", wo nicht nur Schnitzel oder Currywurst serviert werden, sondern auch saisonale Gerichte, findet man im Park einen Kiosk für den kleineren Hunger und zahlreiche Picknick-Pavillons für Selbstverpfleger.

Neu 2016
Bei Drucklegung dieses Buches waren noch keine Pläne des Parks bezüglich Neuheiten für 2016 bekannt – lassen Sie sich einfach überraschen.

Eine entspannte Fahrt durch den Erlebnispark (Titelbild)

Stellen Sie sich vor, Sie sagen Ihrer Familie: Heute machen wir landwirtschaftlichen Unterricht zu unserem Tagesprogramm. In den allermeisten Fällen werden Sie damit nicht unbedingt für Begeisterungsstürme sorgen. Wenn Sie aber als Ausflugsziel, und damit quasi als Joker, den Erlebnispark Steinau in der Hinterhand haben, den familiären Kofferraum mit Grillgut füllen und frühestmöglich, am besten vorab telefonisch, bei dem osthessischen Park einen der Grillplätze reservieren und diesen bis spätestens 11 Uhr belegen, dann wird der Tag trotz anfänglicher Skepsis garantiert ein Riesenerfolg. Wetten, dass?!

Schon in den 1960er Jahren war Ihr heutiges Ausflugsziel in der Brüder Grimm-Stadt als Steinauer Freizeit-Tier-Botanik-Park bekannt, bevor er Anfang der 1990er Jahre im Zuge des Generationenwechsels von der Familie Zwermann übernommen und zum heutigen Erlebnispark Steinau wurde. Den landwirtschaftlichen Unterricht, den Sie vorher noch angedroht haben, machen Sie hier mit Ihrer Familie im Streichelzoo mit einheimischen Tieren, in der Tierkinderstube und mit einer Zeitreise in die 1920er Jahre in Hessens größtem privaten landwirtschaftlichen Museum.
Und keine Angst, das ist alles andere als trockener Stoff, vor allem, wenn man bedenkt, dass

hier in Steinau auch Esel- und Ponyreiten an den Wochenenden und in den hessischen Schulferien mit zum Programm gehört und sogar für Besucher bis 12 Jahren im Eintrittspreis enthalten ist. Doch nicht nur Tiergehege und die Landwirtschaftskunde machen den Erlebnispark Steinau zu einem hervorragenden Familienausflugsziel. Auch die zahlreichen am Wegesrand liegenden Spiel- und Klettermöglichkeiten oder aber auch die wunderschönen Blumenanlagen, wie etwa der „Rosenbogenweg", bieten mehr als genug Spaß für erholsame Stunden für die Eltern und körperliche Betätigungen des Nachwuchses.

Schaukeln und Seilbahn kommen immer gut an – am besten lässt sich das doch immer überschaubare Gelände mit dem »Steinau-Express« erfahren, entdecken und erkunden. Und wenn das alles noch nicht reichen sollte, gibt's zum Beispiel mit dem Wellenflieger »Der Lu(s)ftige Pilzflug«, der »Froschkönig«-Berg- und Talbahn, der elektrischen »Pferdereitbahn«, der »Albatros«-Einschienenbahn und vielen anderen auch noch ganz klassische Freizeitparkattraktionen zu erleben.

Mitmachen im Erlebnispark

Als letzten Trumpf können Sie dann auch noch mit dem »Spessart-Flitzer«, einer waschechten Sommerrodelbahn, den Tag rund machen oder sich auf das »Teufelsrad« wagen: eine gepolsterte Drehscheibe, die es in sich hat. Wer bleibt bis zum Schluss auf der rotierenden Scheibe – und wer fliegt zuerst runter? Zuschauen oder selbst mitmachen – hier ist der Spaß schon vorprogrammiert. Ebenfalls empfehlenswert ist der Motorik- und Kletterseilgarten »Kletter-Max« mit vielen verschiedenen Kletter- und Balancierelementen. Durch die geringe Höhe eignet er sich speziell für die kleinen Gäste.

Parkscout-Tipps

Über Parkmaskottchen Erli und seine Freunde gibt es eine Minibuch-Reihe „Erli's Abenteuer" (erschienen im Titus-Verlag Wiesbaden) aus der Feder des Kinderbuch-Autors Sascha Ehlert und Zeichners José Antonio Martin Vilchez.

Für eine Grillparty stehen 30 Grillhütten, 10 Grillplätze und 15 Pavillons kostenlos zur Verfügung. Sie befinden sich im unteren Teil des Parks mitten im Grünen, zwischen Tieren, Blumen und der Rodelbahn. Die Reservierung der Grillhütten ist nur mündlich (vor Ort am Eingang) oder per Telefon täglich von 9.00 bis 17.00 Uhr möglich.

Ein luftiger Pilzflug im Kettenfliegerkarussell

17 Nordrhein-Westfalen

ZOO WUPPERTAL

Im Zeichen der Frackträger

Adresse
Zoo Wuppertal
Hubertusallee 30
42117 Wuppertal
Tel.: 02 02 / 563 56 66
www.zoo-wuppertal.de

Preise
Erwachsene (ab 17 J.): 14,50 €
Kinder (4 – 16 J.) : 7,00 €
Kinder (0 – 3 J.): frei
Parken: öffentliche Parkplätze

Öffnungszeiten
Ganzjährig geöffnet
Winterzeit: 8:30 – 17 Uhr
Sommerzeit: 8:30 – 18 Uhr
An Silvester sowie an Heiligabend gelten verkürzte Öffnungszeiten, am 1. Weihnachtsfeiertag bleibt der Zoo geschlossen.

Gastronomie
Gastronomiestände an verschiedenen Standorten im Zoo sorgen ganzjährig für das leibliche Wohl der Besucher. Das Restaurant „Okavango" erlaubt während des Essens einen guten Blick auf das Elefantengehege.

Neu 2016
Bei Drucklegung dieses Buches waren noch keine Pläne des Zoos bezüglich Neuheiten für 2016 bekannt – lassen Sie sich einfach überraschen.

Tiger (Titelbild)

Seit mehr als 130 Jahren hat der Zoo Wuppertal schon Bestand und gehört damit zu den ältesten deutschen Tiergärten. Rund 5.000 Tiere aus rund 500 Spezies werden hier in unmittelbarer Nähe der berühmten Wuppertaler Schwebebahn gezeigt. Viele Umgestaltungen der letzten Jahre, wie etwa die Anlage für Löwen und Tiger im Jahr 2007 oder die 2009 fertiggestellte Pinguinanlage, machen den Zoo Wuppertal auch ohne große Thematisierung zu einer der attraktivsten Zooanlagen Deutschlands.

Schwebebahn trifft Happy Feet

Bereits seit den 1970er Jahren sind die Königspinguine, bei denen die Nachzucht hier gleich mehrfach gelang, das Wahrzeichen des Zoos. So ist es erfreulich, dass die kleinen Frackträger im Zoo Wuppertal seit 2009 eine hochmoderne und großzügige Pinguinanlage ihr Eigen nennen können, die den Tieren mit einer Landfläche von rund 100 Quadratmetern und einem Wasserbecken von etwa 200 Kubikmeter Inhalt eine naturnahe, artgerechte Lebensumgebung zur Verfügung stellt. Der besondere Clou ist dabei auch der 15 Meter lange Acrylglastunnel, der Besuchern einen faszinierenden

Einblick in das Treiben der Königs- und Eselspinguine unter Wasser ermöglicht.

Wer nicht genug von den drolligen Frackträgern bekommt, schaut vielleicht noch bei den Brillenpinguinen vorbei, deren Gehege einem südafrikanischen Strandabschnitt nachempfunden ist. Büsche, Felsen, Sand und niedrig bewachsene Bereiche sorgen dafür, dass sich die kleinen Afrikaner auch in Wuppertal wie zuhause fühlen. Und auch hier finden die Besucher großzügige Glasscheiben, durch die sie die Pinguine beim Schwimmen und „Fliegen" unter Wasser beobachten können.

Freie Sicht auf Menschenaffen und Großkatzen

Nachdem 2003 die Orang-Utans bereits ein großzügiges Freigehege mit einer Auslauffläche von rund 600 Quadratmetern bekamen, das mit seiner Abgrenzung aus Glas eine freie Sicht auf die Primaten gewährt, wurde 2006 anlässlich des 125-jährigen Jubiläums des Zoos ebenfalls für die Gorillas ein großes Freigelände geschaffen. 2007 fand eine enorme Erweiterung des Tierparks statt, bei der auf einer Grundfläche von einem Hektar ein neues Freigehege für die Löwen und eine erweiterte Anlage für die Tiger entstanden. Zuletzt durften sich im Jahre 2011 die Okapis über eine neu gestaltete Anlage mit Gräben und einem neuen Stallhaus freuen. Die kälteempfindlichen Paarhufer, die an eine Mischung aus Giraffe und Zebra erinnern, gibt es weltweit nur in wenigen Zoos zu sehen. Hier im Zoo Wuppertal können die Tiere nun auch während der kalten Jahreszeit im begehbaren Stallgebäude ausgiebig beobachtet werden.

Fazit

Wer neben Löwen, Menschenaffen und Elefanten genauso gern seltene Arten wie Zwergpinguine, Okapis oder auch Bonobos inmitten eines schön angelegten Tierparks erleben möchte, ist im Zoo Wuppertal ganz bestimmt richtig. Die liebevoll arrangierten und gut einsehbaren Gehege machen den Aufenthalt hier zu einem äußerst spannenden Erlebnis für die ganze Familie.

Parkscout-Tipps

Verpassen sollte man auf keinen Fall die Schaufütterungen der Königs- und Brillenpinguine (täglich ab 11:15 Uhr, außer freitags). Auch die Fütterung der Löwen (ab 16 Uhr, außer montags) stellt ein unvergessliches Highlight im Wuppertaler Zoo dar.

Bereits ab dem 4. Besuch lohnt sich der Kauf einer Jahreskarte (gültig 1 Jahr ab dem Verkaufsdatum). Außerdem gibt es mit der Jahreskarte ermäßigten Eintritt in die Partner-Zoos (siehe www.partnerzoo.de).

Großzügige Pinguin-Anlage

18 Nordrhein-Westfalen

H2O REMSCHEID

Grenzenloser Badespaß im Herzen des Bergischen Landes

Adresse
H2O Remscheid
Hackenberger Straße 109
42897 Remscheid
Tel.: 0 21 91 / 16 41 42
www.h2o-badeparadies.de

Preise
Tageskarte Badelandschaft:
Erwachsene (ab 14 J.): 9,50 €
Kinder (1,10m – 13 J.): 6,60 €
Kinder (unter 1,10m): frei
An Wochenenden und Feiertagen wird bei Erwachsenen ein kleiner Zuschlag berechnet.
Tageskarte Saunalandschaft:
Kinder / Erwachsene: 25,00 €
An Wochenenden und Feiertagen wird bei Erwachsenen ein Zuschlag von 1,50 € berechnet.
Parken: frei

Öffnungszeiten
Ganzjährig täglich geöffnet
Montag: 12 – 23 Uhr
Dienstag, Mittwoch, Donnerstag, Freitag: 9 – 23 Uhr
Samstag, Feiertage: 9 – 23 Uhr
Sonntag: 9 – 22 Uhr

Gastronomie
Das vielfältige Angebot der H2O-Gastronomie reicht von knackigen Salaten bis hin zu herzhaften Schlemmereien.

Neu 2016
Bei Drucklegung dieses Buches waren noch keine Pläne des Bads bezüglich Neuheiten für 2016 bekannt – lassen Sie sich einfach überraschen.

Wohltuende Wärme im Whirlpool (Titelbild)

Seit mehr als 15 Jahren steht im H2O Remscheid alles im Zeichen des nassen Elements. Ob zum Rutschen, Planschen, zum Sport oder zum Entspannen, das Erlebnisbad in der drittgrößten Stadt des Bergischen Landes offeriert ein breit gefächertes Angebot.

Drinnen wie draußen

Im Badeparadies des H2O Remscheid macht das »Erlebnisbecken« seinem Namen alle Ehre. Neben dem Kletternetz ist es vor allem das Rutschentrio „Crazy River & Co.", das die Besucher in Begeisterung versetzt. Zusätzlich zum namensgebenden »Crazy River«, einer 60 Meter langen Wildwasserfahrt, erwartet die Gäste hier eine Doppel-Steilrutsche sowie eine Röhrenrutsche. Bewegung verschaffen können sich auch ambitionierte Schwimmer im »Sportbecken« – ob drinnen auf sechs oder draußen auf vier Bahnen à 25 Meter. Ein Kinderspielbereich mit unmittelbarem Zugang zu Wickeltisch und Flaschenwärmer erfreut zudem kleine sowie große Besucher der Badewelt.

Wer sich entspannen möchte, findet im Massagebecken und im Natursolebecken Gelegenheit dazu. Hier im Außenbereich des Bades können

Gäste im »Garten der Sinne« entspannen oder im Gradierwerk maritime Salzluft schnuppern. Durchatmen und neue Energie für den Alltag tanken lässt sich auch bei einem Besuch in dem 40 bis 55 Grad warmen Dampfbad.

Spezialaufgüsse in der großzügigen Saunalandschaft

In der großzügigen Saunalandschaft des H2O Remscheid wird vor allem nach finnischer Art geschwitzt, unter anderem in der bis zu 110 Grad heißen »Kammi-Sauna« oder in der »Löyly-Sauna« (95°), die mit Spezial-Aufgüssen in Form von Salz und Honig die Haut der Gäste verwöhnt. In der »Ruusu-Sauna«, die den Duft von Rosenöl verströmt, finden Saunagäste ebenfalls ein umfassendes Verwöhnprogramm für Körper und Seele. Und wer nicht genug bekommt von harmonischer Wärme und Entspannung, der sollte auch das »Valo-Bad« (65°) ausprobieren, das mit sanft wechselndem Farbspiel und ruhigen Klängen den Aufenthalt in der Schwitzkammer behaglich untermalt. Darüber hinaus tragen in den insgesamt acht unterschiedlichen Saunen eine ganze Reihe von Spezial-Aufgüssen, darunter etwa die „Finnische Birke" oder der „Vulkanaufguss", zu einem ganz besonderen Wohlfühl-Erlebnis bei. Der ganzjährig begrünte Saunagarten lädt mit verschiedenen Sitz- und Ruhemöglichkeiten zum Verweilen ein. Neben einer Holzterrasse mit Liegestühlen sind hier auch Hängematten zu finden.

Parkscout-Tipp

In Fitnesskursen wie Aquarobics, Aquajogging, Deep Water Workout oder Aqua-Power können Sie Ihre Ausdauer, das Herz-Kreislauf-System und einzelne Muskelgruppen trainieren und stärken.

Absolut überzeugend

Das H2O Remscheid ist ein charmantes Erlebnisbad, das vor allem mit seiner stimmungsvollen Wellness- und Saunalandschaft, die auf vielfältige Weise Entspannung bietet, überzeugt. Neben genügend Entfaltungsmöglichkeiten für Sport-Schwimmer werden sich im H2O auch Familien durch das abwechslungsreiche »Erlebnisbecken« und die unterschiedlichen Rutschen ganz in ihrem Element fühlen.

In der Sauna

19 Nordrhein-Westfalen

ZOO DORTMUND

Tiere im Revier

Adresse
Zoo Dortmund
Mergelteichstraße 80
44225 Dortmund
Tel.: 02 31 / 502 85 93
www.zoo.dortmund.de

Preise
Erwachsene: 8,00 €
Kinder (ab 4 J.) / Schüler / Studenten / Zivis (bis 27 J.): 4,50 €
Kinder (0 – 3 J.): frei

Öffnungszeiten
Ganzjährig geöffnet
Sommersaison:
16.03.2016 – 15.10.2016
9 – 18:30 Uhr
Wintersaison:
01.11.2016 – 15.02.2017
9 – 16:30 Uhr
Übergangszeiten:
16.10.2016 – 31.10.2016
9:30 – 17:30 Uhr

Gastronomie
Für das leibliche Wohl der Zoobesucher sorgt die zentral gelegene Waldschenke, darüber hinaus gibt es auf dem Gelände verteilt verschiedene Kioske und Buden. Mitgebrachte Speisen und Getränke können an den zahlreichen Tischen und Bänken verzehrt werden.

Neu 2016
Bei Drucklegung dieses Buches waren noch keine Pläne des Zoos bezüglich Neuheiten für 2016 bekannt – lassen Sie sich einfach überraschen.

Entspannte Zoobewohner: Faultier (Titelbild), Tiger (r.o.) und Orang-Utan (r.u.)

Das Ruhrgebiet steht schon lange nicht mehr nur im Zeichen von Bergbau und rauchenden Industrieschornsteinen. Gerade die Westfalen-Metropole Dortmund beweist mit einer ganzen Reihe an Park- und Grünflächen, dass Naherholung im Revier kein Widerspruch sein muss. So sorgt etwa auch der südlich des Rombergparks gelegene Zoo Dortmund mit einer Fläche von 28 Hektar für eine erholsame, aber auch erlebnisreiche Auszeit vom Großstadttreiben.

Welthauptstadt der Ameisenbären

Der 1953 auf dem Grubenfeld der ehemaligen Zeche Glückaufsegen eröffnete Tierpark beherbergt heute rund 1.500 Tiere aus etwa 230 Arten. Schwerpunkte sind dabei vor allem die Haltung und Zucht südamerikanischer Tierarten, insbesondere des Ameisenbären, den man im Zoo Dortmund im »Tamandua-Haus« zu sehen bekommt. Seit 1976 haben hier im Tierpark bereits 60 Exemplare mit der charakteristischen langen Röhrenschnauze das Licht der Welt erblickt und zieren zudem das Wappen des Zoos. Nicht von ungefähr gilt die Revier-Stadt Dortmund daher als „Welthauptstadt der Ameisenbären"

Tierisch gut

Zu den weiteren Highlights des Zoos gehört das Regenwaldhaus »Rumah hutan«, das 2004 errichtet wurde und unter anderem Schabrackentapire mit Sumatra-Orang-Utans erfolgreich vergesellschaftet. Im »Amazonas-Haus« wurde eine eindrucksvolle südamerikanische Urwaldlandschaft nachgebildet, die die Heimat von Zwergseidenäffchen und Pfeilgiftfröschen, aber auch Leguanen sowie exotischer Vögel ist. Nicht minder lohnen sich ein Abstecher ins »Otter-Haus«, in dem die seltenen Riesenotter ein Zuhause gefunden haben, oder ein Besuch des 2006 eröffneten »Nashornhauses«. Des Weiteren finden sich auf dem weitläufigen Areal eine Vielzahl an teils seltenen Tierarten, darunter auch Ozelote sowie Oncillas. Sehenswert sind natürlich auch die Großkatzen, allen voran die Bewohner der großzügigen »Leoparden-Anlage«.

Informatives über Skippy & Co.

Doch man beschränkt sich im Zoo Dortmund nicht darauf, die Tiere nur zu präsentieren, sondern man möchte den Besuchern anhand von sogenannten »Erlebnis-Stationen« auch informatives Wissen vermitteln. Wer wollte nicht schon immer erfahren, wie weit ein Känguru springen kann? Ein toller Spaß für Groß und Klein! Ein »Streichelzoo« mit angrenzendem

Bauernhaus lässt insbesondere Kinderherzen höherschlagen. Zusätzlich bietet der zentral gelegene große »Abenteuerspielplatz« grenzenlosen Tobespaß.

Der Zoo Dortmund bietet mit seiner idyllischen und weitläufigen Parklandschaft und dem alten Baumbestand auch an Sommertagen ein entspanntes und reizvolles Tierpark-Erlebnis für die ganze Familie. Eine Vielzahl moderner Tierhäuser sowie seltene Arten tragen hier dazu bei, dass man die Revier-Konkurrenz aus Duisburg keinesfalls zu fürchten braucht.

Parkscout-Tipps

Die Highlights gerade für kleine Zoobesucher sind die kommentierten Fütterungen der Pinguine (täglich ab 14:30 Uhr) und Seelöwen (täglich jeweils um 11 und 15 Uhr).

Für Menschen mit Behinderung bietet der Zoo Dortmund verschiedene Hilfen an. So können Rollstühle und Rollatoren, aber auch in Brailleschrift geschriebene Blinden-Zooführer kostenlos am Haupteingang ausgeliehen werden.

20 **Nordrhein-Westfalen**

GRUGAPARK

Entspannen in Essen

Adresse
Grugapark Essen
Norbertstraße 2
45131 Essen
Tel.: 02 01 / 888 31 06
www.grugapark.de

Preise
Erwachsene (ab 16 J.): 4,00 €
Schüler / Studenten / Zivis: 2,50 €
Kinder (6 – 15 J.): 1,20 €
Kinder (0 – 5 J.): frei
In der Wintersaison (November bis Mitte März) sind die Eintrittspreise um 50% reduziert.
Parken: öffentliche Parkplätze

Öffnungszeiten
Ganzjährig täglich geöffnet
9 Uhr bis Einbruch der Dunkelheit

Gastronomie
Während für den kleinen Hunger mehrere Kioske bereitstehen, laden zwei Restaurants und ein Biergarten zum ausgiebigen Schlemmen in idyllischer Umgebung ein. Auf der Speisekarte stehen dabei herzhafte gutbürgerliche Speisen sowie orientalische und mediterrane Spezialitäten.

Neu 2016
Bei Drucklegung dieses Buches waren noch keine Pläne des Parks bezüglich Neuheiten für 2016 bekannt – lassen Sie sich einfach überraschen.

Events
Bereits seit mehreren Jahren findet im Februar/März abends das „Parkleuchten" statt, eine Art Open-Air-Ausstellung verschiedenster Licht-Installationen.

Vogelfreifluganlage (Titelbild)
Tropischer Regenwald im Grugapark (r.o.)
Springbrunnen eingebettet von Blumenbeeten (r.u.)

Kaum ein anderer Ort in Deutschland bietet seinen Bewohnern eine derart liebevoll gestaltete und gepflegte Parkanlage wie die Stadt Essen mitten im Ruhrgebiet – und dies nun schon seit über 80 Jahren.

Das Herzstück des Grugaparks ist natürlich der Botanische Garten, der nicht nur Erholung vom stressigen Alltag bietet, sondern auch der Lehre und Weiterbildung in Sachen Flora dient. Etiketten und Informationstafeln geben dem Besucher wichtige Hinweise auf die Herkunft der einzelnen Pflanzen, spezielle Häuser mit Kakteen und Sukkulenten lassen einen genauso staunen wie ein kleiner Bonsai-Garten mit zahlreichen Exponaten. Verschiedenste Blumenbeete sorgen dafür, dass überall etwas blüht und den Grugapark in allen erdenklichen Farben erstrahlen lässt.

Mit der Bahn durch den Park

Das Betrachten der Wunder der Natur und die damit verbundene Ruhe und Besinnung steht hier eindeutig im Vordergrund – überall gibt es bequeme Sitzmöglichkeiten, um bei dem doch recht langen Rundgang die eine oder andere

Pause einzulegen. Wer nicht so viel laufen mag oder will, um die ganze Pracht des Grugaparks zu sehen, kann auch mit Hilfe einer kleinen Parkbahn in einer rund 20minütigen Rundfahrt auf Entdeckungstour gehen.

Neben seiner Bedeutung als Botanischer Garten ist der Grugapark inzwischen aber auch Heimat von mehr als 500 Tieren geworden. In einer der größten Vogelfreifluganlagen Deutschlands gibt es Flamingos, Ibisse oder Austernfischer zu beobachten. Neben Volieren mit Papageien, Eulen und Greifvögeln findet man im Grugapark auch ein Damwild-Kontaktgehege und einen kleinen Ponyhof. Der zoologische Bereich ist insgesamt natürlich nicht so groß ausgefallen wie bei einem reinen Tierpark, bietet aber trotzdem eine ideale Ergänzung zum botanischen Teil des Essener Stadtparks.

Sport und Kultur

Neben Flora und Fauna verfügt der Grugapark auch über ein ansehnliches Angebot an Sport-, Freizeit- und Wellness-Angeboten. Tischtennis, Volleyball, Badminton oder Boule sorgen hier genauso für Aktivität wie ein kleiner Niedrigseilparcours oder eine Rollschuhbahn. Auch für Jogger und Walker wird einiges geboten: Neben der landschaftlichen Gestaltung gibt es mehr als 40 Skulpturen und Plastiken von namhaften Künstlern zu sehen, die dort im Laufe der Zeit installiert wurden. Nach dem Sport kann man sich übrigens hervorragend im »Kneippgarten« erholen oder die salzhaltige Luft des »Gradierwerkes« inhalieren, die das Immunsystem stabilisiert und die geistige sowie körperliche Leistungsfähigkeit steigern soll.

Die eierlegende Wollmilchsau gibt es bekanntlich nicht – aber der Grugapark ist schon ziemlich nah dran. Erholen, Entdecken, Erleben: Dies scheinen die Eckpfeiler des Essener Stadtparks zu sein. Die Mischung aus Botanik, Zoologie, Kunst und Sport funktioniert außergewöhnlich gut und wird noch einmal durch ständige Sonderveranstaltungen wie Konzerte und Ausstellungen kräftig aufgewertet.

Parkscout-Tipp

Gegen Gebühr können im Grugapark Grillplätze angemietet werden.

21 Nordrhein-Westfalen

ZOOM ERLEBNISWELT GELSENKIRCHEN

„Weltreise an einem Tag" – im Herzen Nordrhein-Westfalens

Adresse
ZOOM Erlebniswelt
Bleckstraße 64
45889 Gelsenkirchen
Tel.: 02 09 / 954 50
www.zoom-erlebniswelt.de

Preise
Erwachsene (ab 13 J.): 19,50 €
Kinder (4 – 12 J.): 12,50 €
Kinder (0 – 3 J.): frei
Schüler / Studenten: 14,50 €
Von November bis Februar gelten reduzierte Winterpreise.
Parken: Erste Stunde 2,00 €, jede weitere Stunde 1,00 €, Tageshöchstsatz 6,00 €

Öffnungszeiten
Ganzjährig täglich geöffnet
März & Oktober: 9 – 18 Uhr
April – September: 9 – 18:30 Uhr
November – Februar: 10 – 17 Uhr

Gastronomie
In jeder der drei Erlebniswelten bietet sich den hungrigen Abenteurern die Möglichkeit, landestypische und gutbürgerliche Speisen zu sich zu nehmen. Das „Café Central" im Jambo Portal bietet Verpflegung für unterwegs.

Neu 2016
Spannende und ungewöhnliche Einblicke in die Tierwelt der Arktis verspricht das durch die BBC international bekannte Erlebnis „Frozen Planet". Mit den scheinbar realen Bildern tauchen Besucher mittels Augmented Reality in den arktischen Lebensraum ein. Inmitten von Eisbären, Robben und Walen. Außerdem wird 2016 die App-Vielfalt konsequent verbessert und ausgebaut. Mit zusätzlichen Informationen zu den Tier- und Lebenswelten, mal spielerisch, mal überraschend aufbereitet erleben die Besucher noch mehr. Von 360°-Filmen, über mobiles Ticketing und lehrreiches Edutainment, die neuen ZOOM-Apps bieten für jede Altersgruppe etwas.

Eisbär in der Erlebniswelt Alaska

Was als ehrgeiziger Plan im Jahr 2000 begann, ist heute als „Weltreise an einem Tag" im Herzen des Ruhrgebiets zu erleben. Auf einer Fläche von mehr als 30 Hektar sind die Erlebniswelten Alaska, Afrika und Asien entstanden. Die einzige konsequent naturnah gestaltete zoologische Erlebniswelt in Europa bietet mehr als 900 Tieren in über 100 Arten eine naturgetreue Heimat. Die beeindruckende Landschaftsarchitektur ermöglicht die spannendsten Begegnungen zwischen Mensch und Tier.

Alaska – Expedition in eine Welt der Extreme

Die Erlebniswelt Alaska vereint auf einem sechs Hektar großen Areal verschiedene Vegetationszonen der nordamerikanischen Region: von den Küstenregenwäldern über die Tundra und die felsigen Berglandschaften bis hin zur Polarregion. Neben dem größten Landraubtier der Welt, dem Braunbären, durchstreifen Elche, Luchse und Wölfe hier ihre Reviere. Im verglasten Unterwassertunnel tauchen Besucher mitten in die Welt der Seelöwen ein. Auf dem 1,3 Kilometer langen Abenteuerpfad befindet sich außer »Sam's Goldmine« auch ein Goldwäscherspielplatz, auf dem kleine Entdecker zu Schatzsuchern werden.

Afrika – Safari durch den geheimnisvollen Kontinent

Die großflächigen Reviere der Erlebniswelt Afrika bieten 400 Tieren naturnahe Lebensräume. Nur eine Glasscheibe trennt die Löwen von den gebannten Besuchern. In der Grassavanne leben Zebras, Antilopen und Strauße in einer Artengemeinschaft, direkt neben imposanten Nashörnern. Nebenan schwingen sich Schimpansen von Baum zu Baum. Im abgesenkten Giraffenhaus begegnen Besucher den langhalsigen Huftieren auf Augenhöhe. Während der 20-minütigen Bootsfahrt nähern sich Flusspferde bis auf wenige Meter. Die »Afrika-Lodge« bietet allen Entdeckern ein beeindruckendes Panorama über die Erlebniswelt Afrika und für junge Safari-Teilnehmer einen großen Abenteuerspielplatz.

Asien – Eintauchen in das Reich des Dschungels

Die Erlebniswelt Asien bringt die Exotik des Fernen Ostens direkt ins Ruhrgebiet. Stars der immergrünen Landschaft sind die Sibirischen Tiger. Üppiger Bambuswald, Gras- und Steppenlandschaften erschaffen authentische Lebenswelten für weitere Bewohner der Erlebniswelt Asien: Orang-Utans, asiatische Kurzkrallenotter, Hanuman-Languren, Kleine Pandas oder Trampeltiere. Der »Canopy Walk«, ein fünf Meter hoher Baumwipfelpfad, bietet einen einzigartigen Panoramablick. Tropische Atmosphäre und die besondere Vielfalt von 3.600 Pflanzen können Besucher im »ELE Tropenparadies« erleben. In dem immergrünen Dschungel lebt eine große Artengemeinschaft frei fliegender Vögel sowie Reptilien und Flughunde. Im »Drachenland« haben kleine Entdecker auf 850 Quadratmetern die Möglichkeit, sich richtig auszutoben.

Start in die digitale Erlebniswelt

2015 fiel der Startschuss für die digitale Erlebniswelt. Ziel ist es, in der ZOOM Erlebniswelt Raum zu schaffen, in dem sich Edutainment und Wissenstransfer vereinen. Ein flächendeckendes WLAN-Netz, welches allen Besuchern zur Verfügung steht, bildet die Basis des zukunftsträchtigen Konzeptes. Über das WLAN und den Einsatz von QR-Codes sowie Augmented Reality, der virtuell erweiterten Realität, wird das Smartphone zum Reisebegleiter durch die ZOOM Erlebniswelt. Die Weltreise an einem Tag wird durch digitale Elemente ergänzt und spannend aufbereitet.

Die Artenvielfalt Afrikas

Parkscout-Tipp

Wer die Weltreise an einem Tag noch passend ausklingen lassen möchte, dem sei die RYOKAN Gastronomie ans Herz gelegt: Erstklassige eurasische Küche, perfekter Service und exotische Umgebung machen einen Besuch dieser Restaurants zu einem ganz besonderen Erlebnis. Geöffnet ist (außer montags) auch abends nach Zooschluss von 18 bis 23 Uhr, dabei ist der Zugang auch ohne einen vorhergehenden Zoobesuch möglich.

22 Nordrhein-Westfalen

AQUAPARK OBERHAUSEN

Schwimmen im Revier

Adresse
AQUApark Oberhausen
Heinz-Schleußer-Straße 1
46047 Oberhausen
Tel.: 02 08 / 625 35 90
www.aquapark-oberhausen.com

Preise
Tageskarte Erlebnis-Revier:
Erwachsene (ab 17 J.): 10,00 €
Kinder (1m – 16 J.): 7,00 €
Kinder (unter 1m): frei
Schüler / Studenten / Zivis: 9,00 €
An Wochenenden und Feiertagen wird pro Einzelkarte ein Zuschlag von 1,00 € erhoben.
Parken: frei

Öffnungszeiten
Ganzjährig täglich geöffnet
Erlebnis-Revier:
9 – 21 Uhr
Freibad-Revier (Liegewiese):
Sommer: 9 – 21 Uhr
Die Außenbecken sind beheizt und können das ganze Jahr über genutzt werden.

Gastronomie
Leicht und hausgemacht lautet das Motto des „Café & Bistro Zum Flöz". Wer lieber typische Imbisskost sucht, wird in der „Kantine" fündig.

Neu 2016
Bei Drucklegung dieses Buches waren noch keine Pläne des Bads bezüglich Neuheiten für 2016 bekannt – lassen Sie sich einfach überraschen.

Eine kurze Badespaß-Pause am Kiosk im Freibad-Revier (Titelbild)
Spaß für die ganze Familie (r.o.)
Das Erlebnis-Revier in der Schachthalle (r.u.)

Von der Markenstube an glühender Kohle und Kauenhaken vorbei in ein »Erlebnis-Revier« und dort vom Förderturm über die Rutsche ins – Bergwerk? Nicht ganz, denn das 18 Meter hohe Monstrum steht zwar mitten im Ruhrgebiet, diente und dient allerdings nicht der Kohleförderung, sondern nur der Unterhaltung der Badegäste des AQUApark Oberhausen.

Badespaß unter Kumpels

Das in seiner Art einzigartige Bergbau-Erlebnisbad hat sich die Thematik von Kumpels und Kohle, die so bezeichnend für das Ruhrgebiet ist, auf ganz besondere Weise zu eigen gemacht. Wie eine ganz besondere Form von Bergbau-Museum mutet es an, wenn man die Umkleidekabinen, hier »Waschkaue« genannt, betritt und sich einem überlebensgroßen Bergmann gegenüber sieht, der einem freundlich von der Kabinentür entgegenlächelt. Von der Kaue geht es ins Revier – gleich vier davon stehen badewütigen Kumpels zur Verfügung.

Im »Erlebnis-Revier« warten nicht nur der schon beschriebene Förderturm mit Flugrutsche, sondern auch der »Blindschacht«, eine 105 Meter lange Black-Hole-Rutsche, und der »Tagschacht«, eine X-Tube-Rutsche mit 120 Metern Länge. Für Mini-Kumpel gibt es darüber hinaus einen Kinder-Erlebnisbereich mit Wasserpistolen und vielen Spielmöglichkeiten. Highlight hier ist aber ohne Zweifel Bubi, das letzte Grubenpferd. Im »Sport-Revier« kann man seine Bewegungsfreude dagegen auf sechs 25-Meter-Bahnen ausleben, die natürlich auch den Wettkampfstandards gerecht werden. Durch den »Schacht Süd« geht es schließlich weiter ins »Freibad-Revier« mit seiner 10.500 Quadratmeter großen Liegewiese. Von hier aus kann man auch gut das Getümmel im 25-Meter-Außenbecken im Auge behalten – oder sich eben selbst hineinstürzen. Denn hier gibt es nicht nur fünf Luftsprudelliegen, sondern auch Unterwasserdüsen, Nackenduschen und eine eindrucksvolle LED-Beleuchtung. Übrigens: Das Freibad ist im Bergbau-Bad nicht nur ein sommerliches Vergnügen. Eine Solaranlage auf dem Dach beheizt das Wasser konstant auf wohlige 31 Grad.

Der vierte Bereich widmet sich schließlich ganz den leiblichen Genüssen. Vom kleinen Hunger bis zum Riesenappetit – im »Gastro-Revier«, bestehend aus Schwimmbadkantine und Café & Bistro „Zum Flöz", wird jeder kulinarische Schmacht befriedigt. Das Bistro im Eingangsbereich lockt mit leckeren, hausgemachten leichten Gerichten,

in der Kantine finden sich dagegen auch die im Pott unvermeidlichen Currywürste samt Pommes.

Prädikat: Empfehlenswert

Wer ein Schwimm-Erlebnis in einer einmaligen Kulisse sucht, ist im 2009 eröffneten AQUApark Oberhausen garantiert an der richtigen Adresse. Rutschen vom Förderturm und essen wie ein Kumpel – mehr Ruhrpott-Charme gibt's in keinem Bad.

Parkscout-Tipps

Mit dem Eingangschip haben Besucher die Möglichkeit, im Bad auf Bargeld zu verzichten: einfach alle Umsätze auf den Chip buchen und erst beim Verlassen des Bades zahlen.

Für Sportbegeisterte bietet der AQUApark verschiedene Kurse an, das Angebot reicht vom Kinderschwimmkurs bis zur Aquafitness für Senioren.

23 Nordrhein-Westfalen

GRUSELLABYRINTH NRW

Im Bann der Finsternis

Adresse
Grusellabyrinth NRW
Knappenstraße 36
46238 Bottrop
www.grusellabyrinth.de

Preise
Erwachsene (ab 12 J.): 19,50 €
Kinder (8 – 11 J.): 17,50 €
Für Kinder unter 8 Jahren ist das Grusellabyrinth nicht geeignet.
Parken: frei

Öffnungszeiten
Ganzjährig geöffnet
Das Grusellabyrinth NRW hat dauerhaft rund ums Jahr an vielen Tagen geöffnet. Die genauen Öffnungszeiten werden jeweils für drei Monate im Voraus auf der Homepage des Grusellabyrinths bekannt gegeben.

Gastronomie
Im Eingangs- und Wartebereich des Grusellabyrinths NRW gibt es einen kleinen Snack, wo man nicht nur Erfrischungsgetränke erhält, sondern auch Hot Dogs, Popcorn oder Muffins.

Neu 2016
Ein brandneuer interaktiver Showraum mit dem Namen „Die Apsis des Lichts" soll die aktuelle Show weiter ausbauen.

Gruselige Gestalten (Titelbild)

Wer hätte das gedacht: Das größte Grusellabyrinth Deutschlands steht nicht in irgendeinem Freizeitpark, sondern in Bottrop, das dank des Halloween Horror Fest im Movie Park Germany bereits seit Jahren als Deutschlands Epizentrum für modernen Horror der härteren Gangart gilt. Doch Vorsicht! Wer bei dem Grusellabyrinth eine ähnlich blutige Gore- und Splatter-Veranstaltung wie im nahen Filmpark erwartet, liegt völlig daneben, da die Konzepte kaum unterschiedlicher sein könnten.

Hits für Kids

Bei »Im Bann der Finsternis«, so der Name der Show, geht es um die junge Marie Rosenthal, die nach dem Tod ihrer Mutter während einer Seance, bei der sie mit ihr Kontakt aufnehmen will, in einer Alptraumwelt gefangen ist. Mit Hilfe einer Wahrsagerin und eines Butlers sollen die Besucher nun in diese Welt eindringen und Marie wieder zurück in die Realität bringen. Dabei begegnen sie fiesen Insektenwesen, verrückten Horrorclowns oder auch einer seltsamen Puppe, lösen Rätsel und finden sich in stockfinsteren Labyrinthen wieder. Von der ersten Begegnung mit dem Butler bis zum stim-

mungsvollen Finale vergehen mehr als 90 Minuten, in denen man lachen, sich gruseln und sogar ein wenig weinen kann.

Damit setzen die Macher einerseits auf eine spätromantische Basis im Stile eines Lord Byron oder eines Edgar Allen Poe. Zum anderen liegt das Hauptaugenmerk nicht wie bei den von diversen Halloween-Events bekannten Mazes auf dem bloßen Erschrecken von Besuchern, sondern auf dem Erzählen einer Geschichte, bei der die Gäste Teil des Geschehens werden. Natürlich gibt es auch durchaus Scare-Momente, aber diese ordnen sich dem Gesamtkonzept unter, das letztlich eher mit den bekannten Dungeons vergleichbar ist als mit den meist eindimensionalen Horrorhäusern, die im Oktober überall zu finden sind – ein interaktives Theatererlebnis für die ganze Familie, das mit Hilfe modernster technischer Mittel wie Mapping oder Kuppelprojektionen eindrucksvoll unterstützt wird.

Fazit

Das Grusellabyrinth, das auf eine lange traditionsreiche Geschichte an seinem früheren Standort in Kiel zurückblicken kann, zeigt sich auch an seinem neuen Standort in Bottrop von seiner besten Seite und bietet seinen Besuchern mit viel Liebe zum Detail ein Erlebnis der Extraklasse, das in Deutschland seinesgleichen sucht.

Clown Monty wartet auf Besucher. (l.o.)
Marie Rosenthal (r.o.)
Der neue Standort in Bottrop (u.)

Parkscout-Tipps

Beim Gang durch die dunklen Labyrinthe sollten Sie darauf verzichten, Ihr Handy als Taschenlampe zu missbrauchen. Dies ist nicht nur strengstens untersagt, sondern zerstört auch Ihr eigenes Erlebnis.

Auf der Homepage des Grusellabyrinths können Sie im Vorfeld Ihre Eintrittskarten kaufen – mit einem exakten Datum und einer festgelegten Uhrzeit, damit Sie sich nach der Ankunft ohne längere Wartezeit direkt in den »Bann der Finsternis« begeben können.

24 Nordrhein-Westfalen

MOVIE PARK GERMANY

Hollywoodreife Action in Bottrop

Adresse
Movie Park Germany
Warner Allee 1
46244 Bottrop-Kirchhellen
Tel.: 0 20 45 / 89 90
www.moviepark.de

Preise
Erwachsene (ab 12 J.): 37,00 €
Kinder (4 – 11 J.): 29,00 €
Kinder (0 – 3 J.): frei
Parken: 6,00 €

Öffnungszeiten
18.03. – 1.11.2016
Im April und September ist der Park an einzelnen Wochentagen geschlossen.
10 – 18 Uhr
Im Sommer sowie während des Halloween Horror Fests gelten verlängerte Öffnungszeiten.

Gastronomie
Zwei Restaurants, vier Cafés und eine ganze Reihe an Snack-Stationen sorgen im Movie Park für das leibliche Wohl.

Neu 2016
In dieser Saison öffnet die neue Horror-Attraktion „The Walking Dead Breakout", die auf der bekannten Horror-Fernsehserie basiert und die Besucher in Angst und Schrecken versetzen wird. Außerdem gibt es im 4D-Kino einen neuen Ice-Age-Film, bei dem es diesmal um Eichhörnchen Scrat und seine geliebten Nüsse geht. Zusätzlich feiert der Park in diesem Jahr noch seinen 20. Geburtstag.

Events
Mit dem Halloween Horror Fest erwartet die Besucher ab dem 7.10.2016 donnerstags bis sonntags im Oktober ein ganz besonderes Special: Bei dem blutigen Grusel-Event, das in Deutschland seinesgleichen sucht, verwandeln rund 250 Darsteller den Park in einen Ort des Schreckens; mehrere Horror-Labyrinthe, Street-Entertainment und spezielle Shows stehen hier genauso auf dem Programm wie die bis 22 Uhr verlängerten Öffnungszeiten.

Mit einem Alter von gerade mal zwanzig Jahren gehört der 1996 eröffnete Movie Park Germany zu den ausgesprochenen Youngstern unter den deutschen Freizeitparks. Heute präsentiert der Film- und Freizeitpark in Bottrop dank mehrerer TV- und Filmlizenzen ein umfangreiches Angebot an Attraktionen und Shows, das sich vor allem an Familien mit Kindern richtet.

Während andere deutsche Filmparks fast ausschließlich auf Fahrgeschäfte verzichten, warten im Movie Park Germany alleine schon sechs Achterbahnen auf die Gäste, die alle Altersklassen bedienen. Jugendliche und Erwachsene werden im »MP Express« unter der Schiene hängend durch mehrere Überschlagselemente geschleudert oder flüchten in dem aufwendig thematisierten Indoor Coaster »Van Helsing´s Factory« zusammen mit dem gleichnamigen Vampirjäger vor gefährlichen Blutsaugern. Auch die Holzachterbahn »The Bandit« ist nichts für zarte Gemüter: Die verschachtelte Strecke wird mit hohem Tempo durchfahren und rüttelt die Besucher in den Zügen naturgemäß ein wenig durch. Die „Wilde Maus" »Ghost Chasers« mit einer auf SpongeBob Schwammkopf basierenden Thematisierung rundet das Angebot für ältere Gäste passend ab.

Achterbahnen für die Kleinsten

Aber auch kleinere Kinder dürfen sich auf ihre ersten Achterbahn-Erlebnisse freuen. Empfehlenswert ist hier vor allem »Jimmy Neutron´s Atomic Flyer«, ein kleiner Suspended Coaster, der nicht nur eine ausgesprochen angenehme Fahrt bietet, sondern mit einer Mindestgröße von gerade einmal 95 Zentimetern selbst die Kleinsten nicht außen vor lässt – was nun aber nicht heißen soll, dass die Bahn nicht auch Erwachsenen jede Menge Spaß bietet. Als Alternative für den Nachwuchs bietet sich außerdem die Kinderachterbahn »The Backyardigans Mission to Mars« an.

Beide Coaster findet man übrigens im Nickland, einem riesigen Themenbereich, der den Figuren des bekannten Fernsehsenders gewidmet ist. SpongeBob, Jimmy Neutron, Dora, Avatar und viele andere beliebte Animationsfiguren haben hier ihr Zuhause – dabei sind die jeweiligen Attraktionen darauf zugeschnitten, möglichst mit der ganzen Familie erlebt werden zu können. So findet man hier zum Beispiel mit »Doras Big River Adventure« eine Wildwasserbahn mit ei-

Die Holzachterbahn Bandit (Titelbild)
Jimmy Neutron's Atomic Flyer (o.)
Blick auf Santa Monica Pier (u.)

nem bunten Cartoon-Look, die ganz nebenbei auch einen ordentlichen Nässefaktor bietet. Auch der interaktive Wasserspaß »SpongeBob Splash Bash«, bei dem man sich in Booten ein Wassergefecht mit anderen Besuchern am Rand von Bikini Bottom liefern kann, gehört zu den Highlights bei sommerlichen Temperaturen.

Die Helden von Ice Age

In die Höhe geht es im Nickland entweder mit dem »Avatar: Air Glider«, einem Karussell, in dem man auf dem Bauch liegend durch die Luft schwebt, oder mit dem »Splat-O-Sphere«, einem Hochfahrgeschäft, bei dessen Fahrt man nicht nur den Ausschwung der Gondel mit einem Joystick steuern kann, sondern ganz nebenbei auch einen tollen Ausblick auf den gesamten Parkteil hat. Hier findet man neben der liebevoll gestalteten Kinderfahrschule »Teenage Mutant Ninja Turtles: License to Drive« übrigens auch mit »Mystery River« eine der besten Rafting-Anlagen Europas, die eine schnelle und spritzige Fahrt verspricht. Auch die Helden der Filmreihe „Ice Age" sind hier in einer eigenen Bootsfahrt durch die Welt der Dinosaurier zu finden.

Apropos Boot: Gleich hinter dem Eingang des Parks befindet sich auf der linken Seite ein oft übersehener Spillwater, der seine Gäste in das Innere eines Vulkans führt, wo Außerirdische Menschen verschiedenster Epochen gefangen halten – eine Hommage an die Science-Fiction-Trashfilme der 60er Jahre. »Bermuda Triangle – Alien Encounter« lautet der Name der Wasserfahrt, die gleich zwei Drops bietet, bei denen man sehr nass werden kann. Zum anschließenden Trocknen eignet sich der Fahrtwind von »The High Fall«, einem rund 60 Meter hohen

Freifallturm im Wild-West-Bereich des Parks, der gleich zwei Besonderheiten aufweist: Zum einen fällt man mit einer Geschwindigkeit von rund 90 Stundenkilometern quasi stehend in die Tiefe und zum anderen werden die Sitze am höchsten Punkt des Turms nach vorne gekippt.

Ein vielfältiges Show-Programm

Ein weiteres Highlight ist auch »The Lost Temple«, eine Reise in die Welt der Dinosaurier, die mit Hilfe mehrerer aufwendiger Show-Räume und einer Kombination aus 3D-Film und Simulator realisiert wurde. Neben zahlreichen anderen Attraktionen wie dem Simulator »Time Riders«, dem Santa Monica Pier mit seinen Fahrgeschäften oder einem Top Spin liegt ein weiteres Hauptaugenmerk des Parks auf Entertainment. Eine actionreiche Open-Air-Stunt-Show mit wilden Schießereien, quietschenden Autoreifen und waghalsigen Kletterpartien gehört hier genauso zum Programm wie Live-Gesangsshows. Außerdem gibt es noch ein 4D-Kino mit einem Ice-Age-Film.

Fazit

Kino- und Fernseh-Helden, Achterbahnen und ein ausgesprochen familienfreundliches Attraktionsangebot sind in dieser Kombination in Deutschland einmalig. „Hurra – ich bin im Film!" – so lautet der Slogan des Parks, und dies nicht zu Unrecht.

Mystery River (l.o.)
Van Helsing's Factory (l.M.l.)
MP Express (l.M.r.)
Horrorgestalt am Halloween Horror Fest (u.)

Parkscout-Tipps

Die Tickets für das Halloween Horror Fest an den Samstagen im Oktober sowie für den 31.10. sind ausschließlich im Vorverkauf erhältlich. Wenn Sie vorhaben, den Park an einem dieser Tage zu besuchen, sollten Sie rechtzeitig ein entsprechendes Ticket auf der Homepage des Parks bestellen.

Bei einer Bestellung von Eintrittskarten im Online-Shop des Parks gibt es spezielle „All-Inclusive-Tickets", die nicht nur den Zutritt zum Park ermöglichen, sondern auch Getränke und Essen beinhalten. Gerade in den Sommermonaten, in denen man aufgrund hoher Temperaturen viel trinkt, ist dieses Ticket eine durchaus empfehlenswerte Alternative.

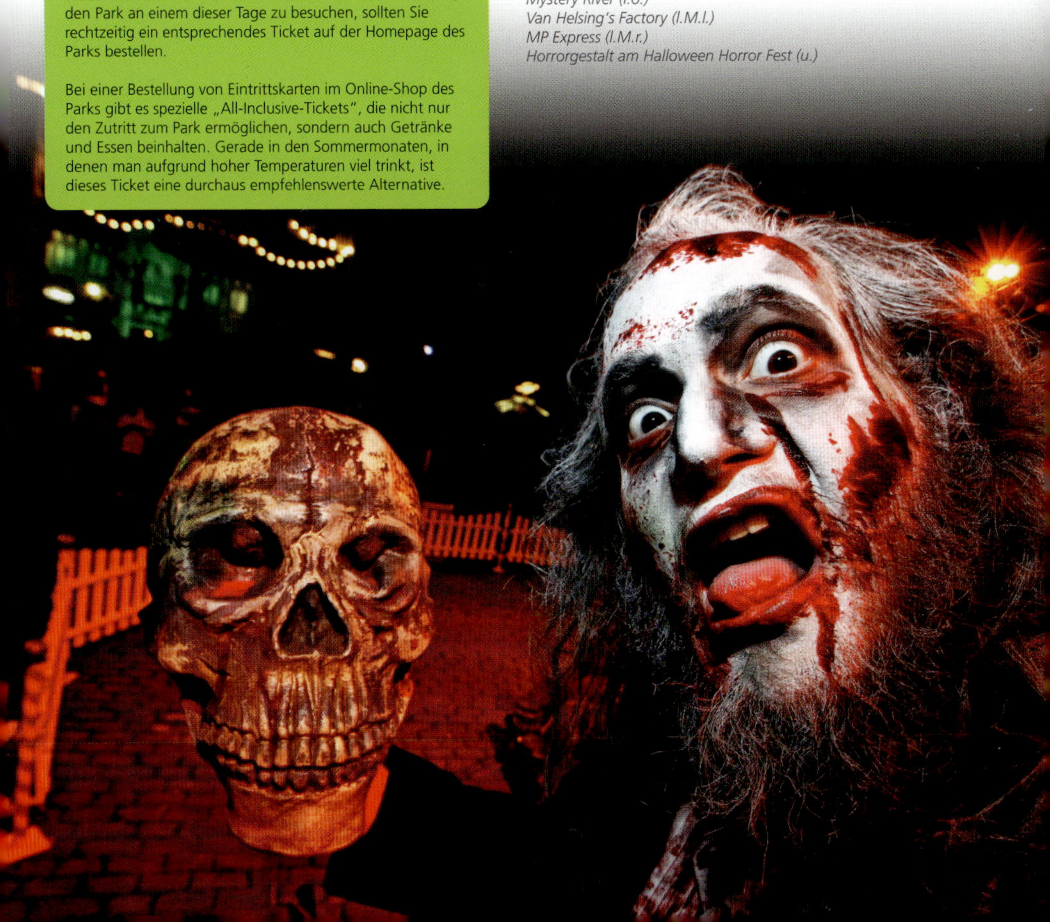

25 Nordrhein-Westfalen

SCHLOSS BECK

Der Park für Kinder

Adresse
Freizeitpark Schloss Beck
Am Dornbusch 39
46244 Bottrop
Tel.: 0 20 45 / 51 34
www.schloss-beck.de

Preise
Erwachsene: 12,00 €
Kinder: 11,00 €
Parken: 1,00 €

Öffnungszeiten
19.03. – 23.10.2016
9 – 18 Uhr
Im September und Oktober ist der Park nicht durchgehend geöffnet, sondern an einigen Tagen geschlossen.

Gastronomie
Neben der „Schloss-Schänke" sorgen eine Waffelbäckerei und einige Imbiss-Stände für das leibliche Wohl der Besucher. Außerdem stehen verschiedene Grillmöglichkeiten zur Verfügung, welche telefonisch vorbestellt werden sollten.

Events
Im Freizeitpark Schloss Beck gibt es am 02.07.2016 ein Kindersommerfest mit vielen Künstlern, einem Puppentheater, Spielen und Gewinnen. Außerdem wartet am 22.10.2016 Beckis Herbst- und Geisterfest auf die Besucher.

Neu 2016
Bei Drucklegung dieses Buches waren noch keine Pläne des Parks bezüglich Neuheiten für 2016 bekannt – lassen Sie sich einfach überraschen.

Blick auf das Schloss (Titelbild)
Ein Paradies für die Kleinen (r.)

In unmittelbarer Nachbarschaft zum Movie Park Germany findet man in Bottrop mit Schloss Beck noch einen zweiten, kleineren Freizeitpark, der sich ausschließlich an Familien mit kleinen Kindern orientiert und in seinem Besucher-Segment durchaus mit der scheinbar übermächtigen Konkurrenz nebenan mithalten kann.

Mittelpunkt des Parks ist das namengebende Wasserschloss Beck, das man wohl zu den schönsten barocken Baudenkmälern Westfalens zählen darf. Erbaut im 18. Jahrhundert, überstand es zwar unbeschädigt beide Weltkriege, wurde aber erst 1966 renoviert und für die Öffentlichkeit freigegeben – sozusagen die Geburtsstunde des späteren Freizeitparks. Gerüchteweise soll es hier sogar spuken: Im »Gruselkeller« des Gebäudes können die Besucher dem gespenstischen Treiben auf den Grund gehen.

Muskelkraft ist gefragt

Inmitten des landschaftlich schön angelegten Parks gibt es für Kinder viel Freiraum zum Spielen und Toben, aber natürlich auch einige Karussells und Fahrgeschäfte. So dürfen die Kleinen hier zum Beispiel ihre ersten Achterbahn-Erfahrungen auf einem sechs Meter hohen Tivoli Coaster machen, mit einem mittelhohen Riesenrad in die Luft steigen oder bei einer Wasserrutschen-Anlage einen Abhang hinunter schlittern.

Trampoline für Groß und Klein, Spielgeräte und Seilbahn bringen Erwachsene und Kids gleichermaßen zum Schwitzen. Für viele Attraktionen soll und muss man die eigene Muskelkraft bemühen – ein gutes Beispiel hierfür ist der kleine Aussichtsturm, bei dem man sich selbst hinaufziehen muss, wenn man einen Überblick über das bunte Treiben darunter bekommen möchte. Alternativ kann man den Park übrigens auch mit einer kleinen Eisenbahn entdecken.

Mit Ruderbooten auf dem See

Ein Highlight von Schloss Beck ist sicherlich ein großer naturbelassener See auf dem Gelände, der mit Tret- und Ruderbooten erkundet werden kann – gerade bei sommerlichen Temperaturen ist dies eine idyllische Alternative zu den üblicherweise sonst in Freizeitparks anzutreffenden Kunstwelten. Ein großer Abenteuerspielplatz mit zahlreichen Möglichkeiten zum Klettern, ein Naturlehrpfad oder eine Gokart-Bahn runden das Angebot für die jüngeren Besucher passend ab. Ein besonderer Spaß ist auch der Baumwipfelpfad. Das rund 200 Meter lange Konstrukt wird mit Treppen erklommen und ragt an seiner höchsten Stelle etwa 15 Meter in die Höhe – wer hier nicht schwindelfrei ist, könnte also schnell ein Problem bekommen, zumal der Pfad über dem Boden auch nur 1,20 Meter breit ist und dank seines Gitterbodens einen guten Blick hinab in die Tiefe ermöglicht.

Fazit

Schloss Beck kann man natürlich nicht mit den großen Freizeitparks in Deutschland vergleichen. Familien mit kleineren Kindern finden hier aber durchaus ein vergleichsweise kostengünstiges Kontrastprogramm, das auch jede Menge Spaß macht.

Parkscout-Tipps

Auf Wunsch werden Führungen durch die prächtigen Räumlichkeiten des barocken Wasserschlosses angeboten.

An jedem Montag (abgesehen von Ferien und Feiertagen) ist Becki-Tag, der nach dem „guten Geist“ von Schloss Beck benannt wurde und an dem ein reduzierter Eintrittspreis von 9,00 € pro Person gilt.

26 Nordrhein-Westfalen

INSELBAD BAHIA

Karibik in Bocholt

Adresse
Inselbad Bahia
Hemdener Weg 169
46399 Bocholt
Tel.: 0 28 71 / 27 26 60
www.bahia.de

Preise
Tageskarte Wasserwelt:
Erwachsene (ab 16 J.): 9,80 €
Kinder (1,01m bis 15 J.): 5,20 €
Tageskarte Saunalandschaft:
Erwachsene (ab 16 J.): 22,30 €
Kinder (1,01m bis 15 J.): 15,70 €
Kinder (bis 1m): frei
Parken: frei

Öffnungszeiten
Ganzjährig geöffnet
An wenigen Tagen im Jahr ist das Bad aufgrund Revisionsarbeiten o.ä. geschlossen.
Montag – Samstag: 10 – 22 Uhr
Sonntag / Feiertag: 9 – 21 Uhr

Gastronomie
In der Wasserwelt lockt das Selbstbedienungs-Inselrestaurant „Baloa" mit einem umfangreichen Speiseangebot und in der Saunalandschaft haben die Gäste in der „Sansibar" die Qual der Wahl zwischen einfachen Snacks und kompletten Menüs.

Events
Jeweils nach den Ferien startet in der Wasserwelt das neue Kursangebot des Bahia. Das Angebot umfasst dabei vom Babyschwimmen über Aquarobic bis zum Aqua Cycling die unterschiedlichsten Bewegungs- und Freizeitmöglichkeiten.

Neu 2016
Bei Drucklegung dieses Buches waren noch keine Pläne des Bads bezüglich Neuheiten für 2016 bekannt – lassen Sie sich einfach überraschen.

Aqua Choice (Titelbild)

Bahia – schon der Name klingt nach Erholung, nach Urlaub, Sonne, Strand, Palmen und Meer. Und nicht weniger will das gleichnamige Inselbad in Bocholt seinen Besuchern bieten. Die Wasserwelt holt mit Palmen und angenehmen Wassertemperaturen die Karibik ins Münsterland, während man in der Saunalandschaft bei einer Rhassoul-Zeremonie dem Orient ganz nah sein kann.

Spielen, Baden, Rutschen

Gleichzeitig steht das Inselbad Bahia aber auch für ein abwechslungsreiches Freizeitangebot für Groß und Klein. Ein Höhepunkt ist die Weichenrutsche »Aqua Choice«, die ihre „Fahrgäste" vor eine schwierige Entscheidung stellt: Orange oder Blau, das ist die Frage, mit der sich die Rutscher unversehens beschäftigen müssen. Im blauen Bereich sind die weiteren Rutschenmeter mit zahlreichen Kurven gespickt, während Orange eine rasant-steile 30-Meter-Fahrt durch „Daylights" und „Stripes" verspricht. Auf der insgesamt 110 Meter langen Reifenrutsche können sich bereits Kinder ab sechs Jahren der schwierigen Farbwahl unterziehen. Rutschenfans kommen aber auch auf der 2009 eröffneten »Event-Rutsche« voll auf ihre Kosten. Unterstützt von „Crazy-Lights", „Running-Lights" und „Day-Light-Effekten" geht's auf 70 kurvigen Metern ins Becken. In Begleitung eines Erwachsenen können auch Kinder unter sechs Jahren in den Genuss dieser Körperrutsche kommen. Darüber hinaus erwartet die Kleinen ein eigener Kinderbereich mit lustigen wasserspeienden Tieren, einem Schiffchenkanal, einem Planschbecken und einem Eltern-Kind-Bereich.

Eine weitere Besonderheit des Bocholter Inselbades ist die »Acapulco-Gischt«: Unter dem 3-Meter-Sprungturm befindet sich ein Düsenauslass, der auf Wunsch des Springers für (fast) echte Meeresbrandung sorgt. Das aufschäumende Wasser sieht dabei übrigens nicht nur spektakulär aus, sondern hat zudem den angenehmen Nebeneffekt, dass es dem Springer eine ungewöhnlich weiche Landung beschert.

Schwitzen wie ein Römer

Was dem einen das Spielen, Toben und Rutschen, das ist dem anderen die Entspannung. Und auch für diese ist im Bahia bestens gesorgt. In der Saunawelt haben die Gäste die Wahl zwischen neun verschiedenen Schwitzräumen mit unterschiedlichen Thematisierungen, Temperaturen und Luftfeuchtigkeiten. Eine davon ist die 85 Grad heiße »Swet Kamer», ein Saunahaus im westfälischen Stil. Der Saunaofen ist hier im Stile eines Schmiedefeuers gehalten und verbreitet zusammen mit dem einer westfälischen Wohnküche nachempfundenen Vorraum eine gemütliche Atmosphäre.

Deutlich kühler geht es im Dampfbad zu: Bei 45 bis 48 Grad und einer nahezu hundertprozentigen Luftfeuchtigkeit kann man hier die Schwitzkultur der alten Römer nachempfinden. Oder eben die des Orients, denn das Dampfbad ist auch Schauplatz der Rhassoul-Zeremonien, bei denen der Körper zunächst mit Heilerde eingerieben und dann einer beständig ansteigenden Luftfeuchtigkeit ausgesetzt wird, die in einem erfrischenden Regenguss mündet. Ein Highlight der Saunalandschaft ist aber auch der große Saunagarten, der mit zahlreichen Liegen zum Relaxen einlädt. Für Gesundheitsbewusste stehen zudem verschiedene Tauchbecken bereit.

Rutschenfan, Saunagänger oder Familie – das Inselbad Bahia kann die unterschiedlichsten Ansprüche zufrieden stellen. Durch die ansprechende Gestaltung der Wasser- und Saunawelten können die Gäste hier ihr ganz persönliches Urlaubsparadies genießen.

Parkscout-Tipp

Beim Eintritt zwischen 10 und 13 Uhr sowie ab 19 Uhr können Sie werktags den Happy-Hour-Tarif nutzen. Zwei Stunden in der Wasserwelt kosten dann für Erwachsene nur 4,20 €.

Saunawelt

27 Nordrhein-Westfalen

ZOO DUISBURG

Tiere im Pott

Adresse
Zoo Duisburg
Mülheimer Straße 273
47058 Duisburg
Tel.: 02 03 / 30 55 90
www.zoo-duisburg.de

Preise
Erwachsene (ab 18 J.): 16,90 €
Kinder (3 – 17 J.): 9,90 €
Kinder (0 – 2 J.): frei
Parken: 3,00 €

Öffnungszeiten
Ganzjährig täglich geöffnet
März – Oktober: 9 – 18:30 Uhr
November – Februar: 9 – 16 Uhr

Gastronomie
Neben der „Afrika Lodge", einem Selbstbedienungsrestaurant mit großer Sonnenterrasse, stehen auf dem Zoogelände mehrere Kioske bereit, um Hunger und Durst der Besucher zu stillen.

Neu 2016
Seit Ende März haben die Tiger im Zoo Duisburg ein größeres, naturnah gestaltetes Zuhause.

Koala (Titelbild)
Bei vielen Besuchern das Highlight des Zoos – das Delphinarium (r.)

Der heutige Zoo Duisburg wurde vor mehr als 80 Jahren als Duisburg-Hamborner Tierpark gegründet und gehört heute zu den traditionsreichsten Vertretern seiner Art in Deutschland. Durch eine Autobahn in zwei Teile getrennt, die mit einer Brücke miteinander verbunden sind, wirkt der Zoo mit seiner altbackenen Gestaltung leider ein wenig in die Jahre gekommen.

Statt liebevoller Thematisierung der Gehege herrscht oftmals trister Beton – hier wird zum größten Teil gar nicht erst versucht, eine natürliche Umgebung zu schaffen wie in Gelsenkirchen oder Hannover. Dies hat allerdings für den Besucher auch einen kleinen Vorteil: Die meisten Tieranlagen sind von allen Seiten gut einsehbar, so dass man seine Bewohner nicht lange suchen muss. Insgesamt werden im Zoo Duisburg rund 3.600 Tiere gehalten.

Faultiere von oben

Wenn man den unscheinbaren Haupteingang hinter sich gelassen hat, merkt man schnell, dass es nicht ganz einfach ist, sich ohne einen Lageplan zurechtzufinden – die vorhandene Ausschilderung an den Wegen ist eher rudimentär und manchmal etwas irreführend. Man muss also ein wenig aufpassen, dass man nicht eines der Highlights des Zoos aus Versehen übersieht. Eines davon ist zweifellos das »Äquatorium«, wo man nicht nur verschiedene Affenarten finden kann, sondern zum Beispiel auch Faultiere, die über den Köpfen der Besucher herumturnen. Aber auch das »Koalahaus« ist einen Besuch wert. Die Anlage besteht aus zwei für die Besucher über große Glasscheiben einsehbaren Innengehegen und insgesamt fünf weiteren Gehegen hinter den Kulissen.

Delphine im Zoo

Die »Lemureninsel« mit ihren freilaufenden Kattas und Varis sollten Besucher auch nicht verpassen. Wenn diese Lemurenarten an den staunenden Gästen vorbeihuschen und über die Wege springen, dann ist das durchaus eine der seltenen Mensch-Tier-Begegnungen, die vielen länger im Gedächtnis bleiben dürften – vor allem Kindern. Etwas problematischer entpuppt sich hingegen die Tatsache, dass der Zoo Duisburg neben dem Nürnberger Tiergarten die einzige Institution in Deutschland ist, wo noch Delphine gehalten werden und im Eintrittspreis inkludierte Shows mit den Meeressäugern zu sehen sind. Man kann vermutlich stundenlang über eine solche Haltung diskutieren, aber das »Delphinarium« gehört trotzdem bei vielen Besuchern zu den Höhepunkten im Zoo.

Nebenbei gibt es natürlich noch viele weitere Tierarten zu beobachten: Elefanten, Nashörner und Löwen findet man genauso im Zoo Duisburg wie Pinguine, Robben, einen Streichelzoo und Tiger. Letztgenannte haben übrigens in diesem Jahr ein neues großräumiges Gehege mit aufwendiger Gestaltung bekommen, das von einer ebenfalls neuen Besucherplattform hervorragend eingesehen werden kann.

Fazit

Wenn man möglichst viele Tiere sehen will, ist der Zoo Duisburg durchaus empfehlenswert. Wer jedoch auch Wert auf eine hübsche Gestaltung der Gehege und Anlagen legt, könnte hier allerdings manchmal etwas enttäuscht werden.

Parkscout-Tipp

Das Gelände des Zoo Duisburg ist relativ hügelig. Gutes Schuhwerk sollte bei einem Besuch also Pflicht sein.

28 Nordrhein-Westfalen

ALLWETTERZOO MÜNSTER

Zoobesuch bei jedem Wetter

Adresse
Allwetterzoo Münster
Sentruper Straße 315
48161 Münster
Tel.: 02 51 / 890 40
www.allwetterzoo.de

Preise
Erwachsene (ab 15 J.): 16,90 €
Kinder (3 – 14 J.): 8,90 €
Kinder (0 – 2 J.): frei
Parken: 3,00 €
Im Winter gelten reduzierte Eintrittspreise

Öffnungszeiten
Ganzjährig täglich geöffnet
November – Februar: 9 – 16 Uhr
März & Oktober: 9 – 17 Uhr
April – September: 9 – 18 Uhr

Gastronomie
Ein Restaurant mit Tischbedienung, eine Selbstbedienungs-Cafeteria, ein Bistro sowie mehrere Kioske sorgen für das leibliche Wohl der Besucher und bieten zudem einen guten Ausblick auf verschiedene Tiergehege. Des Weiteren sind mehrere Picknickplätze vorhanden.

Neu 2016
Bei Drucklegung dieses Buches waren noch keine Pläne des Zoos bezüglich Neuheiten für 2016 bekannt – lassen Sie sich einfach überraschen.

Hellrote Aras (Titelbild)
Syrische Braunbären (r.)

Der Allwetterzoo in Münster gehört mit rund einer Million Gästen pro Jahr zu den besucherstärksten Tierparks in Deutschland. Den Namen verdankt der Zoo einem langen überdachten Rundweg, mit dem zahlreiche Tierhäuser wettergeschützt zu erreichen sind, so dass einem gelungenen Tag selbst bei stärkstem Regen und Schnee nichts im Wege steht.

Der direkte Kontakt zwischen Mensch und Tier wird hier großgeschrieben. So sorgt der tägliche Marsch der Brillenpinguine aus ihren Gehegen über die breiten Besucherwege, der im Sommerhalbjahr um 14 Uhr stattfindet, immer für ein großes „Hallo" – das ungewöhnliche Aufeinandertreffen von Besuchern und Pinguinen hat in diesem Fall allerdings keinen Show-Charakter, sondern dient hauptsächlich der Fitness der Tiere. Die begehbaren Affenanlagen, bei denen man Kattas und Guerezas sehr nah kommt, zählen ebenfalls zu den außergewöhnlichen Erlebnissen, die man im Allwetterzoo Münster haben kann. Ein Tropenhaus mit frei fliegenden Vögeln und Flughunden oder eine große Lori-Voliere, in der man die bunten Papageien mit vorher bereitgestelltem Nektar füttern darf, sind zwei weitere Beispiele, wie hier Mensch und Tier zusammengebracht werden.

Ein großes Tierangebot

Auf einer Gesamtfläche von insgesamt rund 30 Hektar tummeln sich knapp 300 verschiedene Tierarten. Neben dem erwähnten Tropenhaus erwartet den Besucher noch ein Bärenhaus, ein Menschenaffenhaus, ein Löwenhaus sowie »Robbenhaven«, wo mehrmals täglich Vorführungen mit Kalifornischen Seelöwen gezeigt werden. Auch das parkeigene Aquarium, das neben Fischen auch Reptilien, Amphibien, Insekten und sogar Affen beherbergt, gehört zu den bevorzugten Einrichtungen des Zoos. Dies gilt im Übrigen natürlich auch für die Nashornhalle mit ihren Felskulissen, in der eine Innenanlage mit Zugang zu einem Außengehege für die allseits beliebten Erdmännchen untergebracht ist.

Die Außengehege des Allwetterzoos Münster beinhalten unter anderem ein weitläufiges Afrikapanorama mit rund 50 afrikanischen Huftieren, Straußen, Pelikanen und Kronenkranichen, eine 7.500 Quadratmeter große Anlage für Geparde oder den großen Kinder- und Pferdepark mit dem Westfälischen Pferdemuseum und einem großen Streichelzoo-Bereich. Zu den Highlights zählt sicherlich auch die »ZoORANGerie«, eine in Europa einmalige Dschungel-Anlage für Borneo-Orang-Utans, die aus einem großen, aufwendig gestalteten Außenteil mit Wasserfall und einer 14 Meter hohen Halle mit einem sechs Meter hohen Kletterbaum für die Besucher besteht.

Fazit

Der Allwetterzoo Münster kann ganz locker mit den „großen Namen" der deutschen Tierparks mithalten. Was die Präsentation der Tiere und der Gehege angeht, überholt er sogar problemlos viele seiner berühmten Konkurrenten. Und die Wetterunabhängigkeit ist ohnehin ein weiterer Pluspunkt, den man im regenverwöhnten Nordrhein-Westfalen nicht unterschätzen sollte.

Parkscout-Tipps

An sechs speziellen Zootagen (23.4., 24.4., 25.6., 26.6., 27.8. und 28.8.2016) zahlen Erwachsene ab 15 Jahren nur 9,90 € und Kinder (3 –14 Jahre) nur 4,90 €.

„Nachts im Zoo": Am 20. August öffnet der Allwetterzoo bis in die späten Abendstunden seine Pforten und bietet die Gelegenheit, die Tiere einmal bei ihrem nächtlichen Treiben zu beobachten. Zusätzlich sorgen spezielle Illuminationen auf Wegen und in Anlagen für ein besonderes Erlebnis.

PHANTASIALAND

Geschichten erleben!

Adresse
Phantasialand
Berggeiststraße 31-41
50321 Brühl
Tel.: 0 18 06 / 36 62 00
0,20 €/Min. aus dem dt. Festnetz; Mobilfunkhöchstpreis 0,60 €/Min.
www.phantasialand.de

Preise
Erwachsene / Jugendliche (ab 12 J.): 45,00 €
Kinder (4 – 11 J.): 29,00 €
Kinder (0 – 3 J.): frei
Für die Winteröffnung gelten reduzierte Eintrittspreise.
Parken: 5,00 €

Öffnungszeiten
Sommersaison
19.03. – 01.11.2016
9 – 18 Uhr
Vom 2.7. bis zum 28.8.2016 täglich von 9 bis 20 Uhr
Winteröffnung
19.11.2016 – 15.01.2017
11 – 20 Uhr
Die genauen Öffnungstage entnehmen Sie der Homepage des Parks.

Gastronomie
Alleine im Park finden sich mehrere Restaurants und eine ganze Reihe an Snackstationen, die neben altbewährten Klassikern passend zu den Themenbereichen auch mexikanische, chinesische und afrikanische Küche anbieten. Wer den Tag abends noch mit einem leckeren Mahl ausklingen lassen möchte, sollte unbedingt eines der vier Hotel-Restaurants besuchen – es lohnt sich!

Neu 2016
Aktuell entsteht im Phantasialand die neue Welt „Klugheim" mit zwei neuen Achterbahnen: Der Multi-Launch-Coaster „Taron" und der Family-Boomerang „Raik" winden sich durch ein enges, mit Basaltfelsen umschlossenes Dorf. Allerdings hat der Park noch keinen offiziellen Termin für die Eröffnung genannt, obwohl diese für 2016 recht wahrscheinlich erscheint. Außerderm gibt es noch eine neue Eis-Show mit dem Namen „Ice College 2016".

Das Phantasialand in Brühl bei Köln gehört nun schon seit Jahrzehnten zu den beliebtesten und meistbesuchten Freizeitparks in Deutschland. Gerade in den letzten Jahren wurde hier unglaublich viel verändert, antiquierte Attraktionen geschlossen und Top-Neuheiten eröffnet, die ihresgleichen suchen.

Der Duft von frisch zubereiteten Waffeln, mit Stuckarbeiten liebevoll geschmückte Häuserfassaden und der riesige »Kaiserplatz« mit seinen zahlreichen Platanen – all das ist ein Teil dessen, was die einzigartige Atmosphäre des Themenbereichs „Berlin" ausmacht, der die Besucher in das Hauptstadtleben der Jahrhundertwende von 1900 entführt. Gerade hier zeigt sich, mit welcher Detailversessenheit das Phantasialand seine Traumwelten realisiert: Nicht nur, dass man ein stimmungsvolles Gebäude-Ensemble geschaffen hat – der Straßenzug mitsamt dem »Kaiserplatz« wird auch von passenden „Bewohnern" belebt.

Mäusejagd in 3D

Das große Highlight in „Berlin" ist natürlich die interaktive Themenfahrt »Maus au Chocolat«, bei der es darum geht, die kaiserliche Konditorei von einem Mäusebefall zu befreien. Als Kammerjäger-Gehilfe muss man hier mit einer Sahne-Spritztüte die lästigen Nager daran hindern, es sich zwischen Torten und anderen Leckereien gemütlich zu machen. »Maus au Chocolat« ist eine weltweit einmalige Attraktion, bei der Elemente aus einem klassischen Darkride, 3D-Projektion und Interaktion wunderbar verknüpft werden und die sich alleine schon aufgrund der Punktejagd während der Mäusehatz für Wiederholungsfahrten nahezu anbietet.

Doch auch der »Wellenflug« auf dem »Kaiserplatz« ist ein echter Hingucker: Eine solche Attraktion wird in anderen Parks oft lieblos auf die Wiese gestellt – im Phantasialand hingegen wird die Fahrt mit meterhohen Wasserfontänen, die sich unter den Besuchern in die Höhe schrauben, regelrecht inszeniert. Einfach toll! Neben einigen Attraktionen für Kinder beheimatet „Berlin" noch ein 3D-Kino, das Deluxe-Funhouse »Das verrückte Hotel Tartüff« und vor allem das große stilvolle »Wintergarten«-Theater mit seiner atemberaubenden Bühnen-Kulisse, wo die Artistik-Show »Musarteum« für staunende Augen sorgt.

Willkommen bei den Wuze

Vom „Kaiserplatz" führt eine längere überdachte Passage direkt in den Themenbereich „Fantasy", in dem das phantasievolle Völkchen der längst verschollen geglaubten Wuze zu Hause ist. Das gesamte Areal unterteilt sich in das „Wuze Tal" mit zahlreichen Attraktionen für Kinder, den gewaltigen Indoor-Komplex „Wuze Town", der neben einem schönen Kinderland auch die beiden Spinning Coaster »Winja's Fear« und »Winja's Force« beinhaltet, und den großen „Mondsee", an dessen Ende die Besucher während einer interaktiven Bootsfahrt Jagd auf Froschsteine machen können. Mit einer phantastischen Optik und einer einmaligen Landschaftsgestaltung zeigt der gesamte Themenbereich, auf welch hohem Niveau das Phantasialand seine Geschichten erzählt.

Denn darum geht es letztendlich: Das Phantasialand ist kein normaler Freizeitpark, sondern eine Art Parallelwelt mit spannenden Abenteuern, die von den Gästen hautnah erlebt werden. Ein gutes Beispiel hierfür findet man auch im Themenbereich „Mexiko", wo ein „Suspended Top Spin" seine Runden dreht, der dank seiner Präsentation in einer Art Tempelruine mit Feuer- und Wasser-Effekten und einer ausführlichen Hintergrund-Story zu einer Erfahrung der ganz

Der Themenbereich Fantasy bietet Attraktionen für die gesamte Familie.

besonderen Art wird. Die Minen-Achterbahn »Colorado Adventure«, die durch Felsmassive führt, und der kleine Freifallturm »Tikal«, der mit seinem lustigen Fahrprogramm für Begeisterung sorgt, zeigen ebenfalls die Liebe zur Thematisierung. Und da wäre natürlich noch ein ganz besonderer Leckerbissen: die grandiose Wasserbahn »Chiapas«, die in eine aufwendige mexikanische Traumwelt eingebunden wurde und einmal mehr zeigt, dass das Phantasialand die Gestaltung von Themenbereichen einfach meisterlich beherrscht.

Kaiserplatz zur Winteröffnung (o.)
Black Mamba im Themenbereich Deep in Africa (M.o.)
Die Hotels Ling Bao (M.u.) und Matamba (u.)

Parkscout-Tipps

Das „Eis-Café Annie Himmelreich" bietet verschiedene Eissorten, die qualitativ fast jede italienische Eisdiele um Längen schlagen. Unbedingt probieren!

Sie können Ihre Kinder auf dem Kaiserplatz schminken lassen. Dieser Service, der in anderen Freizeitparks mit mehreren Euro zu Buche schlägt, ist im Phantasialand bereits im Eintrittspreis enthalten.

Freunden gepflegter Abendunterhaltung sei die Dinner-Show „Fantissima" ans Herz gelegt, die durch wunderschönes Ambiente, ein vorzügliches Vier-Gang-Menü sowie ein absolut hochwertiges Show-Programm besticht. Die Spielzeit ist unabhängig vom Parkbetrieb und geht von September bis Juni.

Besonders schön ist das Phantasialand während der Winteröffnung mit speziellen zusätzlichen Attraktionen und Shows – und dies mit im Vergleich zur Hochsaison weitaus kürzeren Wartezeiten an den Fahrgeschäften.

Schlange in Afrika

Geradezu selbst übertroffen hat sich der Park auch mit der Achterbahn »Black Mamba«, die sich teils unterirdisch durch den gesamten Bereich „Deep in Africa" schlängelt. Der Inverted Coaster gehört zu den besten Achterbahnen dieses Typs in ganz Europa und fährt sich trotz schneller Richtungswechsel und mehreren Überschlagelementen butterweich. Vor allem aber wurde er derart perfekt in das Areal integriert, dass man eigentlich nur staunen kann. Die landschaftliche Gestaltung überzeugt genauso wie die ausgefeilten Sound-Effekte, die dafür sorgen, dass sich jeder Besucher wirklich mitten in Afrika wähnt. Als optischer Abschluss dient hier übrigens das Drei-Sterne-Plus Hotel »Matamba«, wo afrikanische Lebensfreude auf mitteleuropäischen Luxus trifft.

Auch der asiatische Themenkomplex „China Town“ schließt mit einem Hotel ab: Das »Ling Bao«, streng nach den Richtlinien des Feng Shui erbaut, darf sich sogar mit vier Sternen schmücken und bietet seinen Gästen fernöstliche Ruhe und Besinnlichkeit inmitten des Freizeitpark-Trubels. Überhaupt scheint Hektik in „China Town“ ein Fremdwort – dies liegt vor allem an der kleinen Gartenanlage und den prächtigen Pagoden und Palästen, in denen sich neben gastronomischen Einrichtungen und Shops auch der »Feng Ju Palace« befindet, eine Illusionsschaukel, bei der sich während einer Hochzeit die Wände plötzlich drehen.

Der letzte Themenbereich, „Mystery“, besteht zum einen aus der mehrgeschossigen Rafting-Anlage »River Quest«, bei der es in Rundbooten dank eines Vertikal-Lifts in die Höhe und dann unter anderem durch einen Wasserstrudel und mehrere Abfahrten wieder Richtung Erde geht. Die Fahrt erweist sich als sehr nass, so dass diese Attraktion entsprechend im Hochsommer stark frequentiert ist. Zum anderen findet man hier »Mystery Castle«, einen Indoor-Freifallturm mit einem 65 Meter tiefen Drop, der in eine spannende Storyline um die Bekämpfung des Bösen eingebunden ist.

Auch die Shows des Parks sind übrigens durchweg sehenswert: Neben der bereits erwähnten Artistik-Show gibt es noch Stunts oder Eiskunstlauf zu sehen. Und da wäre natürlich noch die allabendlich aufgeführte Open-Air-Show »Drakar'ium« auf dem „Kaiserplatz“, ein surreales Spektakel um einen Kampf von Drachen, das mit Akrobatik, Multimedia und einem großen Finale gespickt ist.

Fazit

Das Phantasialand erzählt mit seinen Attraktionen und Themenbereichen Geschichten – und dies auf eine Art und Weise, die in Deutschland einmalig ist. Obwohl der Park flächenmäßig relativ klein ist, so findet man hier doch die größten Abenteuer, die man sich vorstellen kann.

Chiapas – ein großartiges Erlebnis

30 Nordrhein-Westfalen

KÖLNER ZOO

„Ene Besuch im Zoo"

Adresse
Kölner Zoo
Riehler Straße 173
50735 Köln
Tel.: 02 21 / 56 79 91 00
www.koelnerzoo.de

Preise
Erwachsene (ab 13 J.): 19,50 €
Kinder (4 – 12 J.): 9,00 €
Kinder (0 – 3 J.): frei
Schüler / Studenten: 14,50 €
Parken: öffentliche Parkplätze

Öffnungszeiten
Ganzjährig täglich geöffnet
9 – 18 Uhr
Von November bis Februar schließt der Tierpark schon um 17 Uhr.

Gastronomie
Zwei Selbstbedienungs-Restaurants sowie mehrere Snack-Stationen bieten die Möglichkeit, sich mit gutbürgerlichen Gerichten, Fastfood oder Süßspeisen zu stärken und dabei auch noch eine interessante Aussicht auf die Tiergehege zu genießen. Beachten Sie, dass in den Wintermonaten nur das „ZOO Restaurant" im Eingangsbereich geöffnet hat.

Events
Im Sommer gibt es neben einem Ferienkursprogramm an verschiedenen Terminen für Erwachsene, Kinder und Familien die Möglichkeit, im Zoo zu zelten und spannende 24 Stunden zu erleben. Ende Oktober präsentiert der Kölner Zoo bereits seit einigen Jahren eine erfolgreiche Halloween-Veranstaltung.

Neu 2016
Bei Drucklegung dieses Buches waren noch keine Pläne des Zoos bezüglich Neuheiten für 2016 bekannt – lassen Sie sich einfach überraschen.

Geparden-Anlage (Titelbild)

„Nä, wat is dat schön" sangen schon 1969 Horst Muys und Lotti Krekel über einen Besuch im Kölner Zoo, und Generationen von Besuchern schlossen sich dieser Aussage an. Als einer der ältesten Zoos der Bundesrepublik vereint der Tierpark in der Domstadt Tradition und Moderne, architektonische Highlights aus der Anfangszeit und moderne Tieranlagen werden sowohl den Bedürfnissen der Besucher als auch denen der Zoobewohner gerecht.

„Wenn de rinn küss, siehste die Kamele"

Zu Anfang sieht man also die Wüstenschiffe. Es sei denn, man macht vorher einen Abstecher ins »Aquarium«. 1971 eröffnet war es zunächst eigenständig, ist aber seit langem ein wichtiger Bestandteil des Kölner Zoos. Vom Rheinpanorama bis zum Korallenriff können hier die unterschiedlichsten Fischarten und andere Wasserbewohner beobachtet werden. Das »Insektarium« dagegen widmet sich den Kerbtieren. Spinnen, Gottesanbeterinnen oder Skorpione zeigen sich hier in ganzer Pracht. Im Terrarium schließlich fühlen sich Schlangen und Echsen besonders wohl. Die Elefanten bewohnen seit 2004 eine naturnah gestaltete Außenanlage, die die Besucher in die Steppen Asiens versetzt und den 13 im Kölner Zoo lebenden Dickhäutern ein ihren natürlichen Bedürfnissen angepasstes Herdenleben ermöglicht. Besonders beliebt ist ebenfalls der »Pavianfelsen«, der sich in der Mitte des Zoos befindet. Schon seit 1914 können die Gäste hier das lebhafte Treiben der Mantelpaviane bewundern, die nur durch einen Wassergraben von den Menschen getrennt sind. Gleich neben dem Gehege der Orang-Utans und Gorillas steht mit dem »Regenwaldhaus« ein weiterer Besuchermagnet. Flughunde und tropische Vögel kommen den Besuchern hier ganz nah und begleiten sie mitunter auf ihrem Weg durch den Dschungel. Wieder draußen, gibt es natürlich noch viele weitere große und kleine Tiere und Gehege zu bestaunen.

Wer das nicht auf eigene Faust tun möchte, kann sich immer sonntags um 11 Uhr einer kostenlosen Zooführung anschließen, die am Treffpunkt hinter dem Haupteingang startet. Weitere Aktionen, wie das „Zelten im Zoo" an verschiedenen Wochenenden im Juni und Juli, sowie ein spezielles Event zu Halloween runden das Programm im Kölner Zoo ab.

Fazit

„Ene Besuch im Zoo" – lohnt sich in Köln immer wieder. Mit beeindruckenden Tierhäusern und Außenanlagen schafft der Tierpark den Spagat zwischen Tradition und Moderne. Breite Wege und Rampen machen ihn auch für Besucher im Rollstuhl oder mit Kinderwagen zu einem lohnenswerten Ausflugsziel, und die kleinen Besucher können die Fahrt durch den Zoo auch im Bollerwagen genießen.

Parkscout-Tipps

Jeden Sonntag veranstaltet der Kölner Zoo kostenlose Führungen durch Zoo und Aquarium, an denen man ohne Anmeldung teilnehmen kann. Außerdem gibt es spezielle Abendführungen zu bestimmten Themen, die allerdings kostenpflichtig sind und eine Anmeldung erfordern.

Wer den stark gefährdeten Gorillas helfen möchte, kann dem Kölner Zoo kaputte Handys zukommen lassen – in Handys wird nämlich ein Rohstoff verbaut, für deren Gewinnung der Lebensraum der Menschenaffen zerstört wird. Die Handys werden recycelt, so dass der Lebensraum geschont wird, und zudem wird für jedes Gerät ein Betrag für ein Gorilla-Schutzprojekt gutgeschrieben.

Das Innengehege des Elefantenparks

31 Nordrhein-Westfalen

EUREGIOZOO

Der Aachener Tierpark

Adresse
Euregiozoo
Obere Drimbornstraße 44
52066 Aachen
Tel.: 02 41 / 5 93 85
www.euregiozoo.de

Preise
Erwachsene (ab 18 J.): 6,00 €
Kinder (3 – 17 J.): 3,00 €
Kinder (0 – 2 J.): frei
Parken: kostenlos

Öffnungszeiten
Ganzjährig täglich geöffnet
16.2.2016 – 15.10.2016: 9 – 18:30 Uhr
16.10.2016 – 15.11.2016: 9 – 17:30 Uhr
16.11.2016 – 15.2.2017: 9 – 16:30 Uhr

Gastronomie
An einem Kiosk und in der Cafeteria gibt es kleinere Mahlzeiten, Getränke und Eis.

Neu 2016
Bei Drucklegung dieses Buches waren noch keine Pläne des Zoos bezüglich Neuheiten für 2016 bekannt – lassen Sie sich einfach überraschen.

Schlummernder Waschbär (Titelbild)
Brillenpinguin (r.)

Neben den bundesweit bekannten großen Zoos in Deutschland gibt es etliche eher regional ausgerichtete Tierparks, die es natürlich mit einer eher eingeschränkten Tierauswahl und einer oftmals veralteten optischen Gestaltung nicht mit der übermächtigen Konkurrenz aufnehmen können, dafür allerdings meistens mit einem attraktiven Eintrittspreis die Besucher anziehen. Einen dieser Tierparks findet man in Aachen gleich vor der deutsch-niederländischen Grenze.

Bereits seit dem Jahre 1966 findet man dort im Landschaftsschutzgebiet Drimborner Wäldchen den rund neun Hektar großen Aachener Tierpark, der sich selbst vollmundig "Euregiozoo" nennt. In der Praxis erweist sich dieser Name jedoch als etwas zweischneidig – der eher kleine Park kann der Erwartungshaltung, die bei überregionalen Besuchern entsteht, einfach nicht gerecht werden.
Zwar gibt es mit Pinguinen, Zebras oder Totenkopfäffchen auch durchaus den einen oder anderen Exoten zu sehen, aber der Fokus liegt klar auf der einheimischen Tierwelt. Von 200 dort lebenden Arten und Rassen entfallen alleine schon rund 70 auf Wasservögel, die den großen Beverbach-Stausee in der Mitte des Tierparks bevölkern.

Übersichtliche Wegeführung

Gleich hinter dem Eingang startet ein gut strukturierter Rundweg, der die Besucher im Laufe des Tages einmal um den See führen wird – die in großen Zoos üblichen Probleme, sich auf dem Gelände zurecht zu finden, entfallen in Aachen völlig. Hier befinden sich übrigens auch die Toilettenanlage und eine kleine Cafeteria – andere gastronomische Einrichtungen sind ansonsten bis auf einen Kiosk, der nur saisonal geöffnet ist, auf dem Gelände nicht vorhanden, was gerade an heißen Tagen etwas ärgerlich sein kann. Dafür sind die Preise für Essen und Getränke vergleichsweise günstig.

Die meisten Gehege sind ausreichend groß, und die Besucher kommen recht nah an die meisten Tierarten heran. Doch trotz einer durchaus gepflegten Landschaftsgestaltung wirkt vieles antiquiert und einfach optisch nicht besonders schön. Gerade den jüngeren Gästen des Aachener Tierparks dürfte all dies aber relativ egal sein. Ein großer Spielplatz hinter dem Eingangsbereich lädt zu ausgiebigem Toben ein, es gibt Ponyreiten, einen Streichelzoo, und dank des überaus günstigen Eintrittspreises von 6 EUR beziehungsweise 3 EUR für Kinder ab drei Jahren bleibt bestimmt auch noch genug Geld für ein dickes Eis übrig.

Fazit

Wenn man den Aachener Tierpark also als rein regionales Ausflugsziel betrachtet, bietet er durchaus Potential für einen gelungenen Familienausflug, der kein großes Loch in das Portemonnaie schlägt. Wer jedoch aufgrund des Namens "Euregiozoo" in Erwartung auf einen Zoo, der es mit Köln oder Gelsenkirchen aufnehmen könnte, eine weitere Anreise in Kauf nimmt, könnte von dem hier vorliegenden Angebot etwas enttäuscht sein.

Parkscout-Tipp

Der Kinderbauernhof ist eine offene Einrichtung des Aachener Tierparks für Kinder und Jugendliche im Alter von 8 bis 16 Jahren. Hier können Kinder zusammen mit geschulten Mitarbeitern Tiere pflegen, füttern oder auch verarzten.

32 **Rheinland-Pfalz**

TAUBERTSBERGBAD MAINZ

Kennst du das Bad, wo die Zitronen blüh'n?

Adresse
Taubertsbergbad Mainz
Wallstraße 9
55122 Mainz
Tel.: 0 61 31 / 58 44 60
www.taubertsbergbad.de

Preise
Tageskarte Thermenlandschaft inklusive Sportbad:
Erwachsene (ab 18 J.): 16,50 €
Ermäßigte: 15,50 €
Kinder (4 – 14 J.): 14,00 €
Kinder (0 – 3 J.): frei
Saunenwelt (zusätzlich zur Thermenlandschaft):
Übertritt in die Saunenwelt je Person: 5,10 €
Parken: 4,00 €

Öffnungszeiten
Ganzjährig täglich geöffnet
9:30 – 23 Uhr
Mittwochs bis 24 Uhr geöffnet

Gastronomie
Die Gastronomie des Taubertsbergbades verwöhnt die Gäste mit deftigen Gerichten, kleinen Leckereien und abwechslungsreichen Wochengerichten. An den Bars sind frisch gezapfte Biere, regionale Weine und eine große Auswahl an Durstlöschern erhältlich.

Events
Über das ganze Jahr verteilt finden im Erlebnisbad verschiedene Kinder- und Mitmachshows statt. Termine und Programm finden Sie zeitnah auf der Homepage des Bades.

Neu 2016
Bei Drucklegung dieses Buches waren noch keine Pläne des Bads bezüglich Neuheiten für 2016 bekannt – lassen Sie sich einfach überraschen.

Entspannung im Wasser (Titelbild)

Entspannung und ein vielfältiges Angebot an Wasserattraktionen, umgeben von Palmen, Zitronen- und Orangenbäumen – im Taubertsbergbad in der rheinland-pfälzischen Hauptstadt Mainz kommen Urlaubsgefühle fast von selbst auf. Besucher haben die Qual der Wahl zwischen einer Thermalbadelandschaft, der Saunenwelt, dem Wellnessbereich sowie dem Sportbad, und im Sommer kommt auch noch das Freibad mit Liegewiese hinzu.

Spiel und Spaß im Erlebnisbad

Die Stars der Thermenlandschaft sind die beiden Erlebnisrutschen: Die pechschwarze »Black Hole« und die rasante »Turborutsche« sorgen für reichlich Nervenkitzel bei Jung und Alt. Für die kleineren Gäste gibt es zudem einen Kinderbereich mit »Regenbogenrutsche«, Wasserpilz, Spritzenten und einem Spritzdelfin. Für die Erwachsenen sind dagegen vor allem die Massagedüsen, Sprudelliegen sowie der Whirlpool mit Luftmassage interessant. Im Freiluftbereich stehen zudem Wasserkanonen, ein Beachvolleyballfeld und ein Nichtschwimmerbecken mit Wellenball und Rutsche zur Verfügung. Wer sich ungestört vom Erlebnisbad-Trubel sportlich betätigen möchte, zieht im separaten Sportbad auf einer von acht 25 Meter langen Bahnen seine Runden. Hier können die Besucher zudem einen Sprungturm sowie ein Nichtschwimmerbecken nutzen.

Sauna und Wellness

Aber auch Saunafreunde kommen in Mainz auf ihre Kosten. Im Taubertsbergbad stehen ihnen acht verschiedene Schwitzkammern zur Verfügung, und auch ein Tauchbecken, ein Saunagarten sowie Schwall- und Erlebnisduschen gehören zum Angebot. In allen Saunen können die Besucher zu jeder halben und vollen Stunde einen Aufguss genießen, zum Programm des Dampfbades gehören zudem die mehrmals täglich stattfindenden Honigaufgüsse und Salzpeelings. Ein besonderes Erlebnis sind auch die täglich um 20 Uhr von zwei Saunameistern durchgeführten Spezialaufgüsse in der »Kaminsauna«, nach denen jeden Gast als Zugabe eine kleine Leckerei erwartet.

Schokoladen-Öl-Massage?

„Lecker" ist auch das Stichwort für Wellness-Hungrige, denn bei den im Taubertsbergbad angebotenen Schokoladen-Öl-Massagen steigen ihnen verführerische Düfte in die Nase – nicht nur für Naschkatzen ein Entspannungs-Erlebnis der ganz besonderen Art. Wer sich lieber ohne Schokoladengeruch durchkneten lassen möchte – auch kein Problem. Das Angebot im Wellness-Bereich des Taubertsbergbades reicht von klassischen Gesichtsmassagen über Ayurveda-Massagen bis hin zu ausgefallenen Anwendungen wie der hawaiianischen Lomi Lomi Nui-Massage oder der Reflexzonen-Vitalmassage.

Das Taubertsbergbad eignet sich mit seinen voneinander getrennten Sport- und Erlebnisbereichen sowohl für Familien, die einen Tag voller Spiel und Wasserspaß verbringen wollen, als auch für Sportler, die in Ruhe ihre Bahnen ziehen möchten. Auch wer Entspannung und Wellness sucht, ist in dem Bad in unmittelbarer Nähe zum Mainzer Hauptbahnhof an der richtigen Adresse.

Parkscout-Tipps

Gäste der Generation 50+ sollten das Taubertsbergbad montags aufsuchen, denn dann gelten für sie ermäßigte Eintrittspreise. Im Angebot enthalten ist auch Wassergymnastik im 32,5 Grad warmen Wasser.

Dienstags und freitags ist Studententag. Zum ermäßigten Eintrittspreis von 12,00 € kann man sich vier Stunden lang vom Uni-Stress erholen.

Wasserlandschaft

33 Nordrhein-Westfalen

WESTFALENBAD HAGEN

Badespaß unterm Cabriodach

Adresse
Westfalenbad
Stadionstraße 15
58097 Hagen
Tel.: 0 23 31 / 20 86 00
www.westfalenbad.de

Preise
Tageskarte Freizeitbad (inkl. Sportbad):
Erwachsene: 9,90 €
Kinder / Jugendliche: 7,90 €
Tageskarte Sauna (inkl. Sport- und Freizeitbad):
Erwachsene: 22,00 €
Kinder / Jugendliche: 17,00 €
An Wochenenden sowie Feiertagen gelten leicht erhöhte Tarife.
Kinder (bis 1,11m): frei
Parken: frei

Öffnungszeiten
Ganzjährig täglich geöffnet
10 – 22 Uhr.
Das Sportbad ist wochentags bereits ab 6:30 Uhr geöffnet, am Wochenende ab 8 Uhr.

Gastronomie
Im Saunabereich können Sie sich im Service-Restaurant mit ausgefalleneren Speisen verwöhnen lassen.

Events
Das ganze Jahr über finden im Westfalenbad besondere Veranstaltungen statt, darunter Themen-Saunanächte, Technikführungen oder Baby-Wellness-Tage, an denen Mütter mit ihrem Nachwuchs einen erholsamen Tag genießen können.

Neu 2016
Bei Drucklegung dieses Buches waren noch keine Pläne des Bads bezüglich Neuheiten für 2016 bekannt – lassen Sie sich einfach überraschen.

Außenbereich (Titelbild)
Saunalandschaft (r.o.)
Badespaß bei geöffnetem Cabriodach (r.u.)

Gerade einmal sechs Jahre alt ist das moderne und großräumige Westfalenbad, welches nach jahrelangen Planungen auf dem Gelände des ehemaligen Freibads Ischeland entstanden ist. Die Freizeit- und Wellness-Oase bereichert die triste und sanierungsbedürftige Bäderlandschaft der Ruhrgebiets-Stadt enorm und bietet auf einer Gesamtfläche von 70.000 Quadratmetern und einer Wasserfläche von mehr als 2.000 Quadratmetern etwas für jede Zielgruppe – seien es Familien mit Kindern, erholungssuchende Pärchen oder auch fleißige Leistungssportler.

Im Zentrum des von riesigen Fensterfronten flankierten Bades befindet sich der freundlich gestaltete Freizeitbereich, der Spiel, Spaß und Erholung für die ganze Familie bietet. Das 346 Quadratmeter große »Erlebnisbecken« wartet auf mit Nackenduschen, Whirl-Liegen, Strömungskanal, Bade-Schwimmgrotte sowie einer kleinen Breitrutsche und einer Kletterwand. Wer etwas mehr Action sucht, wird bei der 80 Meter langen Reifenrutsche fündig. Für den Nachwuchs steht der »Kinderbereich« zur Verfügung, wo im wohlig-warmen Becken in Schiffsform, in der Badegrotte oder im Schiffchenkanal ausgiebig geplanscht und gespielt werden darf.

Blick in den Himmel

Der Freizeitbereich des Westfalenbads besitzt übrigens ein 20 mal 24 Meter großes Cabriodach, das sich innerhalb weniger Minuten öffnen lässt. Wundern Sie sich also nicht, falls Sie beim Baden plötzlich in den freien Himmel schauen. Zusätzlich können auch die Seitenwände „aufgefaltet" werden, um das Freibad-Feeling zu verstärken und den Zugang zum Außenbereich freizugeben. Dort befinden sich terrassenförmig angeordnete Liegeflächen, der »Beachbereich«, ein Kinderspielplatz sowie das »Sole-Außenbecken« mit seiner gesundheitsfördernden Wirkung.

Erholung pur

Wer noch mehr für Körper und Seele tun möchte, ist im großzügigen Saunabereich bestens aufgehoben. Drei Innen- und fünf Außensaunen sowie verschiedene Wellness-Anwendungen laden ein, den Alltagsstress zu vergessen und einfach mal die Seele baumeln zu lassen. Im großen Außengelände befinden sich der auf 450 Quadratmeter beschwimmbare »Naturbadeteich« sowie eine kleine Insel, die ebenfalls eine Sauna beherbergt.

Last but not least soll auch das großräumige Sportbad erwähnt werden, welches neben einem Lehrschwimmbecken und einer Zuschauertribüne mit einem 50-Meter-Sport- und einem 25-Meter-Einschwimmbecken ausgestattet ist. Bei Letzterem lässt sich übrigens die Wassertiefe durch einen Hubboden teilweise verändern.

Während der Hagener Bürger früher ins Umland ausweichen musste, wenn er den Wunsch nach außergewöhnlichem Badespaß oder Wellness verspürte, findet er nun seit sechs Jahren eine Kombination aus Sportbad, Freizeitbereich sowie Saunalandschaft direkt vor der Haustür.

Parkscout-Tipp

Montags ist Westfalenbad-Tag, denn dann dürfen Erwachsene schon für 7,30 € und Kinder für 5,30 € das Freizeitbad erobern.

34 Nordrhein-Westfalen

SCHWIMM-IN GEVELSBERG

Baden und relaxen im Ruhrgebiet

Adresse
Schwimm-In Gevelsberg
Ochsenkamp 54
58285 Gevelsberg
Tel.: 0 23 32 / 663 80
www.schwimm-in-gevelsberg.de

Preise
Tageskarte Freizeitbad:
Erwachsene (ab 18 J.): 9,50 €
Kinder / Jugendliche: 7,50 €
Kinder (unter 1m): frei
Tageskarte Saunadorf:
Erwachsene / Jugendliche: 20,60 €
Kinder und Jugendliche bis 16 Jahren nur in Begleitung Erwachsener.
Parken: frei

Öffnungszeiten
Ganzjährig täglich geöffnet
Freizeitbad: 9:30 – 21 Uhr
Montags außerhalb der Ferien schließt das Bad bereits um 17:30 Uhr.
Saunadorf: 9:30 – 22 Uhr
Freitags und samstags ist bis 23 Uhr geöffnet.

Gastronomie
Die Badgastronomie verwöhnt die Besucher mit einer großen Auswahl frisch zubereiteter Gerichte. Burger, Pommes & Co. dürfen hier natürlich genauso wenig fehlen wie knackige Salate. Verschiedene Wein- und Biersorten sowie Kaffeespezialitäten gehören ebenso zum Angebot.

Neu 2016
Bei Drucklegung dieses Buches waren noch keine Pläne des Bads bezüglich Neuheiten für 2016 bekannt – lassen Sie sich einfach überraschen.

Wohlfühlen im Schwimm-In (Titelbild)

Das Schwimm-In Gevelsberg bietet seinen Besuchern vielfältige Möglichkeiten der Freizeitgestaltung. Durch die Aufteilung in einen Bade- und einen Saunabereich kommen hier sowohl Wasserratten als auch Erholungssuchende vollständig auf ihre Kosten.

Ab nach Afrika

Mit neun verschiedenen Schwitzbädern, entspannenden Düften, vielfältigen Zeremonien und großzügigen Ruhebereichen lädt der Saunabereich dazu ein, den Alltag hinter sich zu lassen. Rundhäuser im afrikanischen Stil und urige Blockhäuser lassen die Besucher in fremde Welten eintauchen und auch die stilvoll eingesetzte Dekoration lässt auf vielfältige Weise Urlaubsstimmung aufkommen.

Da wäre beispielsweise die »Blockhaus-Sauna«, die mit rustikalem Charme beeindruckt und die Gäste mit sogenannten Wenik-Aufgüssen verwöhnt. In der »Lehmsauna« können die Besucher dagegen erleben, wie sich die Verwendung dieses Baustoffs auf das Klima in der Sauna auswirkt. Zur Abkühlung stehen der Badesee sowie diverse Kneippbecken bereit. Jeden Montag ist das Saunadorf übrigens ganz den Frauen vorbehalten. Ein eigener Aufgussplan macht diesen Damensauna-Tag zu einem ganz besonderen Erlebnis.

Aber nicht nur Erholungssuchende kommen im Schwimm-In auf ihre Kosten. Im Freizeitbadbereich ist zudem für jede Menge Abwechslung, Sport und Action gesorgt. Das Hallenbad bietet mit seinen 25-Meter-Bahnen optimale Trainingsmöglichkeiten, während Springer auf dem Sprungturm mit 1-, 3-, und 5-Meter-Brett hoch hinaus können. Im Erlebnisbecken sorgen dagegen Sprudelliegen, Strömungskanal, Unterwasserliegen und zwei Grotten mit Wasserfällen für Wohlfühl-Ambiente. Den kleinen Gästen steht zudem ein eigener Spielbereich mit vielen Wasserattraktionen zur Verfügung.

Absolutes Highlight des Schwimm-In Gevelsberg ist allerdings der Rutschenturm. Vier verschiedene Slides stehen den Besuchern hier zur Auswahl: Da wäre beispielsweise die knallgelbe, 37 Meter lange »Kinderrutsche«, die trotz ihres etwas harmlos anmutenden Namens Tempo macht und mit engen Kurven für Action sorgt. Die »Black Hole« dagegen beeindruckt mit faszinierenden Lichteffekten, während Adrenalinjunkies ab 15 Jahren vor allem auf der »Turbo-Rutsche« auf ihre Kosten kommen. Die Vierte im Bunde ist schließlich die »River-Rutsche«, eine Reifenrutsche für Einer- und Zweierreifen. Der besondere Clou ist dabei der abgedunkelte Mittelteil, an dessen Ende ein kleiner Wasserfall für Erfrischung sorgt.

Fazit

Im Schwimm-In Gevelsberg sorgt die gekonnte Mischung von Freizeit und Erholung dafür, dass die unterschiedlichsten Zielgruppen auf ihre Kosten kommen.

Parkscout-Tipp

Beim Kauf von Geldwertkarten zum Preis von 50, 100 oder 250 € können Vielschwimmer bis zu 15% Rabatt bekommen.

Die elegante Ausstattung (o.) und großzügige Wasserflächen (u.) sorgen für Entspannung im Schwimm-In Gevelsberg.

35 Nordrhein-Westfalen

FORT FUN ABENTEUERLAND

Mitten im Sauerland und tierisch anders

Adresse
FORT FUN Abenteuerland
Aurorastraße
59909 Bestwig-Wasserfall
Tel.: 0 29 05 / 811 23
www.fortfun.de

Preise
Erwachsene (ab 1,50m): 27,00 €
Kinder (0,90m – 1,50m): 22,00 €
Senioren (ab 60 J.): 22,50 €
Kinder (unter 4 J. oder 0,90m): frei
Im Juli und im August ist der Eintrittspreis 1 € bzw. 0,50 € höher.

Öffnungszeiten
25.03. – 01.11.2016
Der Park ist nicht durchgehend geöffnet, sondern an einigen Wochentagen geschlossen.
10 – 17 Uhr
Im Juli und August sowie an den Halloween-Event-Tagen gelten verlängerte Öffnungszeiten.

Gastronomie
Das SB-Restaurant „Nevada Inn" mit idyllischer Sonnenterrasse sowie mehrere Imbissstationen und Cafés haben leckere Speisen zu wirklich niedrigen Preisen im Angebot. Zudem bietet die Barbecue-Area ausreichend Gelegenheit, um selber den Grillmeister zu spielen.

Events
Auch in diesem Herbst erobern Jackie Moon und ihre gemeingefährlichen Kreaturen wieder den Park und laden mutige Besucher in ihre Horrorattraktionen ein. Wer sich traut, kann dieses außergewöhnliche Gruselspektakel am 15.10., 22.10., 29.10., 30.10. und 31.10.2016 bis jeweils 22 Uhr erleben.

Neu 2016
Mit insgesamt neun Neuheiten steht in den »FORT FUN L.A.B.S.« Lernen, Aktivieren, Bewegen und Spielen auf dem Programm.

Spaß für die ganze Familie im Rio Grande (Titelbild)

Die große Epoche der nordamerikanischen Pionierzeit mit der Eroberung des Wilden Westens ist das zentrale Thema des FORT FUN Abenteuerland im sauerländischen Bestwig, welches schon gleich nach dem Betreten des landschaftlich wunderschön gelegenen Freizeitparks am Rande des Stüppelbergs dank einer authentisch wirkenden Westernstadt hinter dem Eingangsbereich deutlich wird.

Hier beginnt die Reise zurück zu den Wurzeln der heutigen Vereinigten Staaten von Amerika, die von Achterbahnfans gleich mit dem ersten Coaster des Parks eingeläutet werden kann: »Devil's Mine« bietet mit einer Höhe von knapp 20 Metern ein durchaus familientaugliches Abenteuer und wurde perfekt auf das hügelige Bodenniveau angepasst. Die Fahrt kann durchaus als rasant bezeichnet werden, allerdings verzichtet sie auf Thrill-Elemente wie Looping oder allzu starke Beschleunigungskräfte. Der eigentliche Clou der Anlage ist jedoch der Wartebereich, der einem klassischen „Funhouse" im Minen-Look gleicht und in dem die Besucher enge Passagen, schräge Böden und kleine Schreck-Effekte überstehen müssen, bevor sie überhaupt die Station der Bahn erreichen. Direkt neben der »Devil's Mine« wartet außerdem der Indoor-Bereich »FoXFort« mit der Attraktion »FoXDome«, ein Interactive XD Motion Ride der Firma TRIOTECH. Mit 7D-Effekten werden bis zu 16 Besucher in ein actionreiches Abenteuer versetzt – sie werden buchstäblich Teil eines spannenden Videospiels. Mit 3D-Brille und Laserpistole ausgestattet, können die Gäste Ziele live erfassen, wobei die Herausforderung durch zusätzliche Wind- und Sound-Effekte verstärkt wird. Die Punkte aller Spieler werden aufgezeichnet, sodass sie nach diesem Erlebnis prüfen können, wie gut sie sich geschlagen haben. Die Attraktion ist für Familien mit Kindern ab einem Meter Körpergröße geeignet, aber gerade auch für Teenager und junge Erwachsene ein besonderes Highlight.

Am Rande des Rio Grande

Danach kehrt man am besten in die Westernstadt zurück, denn hier warten nicht nur ein waschechter Saloon mit Showprogramm auf die Gäste, sondern auch ein Wellenflieger, ein großes Barbecue-Areal und eine wirklich originelle Geisterbahn.

Der Rio Grande, der den Rocky Mountains entspringt, ist ein riesiger Fluss, der die USA von Mexiko trennt. Die gleichnamige Rafting-Anlage im FORT FUN Abenteuerland wurde für letzte Saison mit einer neuen mexikanischen Thematisierung versehen und ist hinter den Gebäuden der Westernstadt zu finden. In sechs Personen fassenden Rundbooten, die optisch an Sombreros erinnern, geht es hier durch tosende Fluten vorbei an Kakteen, Wüstenlandschaften und großen Wasserfällen. Dass man bei diesem Abenteuer durchaus etwas nass werden kann, liegt in der Natur der Sache und ist gerade bei sommerlichen Temperaturen eine willkommene Abwechslung.

Darüber hinaus erwartet die Gäste am »Rio Grande« noch eine weitere „tierische" Überraschung, dort haben nämlich vier Lamas ihr Zuhause. Das FORT FUN möchte gerade auch den kleineren Gästen etwas Besonderes bieten und so findet man im Park in verschiedenen Bereichen auch außergewöhnliche Tiere wie Sumpfbiber, Deutsche Riesen, Lamas, Zwergzebus und Vierhornschafe. Durch organisierte Fütterungen und einen betreuten Streichelzoo

Die Aussicht genießen im Big Wheel

WILD EAGLE (o.l.)
Die Showgruppe der Zugshow (o.r.)
Wellenflieger (u.)

sind die Zwei- und Vierbeiner für die Gäste sehr sichtbar und tragen zur entspannten und familiären Atmosphäre des Parks bei.

Rausch für die Sinne

Auch der »Dark Raver« gleich in der Nähe gehört zu den Highlights des Parks. In dem großen metallenen Gebäude mit dem Portrait eines Schamanen auf der Außenwand versteckt sich ein Rundfahrgeschäft vom Typ „Round-Up", dessen Fahrt im dunklen Inneren von wummernden Beats und passenden Lichteffekten begleitet wird, was das Ganze zu einem echten multimedialen Rausch für die Sinne macht.

Neben dem »Rio Grande« findet man noch einen zweiten Fluss im FORT FUN Abenteuerland, nämlich den »Wild River«: Dahinter verbirgt sich eine klassische Wildwasserbahn mit Baumstammbooten, die im eher hinteren Bereich des Parks zu finden ist und über einen durchaus höheren Nässegrad verfügt. Trocknen kann man danach wunderbar im Fahrtwind der 60 Stundenkilometer schnellen Achterbahn »Speed-Snake«, bei der die Besucher nach einem fast 20 Meter hohen Sturz in die Tiefe durch gleich zwei Überschlagelemente fahren oder bei dem Hochfahrgeschäft »YuKan Raft«.

Geschwindigkeit im Bob

Nicht verpassen sollte man auch den »Trapper SLIDER«, eine 1,3 Kilometer lange Rodelbahn durch den malerischen Wald am Hang des Stüppelbergs, bei der die einzelnen Bobs auf Schienen geführt sind. Dank einer manuellen Bremse kann jeder Gast seine Höchstgeschwindigkeit selbst steuern, was für einen zusätzlichen Adrenalinkick sorgt. Bei zu übermütigen Gästen sorgt jedoch eine eingebaute Fliehkraftbremse für die nötige Sicherheit. Auch der »WILD EAGLE«, eine Art Drachenflug für vier Personen, ist Nervenkitzel pur – vor allem für Besucher mit Höhenangst.

Überhaupt ist Höhe im FORT FUN Abenteuerland ein allgegenwärtiges Thema, was nicht zuletzt der Topographie des Parks geschuldet ist. Mit einem Sessellift geht es zum Beispiel im Juli und August auf den Stüppel, der mit einer Höhe von rund 730 Metern über Normalnull zu den großen Bergen des Rothaargebirges zählt. Dort oben kann man zusätzlich einen 57 Meter hohen Turm erklimmen, von dessen Aussichtsplattform man bei gutem Wetter eine atemberaubende Sicht bis zum Teutoburger Wald genießen kann.

Fazit

Das FORT FUN Abenteuerland bietet insgesamt eine ausgewogene Mischung aus Attraktionen für jede Altersgruppe inmitten einer malerischen Landschaft – und dies vor allem auch noch zu einem vergleichsweise günstigen Eintrittspreis.

Parkscout-Tipps

Übernachten wie im Wilden Westen – kein Problem im FORT FUN Abenteuerland! Das „Davy Crockett Camp" umfasst 25 kanadische Blockhäuser mit direktem Zugang zum Park und bietet somit eine gleichermaßen kostengünstige wie erlebnisreiche Übernachtungsmöglichkeit mitten in der Natur.

Für einen Zuschlag von 2 € kann man beim Kauf des Eintrittstickets eine Regenversicherung abschließen. Die Regenversicherung greift, wenn es mehr als 4mm pro Quadratmeter regnet, was in etwa 1 Stunde starken Regen entspricht! Man erhält dann an der Info-Kasse eine Tageskarte für einen weiteren Besuch in der laufenden Saison.

Beim Kauf einer Eintrittskarte können Sie an den Kassen für nur 5,60 € einen Menü-Gutschein erwerben, der einen Big Burger, Pommes frites und ein 0,4-Liter-Getränk umfasst.

Trapper SLIDER

36 Hessen

ZOO FRANKFURT

Artenschutz in der hessischen Serengeti

Adresse
Zoo Frankfurt
Bernhard-Grzimek-Allee 1
60316 Frankfurt am Main
Tel.: 0 69 / 21 23 37 35
www.zoo-frankfurt.de

Preise
Erwachsene (ab 18 J.): 10,00 €
Kinder (6 – 17 J.): 5,00 €
Kinder (0 – 5 J.): frei
Parken: wenige öffentliche Parkplätze am Zoo

Öffnungszeiten
Sommerzeit:
27.03. – 30.10.2016
9 – 19 Uhr
Winterzeit:
ab 31.10.2016
9 – 17 Uhr

Gastronomie
Neben dem mexikanischen Service-Restaurant „Sombrero" warten der Grillwagen und der Waffel-Pavillon auf die hungrigen Besucher. In den Sommermonaten kommt außerdem der Gastro-Bereich auf den Zoo-Terrassen hinzu.

Events
Im Zoo finden regelmäßig Vorträge zu unterschiedlichen Themen statt.

Neu 2016
Bei Drucklegung dieses Buches waren noch keine Pläne des Zoos bezüglich Neuheiten für 2016 bekannt – lassen Sie sich einfach überraschen.

Tiere erleben unter Wasser (Titelbild) und an Land (r.)

Die Geschichte des Frankfurter Zoos reicht bis ins Jahr 1858 zurück, einem Zeitpunkt also, zu dem die Mainmetropole noch einen Sonderstatus als Freie Stadt innerhalb des Deutschen Bundes genoss. Schnell entwickelte sich der zunächst nur auf Probe betriebene Tiergarten zu einem der beliebtesten Ausflugsziele der Stadt, was eine Verlegung vom ursprünglichen Standort in der Bockenheimer Landstraße auf das Gelände an der Pfingstweide erforderlich machte.

Heimat für Exoten

Hier erinnern auch heute noch einige Tierhäuser an die Anfangszeit des Zoos. So etwa das »Exotarium«, das im Jahr 1877 als Aquarium errichtet wurde. Nach Zerstörung im Zweiten Weltkrieg und der 1958 erfolgten Wiedereröffnung können Besucher hier nun wieder auf zwei Etagen Reptilien und Amphibien, aber auch Fische und Pinguine bewundern. Eine Besonderheit ist die „Kinderstube", spezielle Becken, in denen die jüngsten Nachzuchten gezeigt werden. Eine ähnliche Einrichtung ist auch in den »Faust-Vogelhallen« zu finden. Im Zentrum der »Haupthalle« steht ein temperierter Schaubrüter, der den Besuchern die Möglichkeit gibt, den Nachwuchs auf seinem harten Weg in die Welt zu beobachten.

Die Volieren in Nachbarschaft der einsehbaren Futterküche beheimaten zudem jüngst geschlüpfte Nachzuchten verschiedenster Vogelarten. Im »Juwelensaal«, der ebenfalls zu den »Faust-Vogelhallen« gehört, sind die kleinsten und buntesten der gefiederten Stars im Frankfurter Zoo zu finden. Amethystglanzstar, Blaukopf-Schmetterlingsfink, Blaukrönchen, Gemalter Astrild und viele andere schillern hier um die Wette. Den dritten Bereich der Vogelhallen bildet die »Freiflughalle«, in der der Besucher die Vögel inmitten eines typischen ostasiatischen Dschungels beobachten kann.

Mission Artenschutz

Ein tropischer Regenwald erwartet die Gäste auch im »Borgori-Wald«, einem 2009 eröffneten Menschenaffenhaus, das in seiner äußeren Form an ein Philodendron-Blatt erinnert. Im Innern tummeln sich auf knapp 10.000 Quadratmetern Bonobos, Orang-Utans, Drills und Flachlandgorillas. In unmittelbarer Nachbarschaft befindet sich zudem die 2011 eröffnete Erdmännchenanlage, die den possierlichen Raubtieren neben einem Freigehege auch ein Innengehege zur Verfügung stellt und es den Besuchern ermöglicht, ihre Lieblinge ganzjährig zu bewundern. Während die geselligen Surikaten von der Weltnaturschutzunion IUCN als nicht gefährdet eingestuft werden, sind andere Bewohner des Frankfurter Zoos akut vom Aussterben bedroht. Ganz in der Tradition seines wohl bekanntesten Direktors, Prof. Dr. Dr. Bernhard Grzimek, setzt sich der Zoo Frankfurt darum aktiv für die Zucht und Erhaltung dieser Arten ein. So werden beispielsweise Zuchtprogramme für Rostkatzen, Mähnenwölfe, Gorillas und weitere gefährdete Arten von Wissenschaftlern des hessischen Tierparks koordiniert.

Mit einer gelungenen Kombination aus historischem Flair und moderner Tierhaltung weiß der Zoo Frankfurt schon seit langem seine Besucher zu begeistern. Mit Spielplätzen, barrierefreien Zugängen zu den Tieranlagen, informativer Beschilderung und einer großen Auswahl an zubuchbaren, themenbezogenen Führungen stellt er die Interessen seiner unterschiedlichen Zielgruppen mehr als nur zufrieden.

Parkscout-Tipps

Ein spezielles Angebot des Zoo Frankfurt richtet sich an jugendliche Besucher im Alter von 7 bis 10 Jahren: Bei den an jedem 3. Freitag im Monat stattfindenden Lagerfeuerabenden werden sie auf einer spannenden Expedition durch den Tierpark begleitet und können am Ende am Lagerfeuer Stockbrote backen.

Der Zoo ist weitgehend barrierefrei und eignet sich somit auch gut als Ausflugsziel für Menschen mit Behinderungen, einzig die obere Etage des Exotariums ist für Rollstuhlfahrer leider nicht zu erreichen.

37 Rheinland-Pfalz

HOLIDAY PARK

45 Jahre Thrill & Familienspaß

Adresse
Holiday Park
Holiday-Park-Straße 1-5
67454 Hassloch / Pfalz
Tel.: 0 63 24 / 5 99 30
www.holidaypark.de

Preise
Erwachsene (über 1,40m): 29,95 €
Kinder (1m – 1,40m): 27,50 €
Kinder (0,85m – 1m): 9,99 €
Kinder (unter 0,85m): frei
Senioren (über 70 J.): 9,99 €
Parken: 6,00 €

Öffnungszeiten
19.03. – 01.11.2016
Abgesehen von Juni, Juli und August ist der Park nicht durchgehend geöffnet, sondern hat zwischendurch an einigen Wochentagen geschlossen.
10 – 18 Uhr
In der Vor- und Nachsaison schließt der Park 30 Minuten früher.

Gastronomie
An verschiedenen Snackpoints sind beliebte Fastfood-Speisen sowie Kaffee- und Kuchenspezialitäten zu haben. Wer sich etwas mehr Zeit zum Essen nehmen möchte, der sollte im italienischen Restaurant „Casa Palatina" oder im „Schnitzelhaus" einkehren.

Events
26. – 29.05.2016: Majas sonnenschönes Frühlingsfest
23.07. & 13.08.2016: Summernights „Viva Brazil"
30.07. & 27.08.2016: American Summernights
06.08. & 20.08.2016: Circus Summernights
15., 22., 29., 31.10.2016: Rocking Halloween

Neu 2016
Über 3 Millionen Euro fließen in den neuen Themenbereich „Airshow '71", in dem – zusätzlich zur originellen Gestaltung rund um die neue interaktive Flugattraktion »Sky Fly« – ab Sommer zwei weitere Flugattraktionen (»Red Baron« und »Wellenflug«) abheben – frei nach dem Motto „The Sky is the Limit!".

In der Jubiläumssaison „45 Jahre Holiday Park" werden viele Überraschungen und Highlights geboten: Ob im neuen Themenbereich „Airshow `71" mit der interaktiven Flugattraktion »Sky Fly« oder auf Europas einmaliger Katapultachterbahn »Sky Scream«: Actionfans freuen sich auf eine völlig neue Wasserski-Stunt-Show und Kinder freuen sich, berühmte TV-Stars wie Biene Maja, Tabaluga, Heidi und Wickie persönlich zu treffen.

TV-Stars der Kindheit live erleben

Dass der Holiday Park seit einigen Jahren zur belgischen Freizeitparkgruppe Plopsa gehört, ist mittlerweile mehr als deutlich zu erkennen. Vom neuen großzügigen Eingangsbereich mit überdimensionalem Torbogen bis hin zu detailverliebten Häuserzeilen. Aber auch und vor allem im Inneren des Parks hat sich eine Menge getan. Ein besonderes Glanzstück ist das „Majaland", ein farbenfroh gestaltetes Areal, das mit elf familienfreundlichen Fahrgeschäften aufwartet. Mit dem niedlichen Drachen Tabaluga geht es auf eine gemütliche Bootsreise ins zauberhafte Grünland und Wickie und Halvar bitten zu einem fröhlichen Stelldichein in das »Wikingerdorf«. Dort lädt die Wildwasserbahn »Wickie Splash«, die sogar auch mit einer Rückwärts-Schussfahrt aufwarten kann, zu einer spritzigen Reise ein.

Adrenalin pur!

Doch wer nun glaubt, der Holiday Park biete nur harmlose Attraktionen für Kinder, hat sich getäuscht. Auch Thrillseeker kommen dort auf ihre Kosten – und das nicht zu knapp: Man hat die Wahl zwischen einem rasanten freien Fall auf dem 70 Meter hohen »Free Fall Tower«, einer schwindelerregenden Kettenkarussell-Fahrt in 80 Metern Höhe oder dem Geschwindigkeitsrausch bei »Expedition GeForce«. Dieser Megacoaster wurde in den vergangenen Jahren bereits vielfach zu einer der besten Achterbahnen weltweit gewählt.

»Sky Scream«, europaweit bisher einzigartig, lässt den Besuchern gleich in doppelter Hinsicht das Blut in den Adern gefrieren: Zum einen beeindruckt die Achterbahn mit drei Katapultstarts, vertikalen Stürzen und einem Twist, der in 55 Metern Höhe im Zeitlupentempo durchfahren wird, zum anderen ist das Ganze in eine düstere Geisterstadt eingebettet, in der sich Zombies und Vampire heimisch fühlen. Zu den Showhighlights gehört Europas einzige professionelle Wasserski-Show, die mit sportlichen Höchstleistungen, viel Comedy und spektakulären Stunts sowie einer neuen Geschichte zum Jubiläum begeistert – sogar Papagei Holly, das

ehemalige Maskottchen des Holiday Park, wird wieder mit dabei sein! On Top wird es mit den Figuren der Studio 100-Gruppe „Biene Maja, Wickie & Heidi" eine große ‚Geburtstagsshow' sowie eine bunte Parade mit den beliebten TV-Stars geben.

War der Holiday Park schon in den vergangenen Jahren ein durchaus lohnendes Ausflugsziel, so ist er durch den Betreiberwechsel und die daraufhin folgenden Veränderungen noch attraktiver geworden. Familien mit Kindern können sich im Zuhause von Biene Maja, Wickie & Co. richtig wohl fühlen, aber auch Actionfreunde finden einige spektakuläre Highlights, die ausreichend Nervenkitzel bieten.

Im Majaland (Titelbild)
Großartige Achterbahnen: Sky Scream (o.) und Expedition GeForce (u.)

MOVIE PARK
HOLLYWOOD 20 IN GERMANY
NICKLAND
Hurra! ich bin im FILM
© 2016 Viacom Overseas Holdings C.V.
© 2016 Viacom International Inc. Alle Rechte vorbehalten. Hergestellt von Stephen Hillenburg.
ICE AGE
NO TIME FOR NUTS 4-D
NEU
Blue Sky
Hurra! 20 Jahre Film, Spaß und Action!
Triff Deine Filmhelden live, erlebe coole Rides, Abenteuer und hollywoodreifes Entertainment in Deutschlands größtem Film- und Freizeitpark.
NEU: Begleite Scrat auf seiner Reise durch die Zeit in Ice Age: No Time For Nuts 4-D!
www.moviepark.de
MovieParkGermany

HAST DU ANGST? GUT.
www.phantasialand.de/klugheim-magazin

Erlebniswelten im Süden

Die beiden südlichen Bundesländer Baden-Württemberg und Bayern bieten auf einer Fläche von rund 106.000 Quadratkilometern mehr als 23 Millionen Menschen eine Heimat.

Neben Deutschlands größtem Freizeitpark, dem Europa-Park in Rust, findet man im Süden auch das LEGOLAND® Deutschland, die Wilhelma Stuttgart, den Tierpark Hellabrunn in München oder die THERME ERDING.

Nachfolgend finden Sie eine Auswahl der beliebtesten Erlebniswelten der Region, von denen wir einige näher vorstellen.

Freizeitparks und Co.

Park	Ort	Internet	Seite
Hockenheimring	68766 Hockenheim	www.hockenheimring.de	106
SENSAPOLIS	71063 Sindelfingen	www.sensapolis.de	112
Traumland auf der Bärenhöhle	72820 Sonnenbühl	www.freizeitpark-traumland.de	–
Schwaben Park	73667 Kaisersbach	www.schwabenpark.de	114
Erlebnispark Tripsdrill	74389 Cleebronn	www.tripsdrill.de	116
Europa-Park	77977 Rust	www.europapark.de	120
Steinwasen Park	79254 Oberried	www.steinwasen-park.de	–
Erlebniskletterwald Lörrach	79540 Lörrach	www.erlebniskletterwald.de	–
Bavaria Filmstadt	82031 Geiselgasteig	www.filmstadt.de	–
Freizeitpark Ruhpolding	83324 Ruhpolding	www.freizeitpark.by	–
Fred Rai Western-City	86453 Dasing bei Augsburg	www.western-city.com	–
Skyline Park	86825 Bad Wörishofen	www.skylinepark.de	134
Ravensburger Spieleland	88074 Meckenbeuren	www.spieleland.com	136
LEGOLAND® Deutschland	89312 Günzburg	www.legoland.de	144
PLAYMOBIL-FunPark	90513 Zirndorf	www.playmobil-funpark.de	150
Erlebnispark Schloss Thurn	91336 Heroldsbach	www.schloss-thurn.de	156
Churpfalzpark	93455 Loifling bei Cham	www.churpfalzpark.de	–
Bayern-Park	94419 Reisbach	www.bayern-park.de	158
Freizeit-Land Geiselwind	96160 Geiselwind	www.freizeitlandgeiselwind.de	160

Zoos und Tierparks

Park	Ort	Internet	Seite
Luisenpark Mannheim	68165 Mannheim	www.luisenpark.de	–
Tierpark Walldorf	69190 Walldorf	www.tierpark-walldorf.com	–
Wilhelma Stuttgart	70376 Stuttgart-Bad Cannstatt	www.wilhelma.de	108
Familienpark Westerheim	72589 Westerheim	www.familienpark-westerheim.de	–
Leintalzoo	74193 Schwaigern	www.tierpark-schwaigern.de	–
Wildparadies Tripsdrill	74389 Cleebronn/Tripsdrill	www.tripsdrill.de	116
Deutsche Greifenwarte Burg Guttenberg	74855 Haßmersheim-Neckarmühlbach	www.greifenwarte.de	–
Tierpark Bretten	75015 Bretten	www.tierpark-bretten.de	–
Zoo Karlsruhe	76137 Karlsruhe	www.karlsruhe.de/zoo	–
Wild- und Freizeitpark Allensbach	78476 Allensbach	www.wildundfreizeitpark.de	–
Tierpark Hellabrunn	81543 München	www.tierpark-hellabrunn.de	126
Vogelpark Olching	82140 Olching	www.vogelpark-olching.de	–
BergTierPark Blindham	85653 Aying	www.bergtierpark.de	–
Zoo Augsburg	86161 Augsburg	www.zoo-augsburg.de	–
Tiergarten Nürnberg	90480 Nürnberg	www.tiergarten.nuernberg.de	148
Zoologischer Garten Hof	95028 Hof (Saale)	www.zoo-hof.de	–
Wildpark Bad Mergentheim	97980 Bad Mergentheim	www.wildtierpark.de	–

Erlebnisbäder

Bad	Ort	Internet	Seite
Aquadrom Hockenheim	68766 Hockenheim	www.aquadrom-hockenheim.de	–
Miramar Erlebnisbad Weinheim	69469 Weinheim	www.miramar-bad.de	–
Fildorado	70794 Filderstadt	www.fildorado.de	110
Freizeitbad Münchingen	70825 Korntal-Münchingen	www.freizeitbad-muenchingen.de	–
Mineraltherme Böblingen	71032 Böblingen	www.mineraltherme-boeblingen.de	–
Panorama-Bad Freudenstadt	72250 Freudenstadt	www.panorama-bad.de	–

Erlebnisbäder (Fortsetzung)

Bad	Ort	Internet	Seite
AQUAtoll	74172 Neckarsulm	www.aquatoll.de	–
Laguna Badeland	79576 Weil am Rhein	www.laguna-badeland.de	–
Badeparadies Schwarzwald	79822 Titisee-Neustadt	www.badeparadies-schwarzwald.de	124
Familien- und Erlebnisbad trimini	82431 Kochel am See	www.trimini.de	–
Alpspitz-Wellenbad	82467 Garmisch-Partenkirchen	www.garmisch-partenkirchen.de	–
THERME ERDING	85435 Erding	www.therme-erding.de	130
Wonnemar Sonthofen	87527 Sonthofen	www.wonnemar.de	–
Kristalltherme Schwangau	87645 Schwangau	www.kristalltherme-schwangau.de	–
Bodenseetherme Überlingen	88662 Überlingen	www.bodensee-therme.de	140
Donaubad Wonnemar	89231 Neu-Ulm	www.wonnemar.de	142
Kristall Palm Beach	90547 Stein	www.kristall-palm-beach.de	152
Fürthermare	90766 Fürth	www.fuerthermare.de	154
Freizeitbad Atlantis Herzogenaurach	91074 Herzogenaurach	www.atlantis-bad.de	–
Badeparadies Geomaris	97447 Gerolzhofen	www.geomaris.de	–

Informationen im Internet

Mehr Erlebnisparks im Süden Deutschlands finden Sie unter:
www.parkscout.de
www.freizeitstars.de

Direkte Links
Baden-Württemberg: www.parkscout.de/bundesland/baden-wuerttemberg
Bayern: www.parkscout.de/bundesland/bayern

38 Baden-Württemberg

HOCKENHEIMRING

Motoren und mehr

Adresse
Hockenheim-Ring GmbH
Am Motodrom
68766 Hockenheim
Tel.: 0 62 05 / 95 00
www.hockenheimring.de

Preise
Motor-Sport-Museum:
Erwachsene (ab 17 J.): 6,00 €
Kinder (7 – 16 J.): 3,00 €
Kinder (0 – 6 J.): frei
Insider Führungen:
Erwachsene (ab 17 J.): 12,00 €
Kinder (7 – 16 J.): 6,50 €
Kinder (0 – 6 J.): frei

Öffnungszeiten
Motor-Sport-Museum:
März – November (März und November nur freitags bis sonntags)
10 – 17 Uhr
Bei Großveranstaltungen auf der Rennstrecke ist das Museum länger geöffnet.

Gastronomie
Das Restaurant im Hotel Motodrom verwöhnt die Besucher mit einer Vielzahl regionaler Köstlichkeiten.

Events
Am Wochenende 29. bis 31. Juli 2016 kommt die Formel 1 zum Hockenheimring.

Neu 2016
Bei Drucklegung dieses Buches waren noch keine Pläne der Rennstrecke bezüglich Neuheiten für 2016 bekannt – lassen Sie sich einfach überraschen.

Spektakulär: Seitenwagen (Titelbild)

Bereits seit mehr als 80 Jahren dröhnen auf einer der bekanntesten Rennstrecken Europas die Motoren. 1932 begann die Geschichte des Hockenheimrings mit dem Anlegen einer Test- und Rennstrecke, die in Teilen zunächst noch aus unbefestigten Waldwegen bestand. Mittlerweile hat sich der Kurs zu einer modernen Hochgeschwindigkeitsstrecke entwickelt, zu der jährlich rund 700.000 Besucher ihren Weg finden.

Aber nicht nur bei Rennveranstaltungen ist der Hockenheimring eine Reise wert. Vielmehr ergeben sich hier zahlreiche Möglichkeiten, einmal tiefer in die Welt des Motorsports einzutauchen. Einen Abstecher in die Geschichte können Interessierte beispielsweise im »Motor-Sport-Museum« unternehmen. Zu den über 300 Exponaten zählen unter anderem aktuelle Rennwagen des ABT AUDI DTM Teams, Formel 3-Boliden von Michael Schumacher und Nico Rosberg, ein Porsche der ONS-Streckensicherung sowie eine beeindruckende Sammlung historischer Rennmotorräder. Eines der Glanzstücke des Museums ist zweifelsohne die voll verkleidete GILERA Quattro von 1957, eine mittlerweile weltweit einzigartige Werksmaschine. Einen Boxenstopp einlegen sollten Besucher auch im angegliederten Fanshop, der von

Pins und Aufklebern bis hin zu T-Shirts, Caps und Accessoires für die gesamte Familie eine breite Auswahl möglicher Mitbringsel präsentiert.

Insider Führung und Streckenkontakt

Darüber hinaus haben die Besucher des Hockenheimrings aber auch die Möglichkeit, die mehr als 4,574 Kilometer lange Strecke hautnah zu erleben. Am besten geht dies bei den sogenannten »Skate-Dates«. Dann nämlich wird die Rennstrecke für interessierte Skater, Radfahrer und Läufer geöffnet, so dass sie hier unbehelligt von Autos & Co. ihrer Lieblingssportart frönen können. Sehr beliebt sind auch die täglich stattfindenden »Insider Führungen«, die unter anderem eine Fahrt im eigenen Pkw (je nach Verfügbarkeit) über die Strecke beinhalten. Auch das Siegerpodest, die die Mercedestribüne und die VIP-Bereiche der Südtribüne, die Boxengasse, das Ravenol-Haus und das Fahrerlager werden dabei besichtigt. Für die jüngsten Motorsportfreunde gibt es mit dem »HoRi Kids Club« kindgerechte Führungen. Mit 90 Minuten Spaß und Action erleben die Kinder den Hockenheimring aus ihrer ganz eigenen Sicht. Zwei verschiedene Progrsmme stehen für die Kids zur Auswahl: mit dem Trike zum Zeitfahren auf die Kartbahn oder mit einer Quiz Rallye ins Fahrerlager.

Erwachsene können auf dem Hockenheimring gegen entsprechenden Aufpreis auch die PS-Muskeln spielen lassen. Die Angebote reichen vom Co-Piloten-Dasein im Renn- oder Drifttaxi bis hin zum Selberfahren im stylischen Sportwagen.

Egal, ob man nun als Gast einer Großveranstaltung kommt oder die Rennstrecke per pedes, auf Rollen oder Rädern erkundet – ein Ausflug zum Hockenheimring ist immer ein einmaliges Erlebnis. Mit Locations wie dem Baden-Württemberg-Center oder der Drivers-Lounge bietet sich die Rennstrecke zudem als optimaler Ort für Firmenfeiern und andere Events an.

Formel 1 auf dem Ring (o.)
Luftaufnahme (u.)

Parkscout-Tipp

Von Mai bis Oktober ist die Rennstrecke zu bestimmten Terminen auch für Privatfahrer geöffnet.

39 Baden-Württemberg

WILHELMA STUTTGART

Tiere und Pflanzen in historischem Ambiente

Adresse
Wilhelma
Wilhelma 13
70376 Stuttgart
Tel.: 07 11 / 540 20
www.wilhelma.de

Preise
Erwachsene (ab 18 J.): 16,00 €
Kinder (6 – 17 J.): 8,00 €
Schüler / Studenten (bis 28 J.): 10,00 €
Kinder (0 – 5 J.): frei

Öffnungszeiten
Ganzjährig täglich geöffnet
8:15 Uhr bis zum Einbruch der Dunkelheit, spätestens jedoch bis 20 Uhr
Die Kassen schließen je nach Monat zwischen 16 und 18 Uhr.

Gastronomie
Mit dem „Wilhelma Restaurant", dem „Restaurant am Schaubauernhof" und dem „Bistro Belvedere" unterhalb der Subtropenterrassen ist auch für das leibliche Wohl der Gäste bestens gesorgt. Das Angebot reicht dabei von einfachen Gerichten wie Pommes oder Pizzaschnitten bis hin zu saisonabhängigen Köstlichkeiten, Kuchen und Kaffeespezialitäten.

Neu 2016
Bei Drucklegung dieses Buches waren noch keine Pläne des Parks bezüglich Neuheiten für 2016 bekannt – lassen Sie sich einfach überraschen.

Seerosenteich mit dem Maurischen Landhaus (Titelbild)

Ein botanischer Garten, ein Zoo und historische Gebäude – das alles bietet die Stuttgarter Wilhelma, ihres Zeichens der einzige zoologisch-botanische Garten Deutschlands. Das ab etwa 1842 unter König Wilhelm I. von Württemberg angelegte Areal, auf dem ursprünglich lediglich die Errichtung eines Badehauses, einer Orangerie und eines Gewächshauses geplant waren, bietet mittlerweile ein Zuhause für rund 11.500 Tiere und etwa 6.000 Pflanzenarten aus aller Welt.

Maurische Einflüsse

Einer der Besuchermagnete des Tier- und Pflanzengartens in Stuttgart-Bad Cannstatt ist der sogenannte »Maurische Garten«, der sich zwischen dem noch aus den Anfangstagen der Wilhelma stammenden »Maurischen Landhaus« und dem »Aquarium« erstreckt. Überall finden sich hier Skulpturen, Wasserspiele und historische Vasen, natürlich umgeben von farbenprächtigen Pflanzen. Um die Anlage herum führt ein historischer Wandelgang, der neben schmuckvollen Ornamenten und Deckenverzierungen noch eine weitere Besonderheit aufweist: die sogenannten „Flüstergalerien" in den äußeren Kurven des Ganges. Die Wölbung der Galerie sorgt an diesen Punkten dafür, dass der Schall an der gewölbten Decke weitergeleitet und an Decke und Boden immer wieder reflektiert wird. Durch diese architektonische Besonderheit können sich die Besucher über eine Distanz von bis zu 40 Metern hinweg im Flüsterton unterhalten – und sich dennoch laut und deutlich verstehen.

Regenwald und afrikanische Steppe

Sehr sehenswert ist auch das »Amazonienhaus« mit einem südamerikanischen Regenwald, in dem unter anderem frei fliegende Vogelarten beheimatet sind. Ein Highlight hier ist das 100.000 Liter fassende »Amazonasbecken« mit Welsen, Buntbarschen, Breitschnauzenkaimanen, Pacus und Krötenkopfschildkröten, deren lebhaftes Treiben unter Wasser die Besucher durch ein großes Fenster beobachten können. Ganz auf dem Trockenen leben dagegen die Goldkopflöwenäffchen, Weißgesichtssakis und Brüllaffen, die ebenso im »Amazonienhaus« zu finden sind.

Aber auch Liebhaber der afrikanischen Tierwelt kommen in der Wilhelma nicht zu kurz. In den Freigehegen für die Huftiere des „Schwarzen Kontinents" tummeln sich Wüsten- und Halbwüsten-Bewohner, vierbeinige Einwohner von Gras- und Baumsavannen, aber auch Tiere aus den Tropenregionen Afrikas. Darunter sind übrigens auch einige in freier Wildbahn akut vom Aussterben bedrohte Arten. Ein Beispiel hierfür ist der Somali-Wildesel, der nur noch durch wenige Exemplare in seiner Heimat Äthiopien und Eritrea vertreten ist. Nicht verpassen sollte man einen Besuch im Giraffenhaus: Neben den langhalsigen Paarhufern sind hier auch afrikanische Vögel und kleinere Raubtiere zu sehen, darunter Kongopfau, Wüstenfuchs und Erdmännchen.

Mit ihrer Mischung aus Historie, modernen Tieranlagen und üppiger Pflanzenvielfalt weiß die Wilhelma schon seit Jahrzehnten ihre Besucher zu begeistern. Vor allem die zahlreichen Pflanzenhäuser lassen die Gäste auch schlechtem Wetter trotzen und garantieren ein immer wieder neues Naturerlebnis.

Parkscout-Tipp

Für Gäste, die ihren Besuch in der Wilhelma unter einem bestimmten Schwerpunkt gestalten möchten, bietet der Park verschiedene Rundgangs-Empfehlungen an, die Interessierte auf der Homepage herunterladen können. So gibt es beispielsweise wertvolle Tipps für den Besuch als Rollstuhlfahrer oder für Botanikfans.

Kaiserschnurrbarttamarine im Jungtieraufzuchthaus

40 Baden-Württemberg

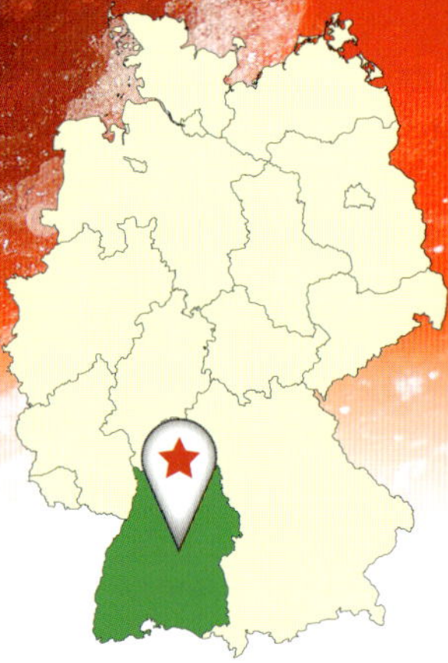

FILDORADO FILDERSTADT

Baden und Saunen im Zentrum der Filder

Adresse
Fildorado
Mahlestraße 50
70794 Filderstadt-Bonlanden
Tel.: 07 11 / 77 20 66
www.fildorado.de

Preise
Tageskarte Erlebnisbad werktags / Wochenende:
Erwachsene (ab 18 J.): 15,00 € / 16,00 €
Jugendliche (16 – 17 J.): 12,60 € / 13,60 €
Kinder (4 – 15 J.): 8,40 € / 9,20 €
Tageskarte Freibad:
Erwachsene (ab 18 J.): 4,00 €
Jugendliche (16 – 17 J.): 3,20 €
Kinder (4 – 15 J.): 2,40 €
Kinder (0 – 3 J.): frei
Parken: frei

Öffnungszeiten
Ganzjährig täglich geöffnet
Montag – Samstag:
9 – 22:30 Uhr
Sonn- und Feiertage:
9 – 21 Uhr

Gastronomie
Das Erlebnisbad-Restaurant bietet seinen Gästen von verschiedenen Tagesmenüs über Pommes, Pizza und Pasta bis hin zu frischen Salaten ein abwechslungsreiches Angebot zur Selbstbedienung. Kleinere Snacks, Kaffee, Eiscreme & Co. sind im Eingangsbistro, an der Saunabar und in der Fitnesslounge zu finden.

Neu 2016
Bei Drucklegung dieses Buches waren noch keine Pläne des Bads bezüglich Neuheiten für 2016 bekannt – lassen Sie sich einfach überraschen.

Die Reifenrutsche im Fildorado (Titelbild)

Baden wie im Meer, relaxen im Goldbergwerk, sich von orientalischen Massagen verwöhnen lassen – die Möglichkeiten, die das Fildorado seinen Gästen bietet, sind äußerst vielfältig. Allen gemeinsam ist allerdings, dass sie es ermöglichen, einmal die Seele baumeln und den Alltag hinter sich zu lassen.

Black Hole mit Aussicht

Highlights des Erlebnisbades sind ohne Frage die drei aufregenden Rutschen. Die »Black Hole« bietet ihren Fahrgästen nicht nur das übliche „Schwarze Loch", sondern dank des Streckenelements „Crystal Tube" auch ein nie geahntes Fluggefühl. Hierbei handelt es sich um ein durchsichtiges Stück Rutsche, das einen kurzen Ausblick auf die Umgebung gestattet, bevor es zurückgeht in die mit Lichteffekten durchsetzte Dunkelheit der »Black Hole«. Spektakuläre Flüge verspricht auch die »Schanzenrutsche«, auf der Spitzenweiten von bis zu acht Metern erreicht werden können. Die Dritte im Bunde ist die 115 Meter lange »Reifenrutsche«, die man wahlweise alleine oder im Zweier-Bob bewältigen kann. Action ist aber auch im Sportbereich angesagt und zwar sowohl bei den hier angebotenen Aqua-Fitness-Kursen als auch beim individuellen Bahnenziehen im 25 x 10 Meter großen Sportbecken. Entspannungshungrige Wasserratten sollten dagegen die Thermalbecken aufsuchen, wo ihnen wohltuende Massagedüsen und Bodensprudler zur Verfügung stehen.

Schwitzen in der Mine

Auch der Wellness & Spa-Bereich ist immer einen Besuch wert. Zahlreiche verschiedene Saunen, Solarien, ein Saunagarten und verschiedene Ruhebereiche laden zum Schwitzen, Bräunen und Entspannen ein. Eine Besonderheit unter den Schwitzstuben ist die »Goldbergwerk-Sauna«, die einer Mine in Südtirol nachempfunden wurde. Unter von der Decke hängenden Stalaktiten und eingehüllt in das geheimnisvolle Licht tiefhängender Laternen können die Saunafans ihrem Hobby frönen und sich dabei von den beleuchteten Goldadern beeindrucken lassen, die sich durch die Felswände ziehen. Wer seiner Gesundheit etwas Gutes tun möchte, ist aber auch in der »Salounge« gut aufgehoben. Hier ist die Atemluft mit Salzaerosolen angereichert, denen eine desinfizierende, antibakterielle und entzündungshemmende Wirkung nachgesagt wird, die sich besonders positiv auf Atemwegs- und Hauterkrankungen auswirken soll. Dank einer Microsalt-Anlage kann der Salzgehalt in der Luft variiert werden, so dass neben der sanften Dosierung auch eine passivheilende Therapie möglich ist, für die ein höherer Salzgehalt erforderlich ist.

Parkscout-Tipp

Eltern, die einmal ungestört baden und saunieren möchten, können vom Kinderbetreuungsangebot des Fildorado profitieren. Geschulte Mitarbeiter betreuen die lieben Kleinen beim Malen, Basteln und Spielen. Für Mitglieder des Fitness-Clubs ist dieser Service kostenlos, Besucher von Erlebnisbad und Saunabereich zahlen 1,50 € pro Stunde.

Sommerspaß unter freiem Himmel

In den Sommermonaten steht den Gästen zudem das großzügig gestaltete Freibad mit vier 50-Meter-Bahnen, einer Breitrutsche, einem Sprungbecken mit 1-, 3- und 5-Meter-Turm und einem Planschbecken zur Verfügung. Zum Freibadareal gehören darüber hinaus eine Kletterwand, eine Spielwiese für die Kleinen, eine Trampolinanlage, ein Kinderspielplatz und eine Beach-Sport-Anlage. Egal, ob Sommer oder Winter, das Fildorado im baden-württembergischen Filderstadt bietet seinen Gästen zu jeder Jahreszeit abwechslungsreichen Badespaß kombiniert mit exklusivem Saunavergnügen.

Sommerspaß im Freibad

41 Baden-Württemberg

SENSAPOLIS

Wetterunabhängiger Freizeitspaß

Adresse
SENSAPOLIS
Melli-Beese-Straße 1
71063 Sindelfingen
Tel.: 0 70 31 / 204 85 30
www.sensapolis.de

Preise
Erwachsene / Kinder (ab 4 J.): 19,50 €
Senioren (ab 65 J.): 12,50 €
Kinder (0 – 3 J.): frei
Parken: frei

Öffnungszeiten
Ganzjährig täglich geöffnet
Montag – Freitag: 12 – 19:30 Uhr
Samstag, Sonntag, Ferien (BaWü), Feiertage: 10 – 19:30 Uhr

Gastronomie
Im großzügigen Gastronomiebereich können die Besucher sich nicht nur mit abwechslungsreichen Gerichten stärken, sondern zudem auch zusehen, wie diese aus gesunden Lebensmitteln aus der Region zubereitet werden.

Events
Über aktuelle Events, wie die beliebte Ü30-Party, das Halloween-Event oder die Silvesterparty, informiert die Internetseite des SENSAPOLIS.

Neu 2016
Bei Drucklegung dieses Buches waren noch keine Pläne des Parks bezüglich Neuheiten für 2016 bekannt – lassen Sie sich einfach überraschen.

Vor dem Märchenschloss (Titelbild)

SENSAPOLIS ist ein Indoor-Freizeitpark vor den Toren von Stuttgart direkt an der A81 auf dem Flugfeld Böblingen. Der Park umfasst rund 12.000 Quadratmeter, ist voll klimatisiert und wetterunabhängig. Hier stehen Spaß und Action für die ganze Familie im Vordergrund.

Von Aliens bis Kletterspaß

In dem Raumschiff »Second Solar«, das mitten in SENSAPOLIS gelandet ist, können Außerirdische besucht werden. Außerdem können sich die Besucher im Kampf gegen feindliche Invasoren beweisen, während sie auf „Spacebikes" durch Asteroidenschwärme fliegen. Kleine Ritter und Prinzessinnen werden schnell das große Märchenschloss entdecken, in dem die Uhr einige Jahrhunderte zurückgedreht wurde. Hier können der Alltag von Königen, Rittern und Hofstaat, aber auch die Geheimnisse um Drachen und Schätze ergründet werden. Wem das Leben am Hofe zu tugendhaft ist, der kann sich auf dem Piratenschiff als Seeräuber ausprobieren. Auf den Nachwuchs unter den Besuchern warten eine Wasserlandschaft mit Schleusen und Schiffen, ein „rolly toys"-Parcours und das Kinderland. Zu den neuesten

Attraktionen gehört außerdem eine »PonyCycle-Ranch«, auf der kleine wie große Pferdefreunde viel Spaß haben. In der Action- und Kletterwelt mit Hochseilklettergarten, Kletterwand und Höhen-Hindernis-Parcours können Eltern und Kinder ihren Mut auf die Probe stellen. Vom Baumhaus des Hochseilklettergartens fliegen Mutige im »Flying Fox« zur Landebahn am Schloss.

Bei fast allen Attraktionen in SENSAPOLIS gelangt man über eine Rutsche wieder auf den Boden zurück. Auf den insgesamt 16 Rutschen mit verschiedenen Längen und Formen erreichen die Gäste Geschwindigkeiten von bis zu 40 Kilometer pro Stunde. Je nach Steilheit ist hier mal mehr, mal weniger Mut erforderlich. Während die Kinder sich nach Herzenslust austoben, können die Erwachsenen viele der Angebote auch selbst nutzen.

Rennfeeling auf der E-Kartbahn

Über 50 Stundenkilometer erreichen die Elektro-Karts im »Sensadrom«, mit denen Rennfahrer ab 1,45 Metern Körpergröße über die Rennpiste auf drei Ebenen düsen können.

Für Wissenshungrige

Wie entstehen Vulkane? Was sind optische Täuschungen? Antworten auf diese und viele weitere Fragen finden sich im Wissens-Bereich. Anhand von Experimenten, Probierstationen und anschaulicher medialer Aufbereitung können Besucher hier spielerisch die Welt der Wissenschaften erkunden. Gruppen wie beispielsweise Schulklassen oder interessierte Familien haben die Möglichkeit, Themenbereiche bei den sogenannten Entdeckertouren zu vertiefen. In der interaktiven Ausstellung „Der Weltraum und wir" werden die Themen Astronomie und Kosmologie anschaulich erklärt, während der »Rollstuhlparcours« Kindern Verständnis gegenüber Behinderten vermittelt.

Parkscout-Tipp

Hier können Familien richtig sparen: Mit dem Familienticket erhalten zwei Erwachsene und zwei Kinder Eintritt für nur 64,00 €, für jedes weitere eigene Kind sind 15,50 € zu entrichten.

Ein Geheimtipp?

SENSAPOLIS ist ein ansprechender und in seiner Konzeption einzigartiger Indoor-Freizeitpark. Ein echter Geheimtipp!

Spacebikes im Raumschiff

42 Baden-Württemberg

SCHWABEN PARK

Tiere und Attraktionen

Adresse
Schwaben Park
Hofwiesen 11
73667 Kaisersbach
Tel.: 0 71 82 / 93 61 00
www.schwabenpark.de

Preise
Erwachsene (ab 12 J.): 20,00 €
Kinder (4 – 11 J.): 17,00 €
Kinder (0 – 3 J.): frei
Senioren (ab 60 J.): 17,00 €
Parken: frei

Öffnungszeiten
19.03. – 06.11.2016
9 – 18 Uhr

Gastronomie
Ein SB-Restaurant und mehrere Imbissstände bieten Pizza, Schnitzel mit Pommes frites, Spaghetti, schwäbische Maultaschen, Salate sowie verschiedene Kuchen und Torten zu wirklich günstigen Preisen.

Neu 2016
Im Schwaben Park geht es rund! Die Besucher erwartet in diesem Jahr mit der Rundbootfahrt eine gemütliche Reise über das Wasser.

Bob Kart (Titelbild)

Ursprünglich im Jahre 1972 als Safaripark gegründet, bietet der heutige Schwaben Park im Welzheimer Wald neben Tieren wie Schimpansen oder Papageien natürlich auch verschiedene Fahrattraktionen, die im Laufe der Jahre das Portfolio erweitert und die Attraktivität des Parks stetig gesteigert haben.

Achterbahnfans dürfen sich zunächst auf »Force One« freuen, einen 22 Meter hohen Coaster, der dank einer Spitzengeschwindigkeit von 65 Stundenkilometern und eines durchaus belastenderen Streckenverlaufs nicht für allzu empfindliche Mägen zu empfehlen ist. Für ängstlichere Naturen wäre der »Crazy Worm« vermutlich besser geeignet, eine Kinderachterbahn mit einer Höhe von nur vier Metern.

Kein Park für Thrill-Sucher

Überhaupt gehören Familien mit Kindern eher zur Zielgruppe des landschaftlich gepflegten Schwaben Parks als jugendliche Thrill-Sucher – dies wird recht schnell deutlich, wenn man einen kurzen Blick auf das Angebot an Fahrgeschäften wirft. Wer zum Beispiel hoch hinaus will, kann dies nur mit einem Riesenrad tun, einem

Kinder-Freifallturm oder auch im »Flying Wheel«. Dafür gibt es hier übrigens aber gleich zwei Wildwasserbahnen: eine kleine, vier Meter hohe Kindervariante mit Krokodilbooten und die große Variante mit einer Höhe von zwölf Metern und zwei Abfahrten. Damit ist für jede Altersgruppe im Hochsommer für genügend Abkühlung gesorgt.

Außerdem sorgen zahlreiche Hoch- und Rundfahrgeschäfte sowie Spiel- und Klettermöglichkeiten im Schwaben Park durchaus für Abwechslung, wobei die Bobkartbahn und die Gokart-Bahn sicherlich zu den Highlights gehören, die auch von erwachsenen Gästen gerne und häufig genutzt werden. Gemächlicher wäre beispielsweise eine Hochbahn im Papageien-Look oder eine elektrische Pferdereitbahn, bei der es auf dem Rücken von edlen Rössern über eine schienengeführte Strecke geht. Show-Fans dürfen sich hingegen auf Darbietungen der tierischen Bewohner des Parks freuen: Papageien, Schimpansen und Haustiere sind die Stars der verschiedenen Shows, die hier täglich gezeigt werden.

Wildwasserbahn (o.)
Force One (u.)

Fazit

Der Schwaben Park hat zwar keine überragenden Thrill-Attraktionen für ein jugendliches Publikum, muss er aber auch nicht. Dafür werden hier eine schöne Landschaftsgestaltung, Fahrgeschäfte für die ganze Familie und ein ausgewogenes Preis-Leistungs-Verhältnis geboten.

Parkscout-Tipp

Während Gokart-Bahnen in vielen Parks aufpreispflichtig sind, können Sie im Schwaben Park kostenlos eine Runde nach der anderen drehen.

43 Baden-Württemberg

ERLEBNISPARK TRIPSDRILL

Riesenspaß für alle – auf Schwäbisch

Adresse
Erlebnispark Tripsdrill
Treffentrill
74389 Cleebronn
Tel.: 0 71 35 / 99 99
www.tripsdrill.de

Preise
Erwachsene (ab 12 J.): 29,50 €
Kinder (4 – 11 J.): 25,50 €
Kinder (0 – 3 J.): frei
Senioren (ab 60 J.): 25,50 €
Parken: frei

Öffnungszeiten
19.03. – 06.11.2016
9 – 18 Uhr
An Wochenenden, Ferien-/Feiertagen ist öfter mal länger, in der Nebensaison teilweise kürzer geöffnet.

Gastronomie
Nicht nur verschiedene Snack-Restaurants, sondern vor allem das „Gasthaus zur Altweibermühle" mit Tischbedienung laden zum gemütlichen Schmausen ein: Genießen Sie typisch schwäbische Gerichte sowie leckere Kuchen- und Kaffeespezialitäten. Außerdem gibt es eine beachtliche Auswahl an Weinen, die während einer Weinprobe im Vinarium gekostet werden können.

Events
Bei den Pyro Games (06.08.) zaubern Feuerwerkprofis passend zur Musik tausende Effekte ans Firmament. Die Schaurigen Altweibernächte (07. + 08.10., 14. + 15.10.) versprechen gruselige Stimmung auf Schwäbisch und unheimlichen Fahrspaß bis 21 Uhr.

Neu 2016
Der Wartebereich der Katapultachterbahn »Karacho« wurde fertig gestaltet und ein neues Themenrestaurant „Zur Werksküche" im Stil eines alten Fabrikgebäudes mit Tagungsmöglichkeit „Tüftlerstätte" steht nun zur Verfügung.

Einen Freizeitpark macht mehr aus als nur die Summe seiner Attraktionen oder der Dekorationen und Geschichten, die hinter ihm stehen. Mit seiner ganz eigenen Art Humor bietet der Erlebnispark Tripsdrill das perfekte Ausflugsziel für die ganze Familie.

Schon über 85 Jahre geht die Geschichte des Parks zurück: Es war im Jahr 1929, als der Gastwirt Eugen Fischer auf die findige Idee kam, den Menschen die sagenumwobene »Altweibermühle« zu präsentieren, die diese schon lange suchten. Er baute sie schlicht selbst, als Attraktion und Anziehungspunkt für seine Gartenwirtschaft – und legte damit den Grundstein für den heutigen Park. Nach und nach wuchs der Erlebnispark Tripsdrill sowohl in der Größe als auch im Angebot ausgefallener Attraktionsideen, die einem oft schon vor der Fahrt ein Lächeln verpassen.

Viele Attraktionsnamen wie das »Seifenkisten-Rennen« oder die »Badewannen-Fahrt zum Jungbrunnen« lassen erkennen, was einen erwartet. Doch vor Ort entdeckt man am besten selbst, was hinter dem »Fensterln«, der »Hochzeitsreise« oder der »Gugelhupf-Gaudi-Tour« steckt! Auf keinen Fall versäumen sollte man die wunderschön gestaltete „Dorfstraße" mit dem interaktiven »Maibaum«, der einen schönen Überblick über die angrenzenden Bereiche bietet.

Ab geht's mit Karacho

Auch wenn man sich dank der liebevollen Gestaltung, die sich eng in die historische Umgebung einfügt, oft in einem Freilichtmuseum wähnt – topmoderne Attraktionen gibt es in reicher Zahl. Seien es die doppelten Freifalltürme namens »Doppelter Donnerbalken«, die rasante Achterbahn »G'sengte Sau«, die sich mit der bereits erwähnten »Badewannen-Fahrt zum Jungbrunnen« die „Burg Rauhe Klinge" als Kulisse teilt, oder natürlich die Riesenachterbahn »Mammut«.

Letztere stellt sich als rasante Holzachterbahn der Spitzenklasse vor, die selbst im internationalen Vergleich zu den beliebtesten zählt. Mit ihrer Höhe von rund 30 Metern und einer Fahrtgeschwindigkeit von fast 90 Stundenkilometern gehört die Attraktion in atmosphärischer Sägemühlen-Thematisierung zu den absoluten Lieblingen der Parkbesucher. Neben der Familienachterbahn »Rasender Tausendfüßler« macht die spektakuläre Katapult-Achterbahn »Karacho« mit wilden Überschlägen und schnellen Kurvenfahrten den Reigen der Achterbahnen komplett. Über die weltweit einzigartige Streckenführung beschleunigt »Karacho« von 0 auf 100 km/h in 1,6 Sekunden auf 30 Meter Höhe. Etwas ruhiger geht es im »Gaudi-Viertel« in der Dorfstraße zu. Der 1.000 Quadratmeter große Allwetter-Spielebereich bietet Spaß für Groß und Klein: Klettern und Rutschen, Softball-Spiele sowie der »Murmelturm«, der die kleinen Gäste wie ein Jo-Jo acht Meter auf und ab springen lässt. Eine Ausstellung zum Thema Spielzeug komplettiert den Bereich.

Zwei Parks zum Preis von einem

Das Wildparadies Tripsdrill mit rund 40 verschiedenen Tierarten ist im Tripsdriller Tages-Pass bereits enthalten! Etwa 10 Gehminuten vom Erlebnispark entfernt verbirgt sich

Waschzuber-Rafting (Titelbild)
Altweibermühle (u.)

Parkscout-Tipp

Der Eintritt für das Wildparadies Tripsdrill ist bereits im Tripsdriller Tages-Pass für den Erlebnispark enthalten. Mit einem Pendelzug – dem »Schnaufenden Trullaner« – können die Besucher bequem hin und her fahren.

Achterbahnspaß mit Karacho (o.l.) und Mammut (o.r.)
Abenteuerlich mit jeglichem Komfort übernachten (M.r.)
Im Wildparadies Tripsdrill (u.)

eine vielfältige Tier- und Pflanzenwelt. Bären, Polarwölfe und Luchse können bei der Fütterungsrunde mit dem Wildhüter von nahem bestaunt werden. Zahm und zutraulich sind Dam- und Sikawild, die sich in den großzügigen Freigehegen sogar streicheln und füttern lassen. Auf der Falknertribüne finden täglich außer freitags Flugvorführungen mit Geier, Adler, Falke & Co. statt. Abenteuerspielplatz, Walderlebnis- und Barfuß-Pfad laden zu weiteren Erkundungstouren ein.

Weg mit Hunger und Durst

Hunger und Durst zu vertreiben, ist eine Kunst, auf die sich die Schwaben vortrefflich verstehen. Folglich ist man hier damit gut aufgehoben. Zahlreiche lokale und weithin bekannte Spezialitäten abseits der üblichen Hamburger- und Currywurst-Verpflegung werden hier geboten, darunter Selbstverständlichkeiten wie die originalen Maultaschen oder Käsespätzle und Wildspezialitäten aus eigener Haltung. Spätestens hier spürt man deutlich, dass die Wurzeln des Parks gastronomischen Ursprungs sind und geachtet und gepflegt werden. Im hauseigenen Vinarium übrigens kann man nicht nur einiges über den Anbau verschiedener Weinsorten erfahren, sondern auch Wein probieren! Nach der Weinprobe darf man das genutzte Glas als Souvenir behalten. Gleich bei der Katapult-Achterbahn »Karacho« wartet das neue Restaurant „Zur Werksküche" – im Stil eines alten Fabrikgebäudes. Das mit Backsteinen, Klinkern und Stahlträgern ausgestattete Restaurant bietet Platz für insgesamt 300 Gäste, da schmeckt es nicht nur Tüftlern und Testfahrern. Im Obergeschoss wird Arbeit zum Vergnügen, denn hier bietet die „Tüftlerstätte" – ein modern ausgestatteter Tagungsraum – eine ideale Arbeitsatmosphäre für bis zu 120 kreative Köpfe.

Schwäbisch schöne Träume

Ob mitten im Grünen, umgeben von Störchen und Schafen oder hoch oben in den Wipfeln der Bäume – eine Übernachtung im Natur-Resort Tripsdrill ist ein wahres Abenteuer! Direkt vor dem Wildparadies stehen 20 Schäferwagen für bis zu fünf Personen – eine ausgefallene und komfortabel ausgestattete Unterkunft für Familien mit Kindern. Im thematisierten und zentral gelegenen Badehaus wird das Duschen am nächsten Morgen zu einem echten Erlebnis. Mehr als nur ein gemütliches Nest für Familien und Paare – das sind die originellen und hochwertig ausgestatteten Baumhäuser. Aufgrund der großen Nachfrage wurde das Angebot hier ausgebaut und es entstanden weitere, neue Baumhäuser. Buchbar für 2-4 bzw. 5-6 Personen bieten sie alles, was das Herz begehrt: Sanitärbereich mit Dusche und WC, Fußbodenheizung, TV, Kaffeemaschine und kostenloses WLAN. Besonders bei einer oder mehreren Übernachtungen interessant: Besucher des Erlebnisparks erhalten Tickets zu Sonderkonditionen. Inklusive ist der Eintritt in das zugehörige Wildparadies Tripsdrill.

Fazit

Wenn ein Park die perfekte Balance aus Action, Entspannung, Spaß und Unterhaltung bietet, dann ist es der Erlebnispark Tripsdrill. Ein Besuch ist einfach ein Muss!

Großartige Landschaft und tolle Attraktionen

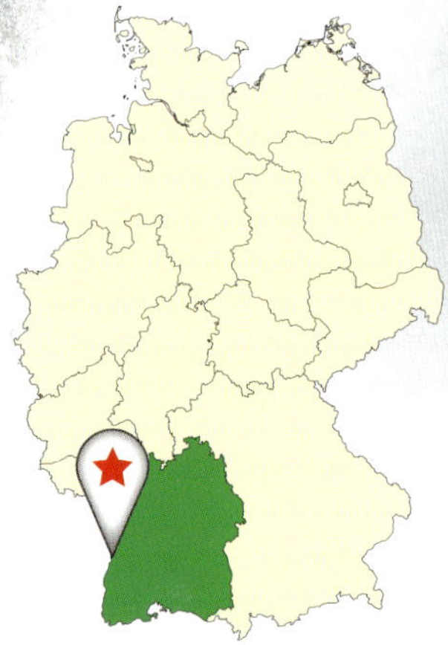

44 Baden-Württemberg

EUROPA-PARK

Wo der Spaß zu Hause ist

Adresse
Europa-Park
Europa-Park-Straße 2
77977 Rust
Tel.: 0 78 22 / 77 66 88
www.europapark.de

Preise
Erwachsene (ab 12 J.): 44,50 €
Kinder (4 – 11 J.): 38,50 €
Kinder (0 – 3 J.): frei
Senioren (ab 60 J.): 38,50 €
In der Wintersaison gelten reduzierte Eintrittspreise.
Parken: 5,00 €

Öffnungszeiten
Sommersaison:
19.03. – 06.11.2016
9 – 18 Uhr
Während der Hauptsaison können die Öffnungszeiten verlängert werden.
Wintersaison:
26.11.2016 – 08.01.2017
11 – 19 Uhr

Gastronomie
Genauso international wie die Themenbereiche sind auch die gastronomischen Möglichkeiten: Neben bekanntem Fastfood und gutbürgerlichen deutschen Speisen können Sie unter anderem spanische Tapas, Schweizer Raclette, schwedische Köttbullar und asiatische Spezialitäten probieren.

Neu 2016
Inmitten der Hügel des neuen Themenbereichs Irland entsteht ein idyllisches Fischerörtchen, welches die Besucher zum Verweilen einlädt. Ob auf der Kinderschiffsschaukel „Dancing Dingie", der Kinderachterbahn „Ba-a-a-Express" oder bei der Traktorfahrt „Old Mac Donald's Tractor Fun", in der märchenhaften Oase ist für die ganze Familie etwas dabei. Mit einer echten Achterbahn durch digitale Welten fliegen und in die virtuelle Realität abtauchen: Neben dem „Alpenexpress Coastiality" mit Ed Euromaus im Österreichischen Themenbereich können Sie dieses Jahr auch auf „Pegasus Coastiality" mithilfe einer VR-Brille durch die schaurig-schöne „Happy Family"-Welt brausen.

Seine Lage in der wohl sonnenreichsten Landschaft Deutschlands hat sicher dazu beigetragen, aus dem Europa-Park nicht nur den bekanntesten, sondern auch bestbesuchten Freizeitpark in Deutschland zu machen, der im letzten Jahr übrigens seinen bereits 40. Geburtstag feierte. Doch natürlich sind es besonders die Attraktionen, Events und aufwendigen Thematisierungen von Park und Hotels, die einen Besuch unvergesslich werden lassen.

Die Reise durch Europa beginnt im Deutschen Themenbereich, in dem es nicht nur verschiedene sehenswerte Shopping- und Speiselokalitäten zu erkunden gibt, sondern auch das »Schloss Balthasar« aus dem Jahre 1517 mit seinem großzügigen historischen Schlosspark. Außerdem kann man im jeweiligen Bahnhof der »Panoramabahn« oder des »EP-Express« zusteigen und eine gemütliche Fahrt durch den Europa-Park antreten. So lassen sich die nächsten Ziele besser planen und auch bequem erreichen.

Bella Italia und Vive la France

Italien lockt hier im Europa-Park nicht nur mit prachtvollen Gebäuden, Pizza und Gelati, sondern auch mit einer schaurig-schönen Geisterbahnfahrt im »Geisterschloss« oder einer luftigen Reise mit der Hochbahn »Volo da Vinci«. Showfreunde kommen im »Teatro dell'Arte« oder beim Programm auf der Freilichtbühne auf ihre Kosten. Mit dem Geruch von frischen Flammkuchen oder Naschwerk aus Boulangerie und Crêperie erkundet man im Französischen Bereich die Themenfahrt »Universum der Energie« oder erhält im Aussichtsturm »Euro-Tower« einen tollen Rundumblick über den Park. Mutige bezwingen die Dunkelachterbahn »Eurosat« in der großen Silberkugel oder die Riesenachterbahn »Silver Star« gleich nebenan. Das 2013 komplett neu gestaltete 4D-Kino »Magic Cinema« zeigt zu den Parköffnungszeiten den neuen Mack Media Film „Happy Family" und abends aktuelle Kinohits.

Berge, Götter und Raumfahrt

Die Achterbahn »Matterhorn-Blitz« und die »Schweizer Bobbahn«, die ihre Fahrgäste im Eiskanal rund um ein uriges Walliser Dorf brettern lässt, finden sich im Themenbereich Schweiz. Einen geographisch großen Sprung macht man ins hier gleich benachbarte Griechenland, das sich den Sagen über die alten Götter widmet. Die Wasserachterbahn »Poseidon«, die Familienachterbahn »Pegasus« und die Illusionsschaukel »Fluch der Kassandra« gehören zu Recht zu den beliebtesten Attraktionen im Park. Abenteurer können sich auf die Suche nach dem verlorenen Inselreich Atlantis wagen. Hoffentlich nicht verloren gehen die Weltraumreisenden auf der Achterbahn »Euro-Mir«, die im russischen Bereich mit drehenden Wagen auf Mission ins All geht. Als Kontrast zum modernen Weltraum sind die Werkstätten der russischen Handwerker und die »Schlittenfahrt Schneeflöckchen« einen Besuch wert. Hungrige können unweit von hier im Achterbahn-Restaurant ihre Speisen durch den »FoodLoop« flitzen sehen. Im gleichen Gebäude startet eine Monorail zur Fahrt über den Park und ist eine Ausstellung zur Parkgeschichte im »Historama« zu bewundern.

Von England ins Märchenland

England ist im Europa-Park keine Insel, sondern bildet mit »Globe Theatre«, »London Bus« und

Atlantica SuperSplash (Titelbild)
blue fire Megacoaster powered by GAZPROM und WODAN Timburcoaster (u.)

Silver Star (l.o.)
ARTHUR – im Königreich der Minimoys (r.o.)
Fjord Rafting (M.)
Euro-Mir (u.)

»Crazy Taxi« die Mitte zwischen Irland mit vielen Kinderattraktionen und dem »Grimms Märchenwald«. Besonders die Heimat der Märchenfiguren wie Hänsel und Gretel wurde in der jüngsten Vergangenheit zum wahren Schmuckstück herausgeputzt. Neben klassischen Szenen sind besonders die »Grimm-Bibliothek« und die Lorenfahrt »Wichtelhausen« ein Riesenspaß für die kleinen Besucher. Gleich nebenan wartet bei »ARTHUR – Im Königreich der Minimoys« nicht nur eine große Themenwelt mit Kinderattraktionen, sondern auch die neueste Themenfahrt des Parks, »ARTHUR«, welche die Besucher in die Welt der gleichnamigen Film-Trilogie des französischen Star-Regisseurs Luc Besson entführt.

Wasser, Drachen und Piraten

Eine ruhige Reise über den See verspricht die »Dschungelfloßfahrt«, während die »Zauberwelt der Diamanten« nebst begehbarer Drachenhöhle als Kulisse für die »Tiroler Wildwasserbahn« und die Achterbahn »Alpenexpress Enzian« fungiert. Ein paar Meter weiter im holländischen Bereich drehen sich nicht nur die Karussellgondeln der »Koffiekopjes«, sondern versuchen auch die »Piraten in Batavia« an das Gold der alten holländischen Kolonie zu kommen. Im Restaurant

»Bamboe Baai« speist man übrigens mitten in der Piratenszenerie.

Skandinavische Energie

Skandinavien und Island liegen im Europa-Park gleich neben dem portugiesischen Bereich mit seiner Wasserfahrt »Atlantica SuperSplash«. Beim »Fjord Rafting« und der großen Schiffschaukel »Vindjammer« ist ebenfalls „Meerespower" angesagt. Nach einem stärkenden Fischbrötchen oder einer großen Mahlzeit im „Fjord Restaurant" geht es dann weiter nach Island. Hier machen neben dem Wasserspaß »Whale Adventures – Northern Lights« vor allem die spektakuläre Abschussachterbahn »blue fire Megacoaster« und die mystische Holzachterbahn »WODAN« das Attraktionsangebot komplett.

Immer was los

Seit einigen Jahren hat sich die Öffnung auch in der kalten Jahreszeit etabliert und übt mit ihrem winterlichen Charme einen ganz eigenen Reiz aus. Hunderte Tannenbäume und viele weihnachtliche Dekorationen verwandeln den Europa-Park in ein bezauberndes Märchenreich. Doch auch andere saisonale Großereignisse, wie zum Beispiel die „Horror Nights" zu Halloween, werden hier präsentiert wie sonst kaum irgendwo in einem Freizeitpark. Zahlreiche weitere große und kleine Festlichkeiten von der SWR3 Halloween-Party bis hin zur Spanischen Feria runden das Potpourri an bunten Aktionen ab. Beim großen Angebot des Europa-Park, das man kaum an einem Tag schaffen kann, verwundert es kaum, dass die zahlreichen Übernachtungsmöglichkeiten, die der Park bietet, sehr gut ausgelastet sind. So stehen thematisierte Hotels im spanischen, italienischen oder neu-englischen Ambiente zur Verfügung. Erholsame Nächte im (luxuriösen) portugiesischen Kloster sind genauso möglich wie Wild-West-Feeling im Indianerzelt oder Gemütlichkeit im eigenen Wohnmobil auf dem parkeigenen Campingplatz.

Fazit

Durch sein großes Angebot an Attraktionen für die ganze Familie ist der Europa-Park ein Top-Ausflugsziel sowohl im Sommer als auch im Winter.

Parkscout-Tipp

Die Wasserachterbahn »Poseidon«, die Achterbahn »Matterhorn-Blitz« und die »Schweizer Bobbahn« haben meist die längsten Schlangen, daher sollten Sie diese Attraktionen schon gleich morgens ansteuern.

Poseidon – Wasser- und Achterbahn in einem

45 Baden-Württemberg

BADEPARADIES SCHWARZWALD

Entspannung unter Palmen, Thrill im Galaxy Schwarzwald

Adresse
Badeparadies Schwarzwald
Am Badeparadies 1
79822 Titisee-Neustadt
Tel. 08 00 / 444 43 33
www.badeparadies-schwarzwald.de

Preise
Galaxy
1,5 Stunden: 12,00 €
Tageskarte: 20,00 €
Palmenoase (inkl. Galaxy Schwarzwald)
1,5 Stunden: 15,00 €
Tageskarte: 23,00 €
Wellnessoase (nur buchbar mit Palmenoase)
1,5 Stunden: +4,00 €
Tageskarte: +4,00 €

Öffnungszeiten
Ganzjährig täglich geöffnet
10 – 22 Uhr
In den Ferien eine Stunde früher, freitags eine Stunde länger geöffnet. Das Galaxy ist Mo-Fr außerhalb der Ferien, Wochenenden und Feiertagen erst ab 14 Uhr geöffnet.

Gastronomie
Imbiss-Klassiker erwarten die Gäste im „Galaxy Snack". Cocktails und Softdrinks werden an der Pool-Bar serviert, das Restaurant „Palm Garden" bietet vom exotischen Salat über Pasta bis hin zu deftigen Fleischgerichten eine ausgewogene kulinarische Fülle.

Neu 2016
Abenteuerlicher Außenbereich beim „Galaxy Relax" mit Wasserspielen und Spielgeräten, die Spaß und Action versprechen. 140 geräumige Familienumkleiden werden das Umziehen mit Kindern im Galaxy Schwarzwald erleichtern. Außerdem haben die Bauarbeiten zur größten Erweiterung im Badeparadies Schwarzwald, dem „Palais Vital", einer Spa- und Vitalwelt der Superlative, begonnen.

Palmenoase (Titelbild)

In der direkten Umgebung des bekannten Titisees liegt im Landkreis Breisgau-Hochschwarzwald das Badeparadies Schwarzwald. Seit 2010 erfreut sich das hochmoderne Erlebnisbad allergrößter Beliebtheit.

Erholung unter Palmen

Die „Palmenoase" bildet das Herzstück der Erlebniswelt (ab 16 Jahren), Kinder bis einschließlich 3 Jahre haben freien Zutritt. Bei tropisch warmen Wassertemperaturen darf man hier unter rund 200 Palmen allerbestens entspannen. Die gläserne Bauart lässt den Blick nach draußen wandern. Bei gutem Wetter kann der Himmel und die Sonne sogar durch das geöffnete Dach genossen werden.

Entspannen steht zu jeder Zeit auf dem Programm: Sprudelliegen, Whirlpools, Massage- und Nackendüsen lassen die Muskulatur lockerer werden. Die Poolbar verspricht interessante Gespräche bei leckeren Cocktails. Wohltuenden Genuss erfährt man auf den Wärmeliegen und im Textil-Dampfbad „Schwarzwaldnebel", aber vor allem in den verschiedenen Mineralbecken der „Quellen der Gesundheit". Heilend und reinigend wirkt dabei die Tote-Meer-Sole. Die beiden Lithium-Calcium-Becken spenden neue Kraft für Körper, Geist und Seele. Im Außenbereich locken ein Natursee, Stege und Liegewiesen.

Wellness mal vier

Gleich vier thematisierte Saunen stehen dem Gast in der „Wellnessoase" in der 1. Etage zur Verfügung. Hier verwöhnen regelmäßige Spezialaufgüsse Körper und Geist – beides kann man anschließend im hochwertig ausgestatteten Ruhebereich entspannen. Passend dazu gibt es eine exklusive Vital-Poolbar.

Action im Galaxy Schwarzwald

Passend für Kinder, Jugendliche und erlebnishungrige Erwachsene wird es im „Galaxy Schwarzwald" – hier darf nach Lust und Laune in Wellen geschwommen, von Höhen gesprungen und vor allem über die vielfältigsten Wasserrutschen hinuntergesaust werden. Dabei wurde an jedes Alter und jeden Mut gedacht: von kind- und familienfreundlich über actionreich bis hin zu extrem schraubt sich der adrenalinfördernde Rutschenspaß. Das sogenannte „Galaxy Relax" gliedert sich direkt an den Actionbereich, hier kann nun auch die gesamte Familie gemeinsam unter Palmen zur Ruhe kommen.

Parkscout-Tipp

Thementage, Saunanächte, Kino im Bad – im Badeparadies Schwarzwald ist eigentlich fast immer was los. Am einfachsten informieren Sie sich vor einem Besuch auf der Homepage des Erlebnisbads.

Dachterrasse des Sauna-Bereichs (o.)
Rutschenspaß im Galaxy Schwarzwald (u.)

46 Bayern

TIERPARK HELLABRUNN

Auf ins Abenteuer!

Adresse
Münchener Tierpark
Hellabrunn AG
Tierparkstraße 30
81543 München
Tel.: 0 89 / 62 50 80
www.hellabrunn.de

Preise
Erwachsene (ab 15 J.): 14,00 €
Kinder (4 – 14 J.): 5,00 €
Kinder (0 – 3 J.): frei
Schüler / Studenten / Zivis: 10,00 €
Senioren (ab 65 J.): 10,00 €
Parken: 4,00 €

Öffnungszeiten
Ganzjährig täglich geöffnet
April – Okober: 9 – 18 Uhr
November – März: 9 – 17 Uhr

Gastronomie
Das große Selbstbedienungsrestaurant im Tierpark Hellabrunn bietet nicht nur bayrische und internationale Speisen, sondern zudem einen idyllischen Biergarten in unmittelbarer Nähe zu Spielplatz und Streichelzoo. Außerdem warten eine Pizzeria, Cafés und mehrere Kioske auf hungrige Besucher.

Neu 2016
Im Sommer 2016 wird das vor mehr als 100 Jahren im byzantinischen Stil erbaute, denkmalgeschützte Elefantenhaus nach einer umfassenden Restaurierung wiedereröffnet. Das architektonische Wahrzeichen von Hellabrunn wurde 1914 vom Münchner Architekten Emanuel von Seidl erbaut.
Im Zuge der Schärfung des Geozoo-Konzepts und einer Modernisierung der Tieranlagen wird die Hellabrunner Polarwelt in ein Tierparadies nicht nur für Eisbären, verschiedene Pinguinarten und Mähnenrobben, sondern auch für Polarfüchse, Vielfraße und Schneeeulen umgebaut. Im Jahr 2017 soll die Eröffnung stattfinden.

Mähnenrobbe mit Jungtier (Titelbild)

Mitten im Herzen der Weltstadt München idyllisch an der Isar gelegen, und doch weit weg vom Trubel des städtischen Alltags: Im Münchner Tierpark Hellabrunn können Besucher in die faszinierende Welt von 750 Tierarten aus aller Welt eintauchen.

Das 40 Hektar große Naturparadies im Landschaftsschutzgebiet der Isarauen bietet beeindruckende Erlebnisse für große und kleine Tierliebhaber: Asiatische Elefanten, Kängurus, Schimpansen, Seychellen-Riesenschildkröten, Elche oder Löwen – hier können Gäste mehr als 750 exotische und heimische Tierarten entdecken und näher kennen lernen. Von tauchenden Pinguinen oder neugierigen Giraffen, spielenden Eisbären oder Gorillas trennen die Besucher nur Glasscheiben. Da sind unvergessliche, (fast) hautnahe Begegnungen garantiert. Der 1911 gegründete Münchner Tierpark Hellabrunn zählt zu den renommiertesten wissenschaftlich geführten Zoos Europas. Jährlich besuchen ihn rund zwei Millionen Menschen.

Hellabrunn wird der erste „Geozoo der Biodiversität"

Seit 1928 leben im Münchner Tierpark die Tiere nach Kontinenten geordnet. Die Idee des Geozoos war geboren – und wurde als erfolgreiches Zoo-Konzept in den vergangenen Jahrzehnten weltweit kopiert. Ein Spaziergang durch Hellabrunn ähnelt einer Reise durch spannende Tierwelten vom Polar nach Afrika, von Europa nach Asien und von Amerika nach Australien. In natürlichen Lebensgemeinschaften bewohnen Hellabrunns Tiere, ganz wie ihre Artgenossen in der natürlichen Heimat, gemeinsam oder in direkter Nachbarschaft großzügige Anlagen. In der afrikanischen Giraffensavanne beispielsweise leben auf 10.000 Quadratmetern Netzgiraffen, Erdmännchen und Stachelschweine.

Das Konzept des Geozoos wird zukünftig in Hellabrunn noch stringenter verfolgt werden. Der Masterplan, der im März 2016 vorgestellt wurde, sieht außerdem vor, Hellabrunn zum ersten „Geozoo der Biodiversität" weiter zu entwickeln. Die Themen Vielfalt und Nachhaltigkeit werden dabei zentrale Rollen spielen. Ein Besuch in Hellabrunn soll eine spannende, interaktive, unterhaltsame und zugleich nachhaltige Reise durch die Kontinente sein. Die Tieranlagen werden naturnah gestaltet und dem Herkunftsland der Tiere nachgebildet.

Hellabrunn bietet eine Fülle von Tiershows, in denen die tierischen Bewohner Hellabrunns ihre faszinierenden Fähigkeiten zeigen und die Tierpfleger Wissenswertes über sie erzählen. Elefanten- und Greifvogelshow, Tiger- und Eisbären-Talk, Seelöwen-Training und Tierspaziergang sind nur einige der Angebote, die Klein und Groß begeistern.

Die jüngsten Besucher kommen im Kindertierpark mit angeschlossenem Abenteuerspielplatz und dem Streichelzoo voll auf ihre Kosten. Im Familiencafé »Rhino« können Eltern gemütlich Kaffee trinken, während ihr Nachwuchs auf dem kleinkindgerechten Spielplatz daneben ausgiebig toben kann.

Löwen (l.M.)
Bei den Eselspinguinen (l.u.)
Elefanten (u.)

HOTEL
VICTORY

THERME ERDING

47 Bayern

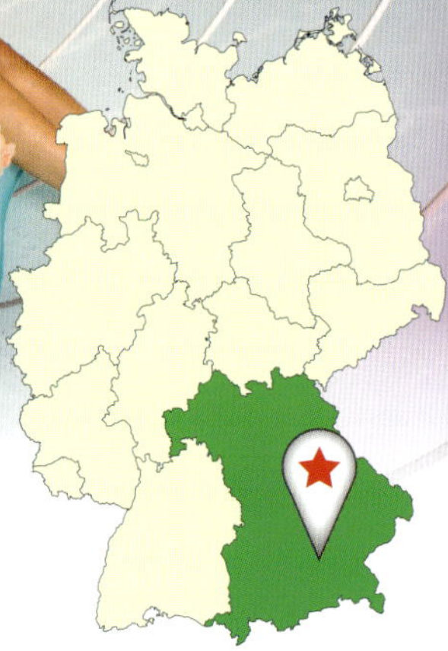

THERME ERDING

Eine (Bäder-)Welt für sich

Adresse
THERME ERDING
Thermenallee 1 – 5
85435 Erding
Tel.: 0 81 22 / 550 20 03
www.therme-erding.de

Preise
Tageskarte Thermen-Paradies (inkl. GALAXY):
Erwachsene / Kinder: 31,00 € (35 € an Samstagen, Sonntagen und bayr. Feiertagen)
Kinder (0 – 3 J.): frei
Übertritt ins Sauna-Paradies (inkl. VitalOase): 12,00 €
Parken: frei

Öffnungszeiten
Thermen- und Saunaparadies:
Montag – Freitag: 10 – 23 Uhr
Wochenende / Feiertage: 9 – 23 Uhr
GALAXY:
Montag – Donnerstag: 14 – 21 Uhr
Freitag: 14 – 23 Uhr
Samstag und innerhalb der Schulferien: 9 – 23 Uhr
Sonntag: 9 – 21 Uhr

Gastronomie
19 verschiedene Bars und Restaurants stehen den Besuchern zur Verfügung. Das Angebot reicht dabei von erlesenen Speisen im Gourmetrestaurant „Empire" bis hin zu einfachen Snacks an der „GALAXY Snackbar".

Events
An jedem 1. und 3. Samstag im Monat (von April bis September) kann die Sauna bis 1 Uhr genutzt werden. Passend zum jeweiligen Themenmonat werden Spezialaufgüsse, musikalische Unterhaltung und ein Rahmenprogramm geboten.

Neu 2016
Mit den drei neuen Alm Chalets erleben die Gäste urige Hüttenatmosphäre in der Rutschenwelt der THERME ERDING.

26 Rutschen, 30 Themen-Saunen und Dampfbäder, 185.000 Quadratmeter – die THERME ERDING ist in Sachen Abwechslung kaum zu überbieten. In sieben Urlaubsparadiesen verwöhnt sie Rutschenfans, Saunagänger und Gesundheitsbewusste gleichermaßen mit einmaliger Vielfalt. GALAXY, VitalOase, Thermen-Paradies und Sauna-Paradies lassen etwa 4.000 Besucher täglich den Weg in die altbayerische Herzogstadt finden.

Wellness in Thermen-Paradies und Vital-Oase

Alles begann im Jahr 1983 mit der Entdeckung der fluorid- und schwefelhaltigen Aredo-Quelle, deren Wasser seit Eröffnung der Therme im Jahr 1999 alle Becken mit Ausnahme des Kinderpools speist. Die Quelle befindet sich heute unter der Glaspyramide im Außenbereich der VitalOase, wo den Gästen seit 2008 ein Gesundheitsbereich mit verschiedenen Vital-Quellen zur Verfügung steht. Verschiedene Ruheräume laden nach dem Bad in den Quellen zum Entspannen ein: In der »Bali Lounge« beispielsweise können die Gäste auf Rattanliegen relaxen, während im »Bali Garden« die Sonnenterrasse zum Ruhen einlädt. Wer noch mehr Erholung sucht, wird bei den vielfältigen Massageangeboten, die man sowohl in der VitalOase als auch im Bereich Vitaltherme & Saunen nutzen kann, garantiert fündig. Ein Verwöhnerlebnis der Extraklasse erwartet die Besucher im Royal Day Spa: In exklusiven Suiten lockt ein umfangreiches Massage- und Beautyprogramm.

Gesundheit und Wohlbefinden stehen auch im Thermen-Paradies im Vordergrund. Neben einem Thermalpool mit Außenbecken und einem Thermengarten können die Gäste hier verschiedene Anwendungen nutzen. Ein Beispiel hierfür ist der Aufenthalt in der »Kristallsalzstube«. Hier strahlen die Wände aus Himalaya-Salzstein eine einzigartige Atmosphäre aus und die Ultraschallverneblung sorgt für feinsten Solenebel, der die Atemwege reinigt und die Haut pflegt. Wer nicht nur seinem Körper, sondern auch seiner Seele etwas Gutes tun möchte, kann hier darüber hinaus die Farb- und Lichttherapie nutzen und erfahren, wie sich verschiedene Farbtöne auf das innere Wohlbefinden auswirken. Im Thermen-Paradies, oder genauer gesagt darüber, findet sich aber auch das Wahrzeichen der THERME ERDING: die riesige Glaskuppel mit einem Durchmesser von 56 Metern, die etwa 2.500 Quadratmeter der Innenfläche überspannt. Bei schönem Wetter kann sie zum Teil geöffnet werden und ermöglicht so ein einmaliges Thermal-Erlebnis unter freiem Himmel.

Entspanntes Schwitzen im Sauna-Paradies

Sehr entspannt geht es im Saunabereich zu – auch dieser ist mit 25 verschiedenen Themen-Saunen eine Welt für sich. Da wäre beispielsweise die »Backstube«, eine 60 Grad Celsius warme Schwitzkammer, in der die Gäste bei der „Backe Backe Brötchen"-Zeremonie nicht nur den Duft frischer Backwaren genießen, sondern ihre eigenen Semmeln backen können. Schwitzen wie ein Römer ist dagegen in »Tepidarium«, »Calidarium« und »Laconium« angesagt, drei unterschiedlich temperierten Saunen in der »Römischen Villa«. Wer noch weiter in der Geschichte zurückreisen will, lässt seinem Schweiß

Rutschen für die ganze Familie (Titelbild)
Pool in der VitalOase (u.)

Eine der 30 thematisierten Saunen- und Dampfbäder (o.)
Reifenrutsche (M.)
Zwei der 26 Rutschen (u.)

in der »Keltenthron-Sauna« bei angenehmen 80 Grad Celsius seinen Lauf. Im Bereich des keltischen »Stonehenge«, der mit 30 tonnenschweren Blöcken aus italienischem Vulkangestein seinem britischen Vorbild nachempfunden wurde, findet sich außerdem die »Firmamentwarte«, die den Besuchern bei 55 Grad einen Blick auf einen malerischen Sternenhimmel inklusive Kometen, Sonnenfinsternis und Meteoriten garantiert.

Action im GALAXY

Die größte Anziehungskraft dürfte allerdings das 2007 eröffnete GALAXY ERDING ausüben, ein Rutschenparadies, das diesem Namen wirklich Ehre macht. Schon Kinder ab drei Jahren können auf den Slides im „Family Level" altersgerechten Rutschenspaß genießen. Im November 2011 wurden unter dem Motto „Sonne,

Parkscout-Tipps

Die THERME ERDING ist weitestgehend ebenerdig und kann somit auch von Rollstuhlfahrern problemlos genutzt werden. Zudem stehen behindertengerechte WCs und eine Duschmöglichkeit mit „Duschrollstuhl" bereit.

Besucher der Therme benötigen kein Bargeld, da sämtliche Ausgaben auf den Chip des Umkleideschlüssels gebucht werden. Beim Verlassen des Bades können die in Anspruch genommenen Leistungen bequem bar oder per EC-Karte bezahlt werden.

Kinder von 0 bis 15 Jahren können von den Vorteilen einer kostenlosen Mitgliedschaft im „Kids Club" profitieren. Nach der Anmeldung warten bei jeder Kids-Club-Veranstaltung kleine Überraschungen, außerdem erhalten die Kinder mehrmals im Jahr einen Newsletter sowie eine zwei Wochen lang gültige Tageskarte zu ihrem Geburtstag.

Mond und Sterne" gleich drei weitere Rutschen für die Kleinsten eröffnet, die das Angebot im „Family Level" auf insgesamt sieben Rutschen erhöhen. Für die größeren Gäste wird es dagegen im „Action Level" interessant: Insgesamt 16 Slides sorgen hier für reichlich Action. Zu den absoluten Highlights gehören dabei die beiden Formel-1-Rutschen »Speed Racer Red« und »Speed Racer Yellow«, auf denen die Gäste dank eines Race-Guide-Systems in packenden Duellen gegeneinander antreten können. Noch mehr Adrenalin wird nur auf den drei Rutschen des „X-treme Levels" freigesetzt, bei denen freier Fall, Highspeed und Abheben an der Tagesordnung sind.

Besucher, die das Angebot der THERME ERDING an mehreren Tagen nutzen möchten, können im Victory Hotel direkt in der Therme nächtigen: Der Nachbau des legendären Schiffes HMS Victory liegt in einer traumhaften Palmenlagune vor Anker, direkt vor einem venezianischen Palazzo.

Fazit

Die THERME ERDING steht mit ihren unterschiedlichen Themenbereichen für Vielfalt pur. Egal, ob man seine Gesundheit mit einem Bad im Thermalwasser oder einem Saunagang fördern möchte, Entspannung bei einer Massage sucht oder mit der ganzen Familie einen abwechslungsreichen Tag im Erlebnisbad verbringen möchte – in Erding ist jeder an der richtigen Adresse.

Übernachten im Victory Hotel

48 Bayern

SKYLINE PARK

Gut und günstig

Adresse
Skyline Park
Im Hartfeld 1
86825 Bad Wörishofen
Tel.: 0 82 45 / 966 90
www.skylinepark.de

Preise
Erwachsene (ab 1,50m): 26,00 €
Kinder (1,10m – 1,50m): 20,00 €
Kinder (unter 1,10m): frei
Senioren (ab 60 J.): 16,00 €
Parken: frei

Öffnungszeiten
19.03. – 06.11.2016
Im März, April, Mai, September und Oktober ist der Park an einigen Tagen geschlossen.
9 – 18 Uhr
An manchen Wochentagen außerhalb der Hauptsaison schließt der Park bereits um 17 Uhr.

Gastronomie
„Löwi's Restaurant", ein SB-Restaurant in der Nähe des Eingangs, und acht verschiedene, überall im Park verteilte Imbissstände bieten sowohl deftige Speisen als auch süße Leckereien zu wirklich günstigen Preisen an.

Neu 2016
»Sky Dragster«: So heißt die neueste Achterbahn des Parks, die noch in diesem Jahr öffnen und der stärkste Motorbike-Coaster der Welt werden soll.

Der perfekte Park für die ganze Familie (Titelbild)

Der Skyline Park im Allgäu gehört sicherlich zu den eher regional bekannten Freizeitparks in Deutschland, bietet seinen Besuchern allerdings trotzdem ein Attraktions-Portfolio, das sowohl bei Jugendlichen als auch bei Familien mit Kindern vollauf überzeugen kann.
Zunächst wären da natürlich die vier Achterbahnen zu nennen, von denen das »Sky Wheel« einen immensen Adrenalinschub verspricht, wenn man sich denn auf die knapp 47 Meter hohe Konstruktion traut. Hierbei handelt es sich um eine vertikale Rundstrecke, bei der es am höchsten Punkt der Bahn zwei Inversionen gibt, die langsam ohne Schulterbügel durchfahren werden. Nicht ganz so extrem fallen die drei anderen Anlagen des Skyline Park aus: Im »Sky Rider« fährt man unter der Schiene hängend relativ gemächlich Richtung Erde, während es sich bei »Achterbahn« um eine klassische Wildcat aus den 1960er Jahren handelt, die früher auf Volksfesten tourte. Der im Jahre 2013 errichtete »Sky Spin«, ein rund 16 Meter hoher Spinning Coaster, rundet das Angebot hier ab.

Nervenkitzel pur für die Hartgesottenen gibt es dann eher bei »Sky Circle«, einem 40 Meter hohen Propellerkarussell, oder bei dem »Sky Shot«, einer Bungee-Kugel, die ihre Gäste bis zu 90 Meter hoch in die Luft katapultiert. Auch die übrigens im Eintrittspreis inkludierten »Sky Karts« sorgen für Spannung, wenn man auf den 40 Stundenkilometer schnellen Rennwagen über die 220 Meter lange Strecke donnert.

Eher für die ganze Familie sind die zahlreichen Wasserattraktionen des Parks gedacht. Hier geht es im »Sky Rafting« in Rundbooten, die sich je nach Beladung recht schnell drehen können, durch rasante Stromschnellen oder bei einer Wildwasserbahn rund 14 Meter in die Tiefe. »Wasser Scooter«, der interaktive »Water Splash«, »Nautic Jet« oder auch ein Spaßbad mit Wasserrutschen, Liegewiese und Schwimmbecken, welches sich mitten im Park befindet, laden zur Erfrischung an heißen Sommertagen ein. Zahlreiche Fahrgeschäfte vom kleineren Freifallturm über ein großes Riesenrad bis hin zum »Bob Racing« sorgen dafür, dass möglichst vieles zusammen mit der ganzen Familie erlebt werden kann.

Angebot für Kinder

Spezielle Attraktionen, die nur für die Kleineren gedacht sind, runden das Angebot passend ab.

Der Nachwuchs darf ausgelassen auf Trampolinen hüpfen, mit Baggern durch eine Baustelle fahren oder in einem Streichelzoo Kontakt mit den tierischen Bewohnern des Parks aufnehmen. Dass Familienfreundlichkeit hier großgeschrieben wird, kann man übrigens auch deutlich an dem gastronomischen Angebot sehen, das mit seinen Preisen in Deutschland konkurrenzlos sein dürfte: Wo sonst kann man noch für einen einzigen Euro ein ganzes Frühstück bekommen mit Brötchen, Butter, Marmelade, Frühstücksei und einer Tasse Kaffee?

Der Skyline Park bietet somit eine ausgewogene Mischung für die ganze Familie mit einem ausgezeichneten Preis-Leistungs-Verhältnis und empfiehlt sich als kleiner Geheimtipp bei einem Urlaub in der Nähe.

Sky Wheel (o.)
Sky Jet (u.)

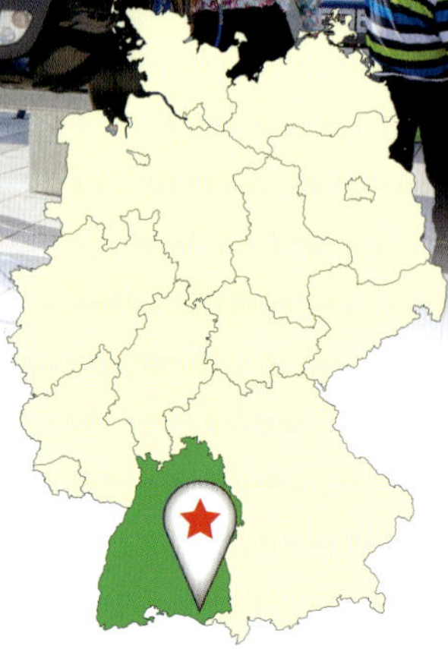

49 Baden-Württemberg

RAVENSBURGER SPIELELAND

Der Name ist Programm

Adresse
Ravensburger Freizeit und Promotion GmbH
Am Hangenwald 1
88074 Meckenbeuren/Bodensee
Tel.: 0 75 42 / 40 00
www.spieleland.de / www.spieleland-feriendorf.de

Preise
Erwachsene (ab 15 J.): 30,50 €
Kinder (3 – 14 J.): 28,50 €
Kinder (0 – 2 J.): frei
Senioren (ab 60 J.): 28,50 €
Parken: 5,00 €

Öffnungszeiten
19.03. – 06.11.2016
Der Park ist im April, Mai, Juni, September und Oktober an einzelnen Wochentagen geschlossen.
10 – 18 Uhr
Alle Themenbereiche außer der „Grünen Oase" schließen eine Stunde früher. In den Sommerferien (Ba-Wü) gelten verlängerte Öffnungszeiten bis 19 Uhr.

Gastronomie
Für den Fall, dass während der ganzen Aktivitäten mal der Magen knurrt, hat das Ravensburger Spieleland natürlich vorgesorgt: Drei Restaurants sowie mehrere Snackstände bieten eine reichhaltige Auswahl verschiedener Speisen. Dabei wurde darauf geachtet, neben dem üblichen Fast Food auch gesunde Gerichte mit Zutaten aus der näheren Umgebung anzubieten – nach dem Motto „Regional, frisch, gesund".

Neu 2016
Am 1. Juli eröffnet das Ravensburger Spieleland Feriendorf. Dazu gibt's neue Shows auf der Waldbühne und im Showzelt und einen neuen Film im 4D-Kino sowie im Maus Kino. Die »Bosch Car Service Werkstattwelt« mit Räderwechsel im Mitmachland wird Kids und Co. genauso unterhalten wie das »Basketball mit der Maus« in der Maus und Elefant Erlebniswelt.

Neu: Bosch Car Service (Titelbild)

Mögen Sie Brettspiele? Dann verlegen Sie Ihren Spiele-Nachmittag doch einmal in das Ravensburger Spieleland und erleben Sie Klassiker wie „Das Verrückte Labyrinth", „Memory" oder „Max Mäuseschreck" mal auf ganz andere Art. Aber nicht nur die bekannten Spiele und Puzzles vom Ravensburger Spieleverlag, auch andere tolle Erlebnisse warten in den acht Themenwelten mit ihren über 70 unterschiedlichen Attraktionen auf Jung und Alt.

Direkt hinter dem Eingang werden die Besucher in der „Grünen Oase" empfangen, die schon einiges zu bieten hat: Mit dem Trecker über die Äcker fahren, im Streichelzoo Esel und Schweine beobachten, auf einem Rodeo oder einer Pferdereitbahn Spaß haben sowie sich im Heustadel oder auf dem riesigen Hüpfkissen austoben – schöner kann ein Urlaub auf dem Bauernhof kaum sein! Sogar die eigene Begabung fürs Melken kann man an einer fast echten Kuh ausprobieren. In der „Grünen Oase" befindet sich auch der Bahnhof der »Schwäbischen Eisenbahn«. Die 10minütige Fahrt eignet sich hervorragend, um sich einen ersten Eindruck vom Park zu verschaffen und einen Blick auf die weiteren sieben Themenbereiche zu werfen.

Altbekannte TV-Lieblinge

Schon recht bald entdeckt man auch bekannte Gesichter, denn wer kennt nicht die beiden Füchse Fix & Foxi, Professor Knox, Lupo oder Lupinchen?! Genau wie in den Comics von Rolf Kauka ist auch im „Fix&Foxi-Abenteuerland" eine Menge Action angesagt. Eine 60 Meter lange Schlauchboot-Wasserrutsche verspricht ein spritziges Vergnügen, während zehn Original-Komatsu-Bagger die kleinen Baggerführer zum fleißigen Schaufeln in die Kiesgrube einladen. Ein besonderes Highlight ist übrigens der »Fix&Foxi-Raketenblitz«, eine 500 Meter lange Bobkartbahn mit rasanten Kurven, bei der die Fahrgäste die Geschwindigkeit selbst bestimmen dürfen. Bevor Sie zur nächsten Themenwelt ziehen, sollten Sie nicht versäumen, mit Ihren Lieben noch ein witziges Erinnerungsfoto im Oldtimer von Oma Eusebia zu schießen!

Parkscout-Tipps

Sie sollten bei einem Besuch auf keinen Fall versäumen, einen Abstecher ins Schnäppchen-Zelt, in den Schnäppchen-Shop und ins Nici-Outlet zu machen. Dort sind Spiele, Puzzles, Bücher und Plüschtiere zu wirklich günstigen Preisen erhältlich.

Spielelandbesucher erhalten 50% Rabatt beim Eintritt ins Museum Ravensburger in Ravensburg.

Acht Hotels in Ravensburg bieten kostenlose Übernachtungen für Kinder bis 18 Jahren an – auf Wunsch sogar im eigenen Zimmer. Und Stammgäste schließlich sparen mit der Jahreskarte, die zusätzlich zum Eintritt auch noch diverse Vergünstigungen beinhaltet.

Im angrenzenden „Entdeckerland" bietet das »Reka-Abenteuer-Camp« dem Nachwuchs die Möglichkeit, auf 4.500 Quadratmetern nach Herzenslust zu klettern und zu kriechen. Direkt nebenan findet man Wellenrutschen, eine dunkle Tunnelrutsche sowie die 35 Meter langen Freifallrutschen auf der siebenbahnigen Rutschenanlage, die wohl eher nichts für Anfänger ist. Ebenfalls recht turbulent geht es zu auf dem »Alpin-Rafting«, das mit einem 12 Meter hohen Vertikallift, einer anschließenden Schussfahrt sowie einem gefährlich aussehenden Wasserstrudel überrascht, in dem die Rundboote vollständig zu verschwinden scheinen. Trockener, aber nicht weniger aufregend geht es weiter im »4D-Action-Kino« in der „Future World", hinter dem sich ein ausgewachsener Simulator mit aufwendigen Schütteleffekten verbirgt, sowie im »Galaxy Racer«, der sogar schon von den Kleinen selbst durch die Mondlandschaft gesteuert werden darf. Wer es ruhiger mag, kann im Aussichtsturm den herrlichen Blick, der an klaren Tagen sogar bis zu den Schweizer Alpen reicht, genießen oder sich im »Puzzle-Center« auf der Freilichtbühne an kleinen und großen Puzzlen versuchen.

Alpin-Rafting

Spieleklassiker ganz groß

Die „Kunterbunte Spielewelt" präsentiert die schon erwähnten Ravensburger-Brettspiele im XXL-Format. Das eindrucksvollste Beispiel ist sicherlich »Das Verrückte Labyrinth«, in dem man vier Fabelwesen finden und je einen Stempel abholen soll. Möchte der Nachwuchs mal in einem sportlichen Wettkampf gegen die Eltern antreten, eignet sich dafür das »Feuerwehrspiel« recht gut: Muskelkraft und Teamgeist sind nötig, um als Erster die qualmenden Häuser zu löschen. Neben weiteren an Brettspielen orientierten Attraktionen wie »Tempo, kleine Schnecke«, »Das Nilpferd in der Wasserbahn« oder »memory® Flug« hält der Park die Spieleklassiker auch im herkömmlichen Format bereit: Die »Spielegalerie« lädt zum Ausprobieren ein und ist eine tolle Gelegenheit, um an Regentagen dem schlechten Wetter zu entgehen. Dass sich in „Käpt'n Blaubärs Wunderland", welches dem berühmten Lügenbären und seinem Leichtmatrosen Hein Blöd gewidmet ist, alles um Wasser und Meer dreht, ist nicht erstaunlich. So kann man per Tretboot, Paddeltour oder Gummikutter das nasse Element befahren und sich an der Stranddüne im feinen Sand oder im Liegestuhl ausruhen. Absolut sehenswert ist übrigens »Käpt'n Blaubärs Abenteuerfahrt«, eine charmante Themenfahrt, die einen Ohrwurm und so manchen Lacher garantiert.

Das Nilpferd in der Wasserbahn (o.)
Traktorfahrt (M.)
Elefant und Maus (u.)

Hier kommt die Maus

Die „Maus und Elefant Erlebniswelt" bietet neben Sonnenwiese, Kletterparcours und Familien-Freifallturm das »Maus Kino« mit den bekannten „Lach- und Sachgeschichten" sowie dem 3D-Film „Wild Cats". Neu seit 2016 ist auch das »Basketball mit der Maus«. Abwechslungsreich und vielfältig sind die Möglichkeiten im „Mitmachland": Hier kann man in der neuen »Bosch Car Service Werkstattwelt« gemeinsam gegen andere Familien beim Um-die-Wette-Räderwechsel antreten, den Kinder-Führerschein machen, Zirkusluft schnuppern oder Zaubertricks lernen. Der »Wasserwald« lädt mit seinen Flüssen, Schleusen, Schaufelrädern und Spritzdüsen dazu ein, nach Lust und Laune zu

matschen und zu planschen. Naschkatzen sei das »Bunte SchokoHaus von Ritter Sport« ans Herz gelegt, das dazu einlädt, auf drei Etagen einiges über die Geschichte der beliebten Leckerei zu erfahren oder in der »SchokoWerkstatt« eine eigene Schokolade zu kreieren.

Übernachten

Das Ravensburger Spieleland kann man Familien mit Kindern guten Gewissens als Ausflugsziel empfehlen. Während man sich in vielen anderen Freizeitparks oft nur passiv berieseln lassen kann, erhält man in dem sympathischen Spieleland in der Nähe des Bodensees zudem die Gelegenheit, sowohl körperlich als auch geistig aktiv zu werden, spannende Dinge zu lernen und gemeinsam etwas Außergewöhnliches zu erleben. Ab Sommer bietet der Park darüber hinaus mit dem neuen Feriendorf Übernachtungsmöglichkeiten in individuell gestalteten Ferienhäusern und, besonders für kleine Forscher interessant, den »Wieso?Weshalb?Warum?« Forscher-Zelten. Für alle, die ihr Wohnmobil oder den Wohnwagen mitbringen möchten, gibt es 40 Stellplätze. Abgerundet wird das Angebot mit einem zusätzlichen Kino- und Workshopprogramm am Abend, der Spiele-Bibliothek und einem Buffetrestaurant.

Ferienhaus mal ganz anders (o.)
Familien-Freifallturm (M.)
Reka-Alpenschlucht (u.)

50 Baden-Württemberg

BODENSEE-THERME ÜBERLINGEN

Entspannter Badegenuss mit einzigartiger See-Romantik

Adresse
Bodensee-Therme Überlingen
Bahnhofstraße 27
88662 Überlingen
Tel.: 0 75 51 / 30 19 90
www.bodensee-therme.de

Preise
Tageskarte Therme:
Erwachsene (ab 22 J.): 13,00 €
Jugendliche (15 – 21 J.): 11,00 €
Kinder (1m – 14 J.): 8,00 €
Kinder (unter 1m): frei
Parken: 3,00 €

Öffnungszeiten
Ganzjährig täglich geöffnet
Sonntag – Donnerstag: 10 – 22 Uhr
Freitag + Samstag: 10 – 23 Uhr

Gastronomie
Das Thermenrestaurant im Obergeschoss verwöhnt die Besucher nicht nur mit der Aussicht auf den See, sondern auch mit leckeren Kreationen aus der Well-Fit-Küche. Im externen À-la-carte-Restaurant „Aquarius" warten ebenfalls frische und wohlschmeckende Gerichte.

Events
Jeden letzten Freitag im Monat von 22 bis 2 Uhr findet in der Therme die Mitternachtssauna mit Spezialaufgüssen statt. Im Preis von 35 € sind dabei dann neben dem Eintritt auch ein Begrüßungscocktail sowie ein leichtes Buffet mit inbegriffen. Auch die Wellness- und Badelandschaft kann während dieser Zeit hüllenlos genutzt werden.

Neu 2016
Bei Drucklegung dieses Buches waren noch keine Pläne des Bads bezüglich Neuheiten für 2016 bekannt – lassen Sie sich einfach überraschen.

Entspannung am Ufer des Bodensees (Titelbild)
Wohltuende Wassermassage (r.)

Baden, saunieren und entspannen mit traumhaftem Seeblick – das bleibt in der Bodensee-Therme kein Wunschtraum. Die Therme trumpft dabei nicht nur mit ihrer Lage am nördlichen Bodenseeufer auf, sondern bietet sowohl für Erholungssuchende als auch für Bade- und Bewegungshungrige jede Menge einzigartiger Extras.

Rein ins Badevergnügen

Bereits in der Badelandschaft, die aus einem großen Thermal- und Erlebnisbereich mit Innen- und Außenbecken, Kinderlandschaft, einem Wellnessbereich sowie einem Sportbad besteht, haben große und kleine Besucher in der Bodensee-Therme Überlingen die Qual der Wahl. Egal, für welchen Wasserspaß man sich entscheidet, ob Whirlpool, Kneipptretbecken oder Thermalbecken, das absolute Highlight ist dabei der Ausblick auf den Bodensee. So kann man hier, während man im 33 Grad warmen, gesundheitsfördernden Heilwasser weilt, das herrliche Panorama ausgiebig genießen.

Ein großes Vergnügen bietet auch der Kinderpool mit Wasserstauanlagen und Wasserpumpen, der die Kleinen zum Planschen und Toben animiert. Damit die kleinen Badegäste auch beim Duschen im wahrsten Sinne des Wortes nicht zu kurz kommen, gibt es hier spezielle Kinderduschen. Familien- und kindgerecht geht es auch auf der Breitrutsche zu, während die Abfahrt auf der 90 Meter langen Reifenrutsche schon wesentlich rasanter verläuft.

Vielfältige Relaxmöglichkeiten

Ausgleich und Entspannung stehen hingegen im Wellnessbereich auf dem Programm. Hier kann man sich bei meditativen Unterwasserklängen ausruhen oder im Massage- und Beautybereich mit anspruchsvollem Wohlfühl-Programm verwöhnen lassen. Auch in der Saunalandschaft der Therme können es sich die Gäste gut gehen lassen: Hier kann man in der »Japanischen Rosenholzsauna« oder im »Japanischen Dampfbad« ganz nach ostasiatischer Tradition schwitzen. Wer Körper und Geist befreien möchte, ist auch in der »Seesauna« am rechten Platz. Hier lässt es sich nicht nur auf finnische Art saunieren, sondern man kann auch den einmaligen Ausblick auf den Bodensee genießen und im Anschluss im selbigen abtauchen. Danach verspricht ein Aufenthalt im herrlichen Saunagarten – mit traumhaftem Blick auf den See – ein Oasenerlebnis der besonderen Art. Nicht minder romantisch kann man es sich alternativ auch im Ruhehaus vorm Kaminfeuer gemütlich machen.

Die Bodensee-Therme Überlingen überzeugt vor allem durch ihr vielfältiges und gehobenes Thermal- und Wellnessprogramm sowie ihr einzigartiges See-Ambiente. Auch Familien und Fitnessbegeisterte kommen in den verschiedenen Erlebnisbereichen sowie im Sportbad mit Schwimmerbecken und einem umfassenden Angebot an Gesundheitskursen voll und ganz auf ihre Kosten.

Parkscout-Tipps

Die Bodensee-Therme Überlingen bietet zahlreiche Fitnesskurse für unterschiedliche Altersklassen an. Ob Wassergymnastik oder Aquajogging, anspruchsvolles PowerSpezial oder AquaBody Workout – hier findet jeder das passende Sportangebot, um fit zu bleiben.

Im Sommer kann man im angegliederten Strandbad zu einem Sprung ins erfrischende Nass eintauchen oder am Ufer des Bodensees ein Sonnenbad genießen. Das Strandbad hat bei gutem Wetter von 9 bis 20 Uhr geöffnet.

51 Bayern

DONAUBAD WONNEMAR ULM/NEU-ULM

Das Menü für Erlebnishungrige

Adresse
Donaubad Wonnemar
Wiblinger Straße 55
89231 Neu-Ulm
Tel.: 07 31 / 98 59 90
www.wonnemar.de

Preise
Tageskarte Erlebnisbad (ohne Sauna):
Erwachsene (ab 16 J.): 14,50 €
Kinder (5 – 15 J.): 12,50 €
Kombikarte Saunawelt & Erlebnisbad:
Erwachsene (ab 16 J.): 27,90 €
Kinder (5 – 15 J.): 26,90 €
Kinder (0 – 4 J.): frei
Parken: frei

Öffnungszeiten
Ganzjährig täglich geöffnet
Oktober – April:
Sonntag – Donnerstag: 10 – 22 Uhr
Freitag + Samstag: 10 – 23 Uhr
Mai – September:
Sonntag – Donnerstag: 10 – 21 Uhr
Freitag + Samstag: 10 – 22 Uhr

Gastronomie
Hungrige Badegäste finden sowohl im Foyer als auch im Erlebnisbad sowie der Saunawelt ein abwechslungsreiches gastronomisches Angebot. Im Selbstbedienungs-Restaurant „Sunny Beach" können auch Kindergeburtstage gefeiert werden, zu denen auch ein spezielles Programm im Erlebnisbad gehört.

Neu 2016
Bei Drucklegung dieses Buches waren noch keine Pläne des Bads bezüglich Neuheiten für 2016 bekannt – lassen Sie sich einfach überraschen.

Familien-Nass-Spaß (Titelbild)

Als fünftes der bislang sieben Wonnemar-Bäder öffnete das Donaubad Ulm/Neu-Ulm 2011 seine Pforten. Seither können sich die Besucher auch im baden-württembergischen Grenzgebiet verwöhnen lassen. So schnell kann ein Tag in der faszinierenden Wasserwelt vergehen: Mit Spaß, Erholung und Bewegung bietet Wonnemar für jeden etwas. Atemberaubende Rutschanlagen, Strömungskanäle, Wellenbecken oder der große Thermalbereich sind nur einige Beispiele.

Badespaß erleben!

Ob »Black-Hole«, »Crazy-River«, Erlebnis- oder Familien-Rutsche: Bei einer Fahrt im Rutschen-Tower sind Action und Freude garantiert. Für alle Altersstufen sind Rutschen in unterschiedlichen Geschwindigkeiten und Schwierigkeitsgraden vorhanden. Durch die fast unbegrenzten Möglichkeiten der Erlebniswelt werden den Kleinen im »Wonni-Land« Wasserkanone, Spielburg, Rutsche und Wasserspritzen geboten, während die Großen sich im Außenbecken vom Strömungskanal mitreißen lassen können.

Auch im Abenteuer-Wellenbecken kommt schnell Urlaubsfeeling auf. Stündlich werden hier bis zu einem Meter hohe Wellen erzeugt. Daneben gibt es ein Schwimmbecken für Sportler – mit vier Bahnen und einer Länge von 25 Metern steht es unter anderem auch Schul- oder Vereinssportlern zur Verfügung. Zwischendurch kann reichhaltig für den Bärenhunger oder gesundheitsbewusst für das eigene Wohlbefinden im Gastronomiebereich geschlemmt werden. Die große Auswahl an Speisen und Getränken rundet einen außergewöhnlichen Tag ab. Das urlaubsbetonte Ambiente sorgt mit drei verschiedenen Restaurants für besondere Vielfalt.

Entspannung vom Feinsten

Entspannen und genießen lässt es sich im Gesundheitsbad von Wonnemar. Wohltemperierte Thermalbecken im Innen- und Außenbereich laden mit Sprudelliegen und Massagedüsen zum Erholen ein. Danach kann man es sich in einem Dampfbad richtig gut gehen lassen oder eine der unzähligen Saunen testen. Ob Bio-, Vier-Jahreszeiten- oder Münsterblick-Sauna: Die Qual der Wahl besteht aus acht Saunen mit unterschiedlichen Temperaturen und Aufgüssen. Hier kann man die Seele baumeln lassen und fühlt sich danach wie neugeboren. Der Besuch der Saunawelt ist übrigens auch ohne Nutzung des Erlebnisbades möglich.

Wer sich etwas Gutes tun möchte, ist mit dem Wasseranimations-Programm bestens versorgt. Dieses bietet gelenkschonendes Bewegungstraining, das von jedem ausgeführt werden kann. Die Steigerung der Beweglichkeit und Leistungsfähigkeit steht hier im Vordergrund. Die Kraft- und Konditionsübungen kräftigen sowohl die Muskulatur als auch das Herz-Kreislauf-System. Die Vielzahl der Attraktionen in dem Erlebnis- und Sportbad machen jeden Besuch für Groß und Klein zu einem unvergesslichen Erlebnis.

Parkscout-Tipp

Wer nach dem ganzen Wasserspaß noch mehr erleben will, kann im Winter einen Abstecher auf die an das Schwimmbad angeschlossene Eislaufbahn unternehmen. In den Sommermonaten steht außerdem das Freibad zur Verfügung.

Stimmungsvoll beleuchteter Außenbereich

Ein Riesenspaß – nicht nur für Kids (Titelbild)

52 Bayern

LEGOLAND® DEUTSCHLAND RESORT

Stein für Stein Freizeitspaß

Adresse
LEGOLAND Deutschland Resort
LEGOLAND Allee
89312 Günzburg
Tel.: 01 80 / 670 07 57 01
0,20 € pro Anruf, Mobilfunk max.0,60 € pro Anruf
www.legoland.de

Preise
Erwachsene (ab 12 J.): 42,00 €
Kinder (3 – 11 J.): 37,00 €
Kinder (0 – 2 J.): frei
Parken: 6,00 €

Öffnungszeiten
19.03. – 06.11.2016
10 – 18 Uhr
An vielen Wochenenden, im Sommer und bei Sonderveranstaltungen gelten verlängerte Öffnungszeiten.

Gastronomie
Drei Restaurants sowie eine ganze Reihe an Cafés und Snackstationen laden zum Schmausen ein. Dabei findet man natürlich Pommes, Schnitzel und Burger, aber auch Pizza und Pastagerichte sowie Spezialitäten aus dem Wok. Das „City-Restaurant" steht für Frische, Vielfalt und Regionalität.

Events
26.05. bis 29.05. LEGO® STAR WARS™ Tage; 24.06. bis 30.06. Bauaktion – der höchste LEGO Turm der Welt ; 23.07., 30.07., 06.08. und 13.08. Die langen Nächte (Parköffnung bis 22 Uhr); 15.10 bis 31.10. Halloweeks im LEGOLAND.

Neu 2016
Mit den »High Five« haben fünf der höchsten Wolkenkratzer der Welt im LEGOLAND Deutschland Einzug gehalten. Im 4D-Kino LEGO Studios wird der neue Film »The LEGO® Movie™ 4D Ein neues Abenteuer« gezeigt.

Jeder für sich ist klein, aber in der Kombination sind sie riesengroß und aus Kinderzimmern nicht wegzudenken – da weiß jeder sofort Bescheid: Von LEGO® Steinen ist natürlich die Rede. Vom Bauernhof über die Weltraumstation bis hin zum Wolkenkratzer gibt es wohl nichts, was man mit dem kreativen Spielzeug nicht bauen kann. Warum also nicht auch einen ganzen Freizeitpark?

Bekanntes und Sehenswertes

Im MINILAND heißt es, die Welt im Kleinformat zu bestaunen. Die LEGOLAND® Modelldesigner setzten aus über 25 Millionen LEGO Steinen Sehenswürdigkeiten, Landschaften und Städte zusammen. Bekannte Bauten wie das Schloss Neuschwanstein oder der Berliner Reichstag sind hier genauso zu finden wie der Eiffelturm oder die Allianz Arena. Szenen und Kulissen aus Venedig, der Schweiz oder einer schwäbischen Dorflandschaft runden das Gesamtbild ab. Science-Fiction-Fans kommen hier aber ebenso auf ihre Kosten: Auf 140 Quadratmetern können die bekanntesten Szenen der STAR WARS™ Filme und der Animations-Serie STAR WARS: THE CLONE WARS™ bewundert werden – alle aus rund 1,5 Millionen handelsüblichen LEGO Steinen im Maßstab 1:20 nachgebaut. In diesem Jahr zieht mit den »High Five« ein neuer Bereich rund um fünf der höchsten Wolkenkratzer der Welt ein. Allein der Burj Khalifa ist über fünf Meter hoch und ein wahrer Gigant.

Wie entsteht eigentlich so ein LEGO Stein?

Die »LEGO Fabrik« beantwortet auf spannende Weise die Frage nach der Herkunft der bunten Steine. Vom Granulat über den Formgebungsprozess bis hin zur Verpackung der fertigen Bausätze kann hier der Werdegang beobachtet werden. In der »Hyundai LEGOLAND Fahrschule« ganz in der Nähe können Kinder ab sieben Jahren ihren ersten eigenen „Führerschein" machen. Ohne Führerschein, aber mit viel Spaß können sich die Besucher in dem »LEGO Bionicle Power Builder« von Industrierobotern, die ursprünglich aus dem Fahrzeugbau stammen, herumwirbeln lassen.

Und wie war es in der Ritterzeit so?

Vermeintlich ruhiger mutet die Reise ins Mittelalter an. Doch auch im LAND DER RITTER warten große Abenteuer auf die tapferen Recken. Die Burg des »Feuerdrachen« etwa bietet neben ihrer zunächst gemütlichen Themenfahrt durch die LEGO Mittelalterwelt auch eine rasante Achterbahnfahrt, bleibt dabei aber stets familientauglich. Wer sich einen guten Überblick über den Park verschaffen möchte, sollte eine Fahrt mit dem Aussichtsturm im Themenbereich IMAGINATION wagen. Aus 43 Metern Höhe kann man zum Beispiel die verschiedenen Restaurants wie „Pizza Mania!", „STARS Grill House" oder das „Asia Chicken House" entdecken, die die unterschiedlichsten Geschmacksrichtungen bedienen.

Der »Bauspaß in der LEGO City Polizeistation« verlangt von kleinen Baumeistern etwas Geschick beim Bauen, während sich die ganz Kleinen vom »DUPLO Wasserspaß« und dem »DUPLO Spielplatz« begeistern lassen.

Piraten und Abenteurer

Im LAND DER PIRATEN ziehen kleine und große Seefahrer in »Käpt'n Nicks Piratenschlacht«. Schon Kinder ab einem Jahr dürfen mit den

Herzstück des LEGOLAND Deutschland ist das MINILAND

Wasserkanonen der Boote die sieben Weltmeere unsicher machen. Nass kann man auch bei der geheimnisvollen »Dschungel X-pedition« werden, die mit hinter einem Felsmassiv versteckten Wasserfall und unheimlichen LEGO Spinnen aufwartet. Trocken werden die kleinen Forscher dann bei einer ausgiebigen »Safari Tour« im wilden Afrika – oder sie bleiben beim nassen Element und statten imposanten Dinosauriern auf einer »Kanu X-pedition« einen Besuch ab. Wild geht es mit der Achterbahn »LEGO Test Strecke« im Bereich LEGO X-TREME weiter. Im flotten Hin und Her, Auf und Ab brettern die Rennwagen in der Bahn vom Typ „Wilde Maus" über die Piste. Mit den Drachen des Flugkarussells »Flying Ninjago« drehen mutige Flieger in bis zu 22 Metern Höhe ihre Runden und vollführen waghalsige Flugfiguren.

Auch die kleinsten LEGO Fans kommen natürlich nicht zu kurz: Speziell für die jüngsten Besucher bieten eine Zugfahrt mit dem »DUPLO Express«, eine Entdeckertour auf dem »DUPLO Spielplatz« oder besonders an warmen Sommertagen der »DUPLO Wasserspaß« ein tolles Vergnügen.

Familienachterbahn Feuerdrache (o.)
Käpt'n Nicks Piratenschlacht (l.u.)
Flying Ninjago (r.u.)

Beim Übernachten hört der Spaß nicht auf. (o.)

Unterwasserwelten, Events und Shows

Über 2.000 Fische und viele Modelle aus einer Million LEGO Steinen machen »LEGOLAND ATLANTIS by SEA LIFE®« zur Besonderheit. Haien, Rochen und anderen tropischen Fischen kommt man im acht Meter langen Glastunnel unter Wasser besonders nahe. Neben den über 50 Attraktionen, Shows und Workshops im LEGOLAND Deutschland sind auch die zahlreichen Events spannend und unterhaltsam. Ob Klassiker wie die beliebten „Langen Nächte", Halloween und die LEGO STAR WARS Tage oder Aktionen, bei denen die Besucher am höchsten LEGO Turm der Welt mitbauen dürfen: Hier ist immer was los. Weitere Höhepunkte von Musicalevents bis hin zum Saisonabschluss mit Feuerwerk sind auf der Internetseite von LEGOLAND Deutschland zu finden.

Am liebsten möchte man dableiben

Wer sich zum Erleben aller Attraktionen im LEGOLAND Deutschland Resort genügend Zeit lassen möchte oder auch eine längere Anfahrt zum Park hat, kann Unterkünfte aus einer abwechslungsreichen Themenpalette auswählen. Ob in einer der drei imposanten Burgen, ob Rennfahrer-, Piraten- oder Ägypten-Stil: Das LEGOLAND Feriendorf hält für fast jeden Kindertraum das passende Ambiente bereit. Das Feriendorf bietet außerdem ein Bowling-Center, Minigolf, Hochseilgarten und Fußballplatz sowie Restaurants und einen Campingplatz.

Parkscout-Tipp

Schlendern Sie in Ruhe durch alle Shops und Sie entdecken mit Sicherheit das eine oder andere Sonderangebot an hochwertigem Spielzeug oder Merchandise – für LEGO® Freunde ein Paradies.

Fazit

LEGOLAND Deutschland ist ein Park für die ganze Familie, in dem Kinder von 2 bis 12 Jahren die Helden sind und Erwachsene sich in ihre Kindheit zurückversetzt fühlen.

53 Bayern

TIERGARTEN NÜRNBERG

Etabliert seit mehr als 100 Jahren

Adresse
Tiergarten Nürnberg
Am Tiergarten 30
90480 Nürnberg
Tel.: 09 11 / 91 15 45 46
www.tiergarten-nuernberg.de

Preise
Erwachsene (ab 14 J.): 13,50 €
Kinder (4 – 13 J.): 6,50 €
Kinder (0 – 3 J.): frei
Der Eintritt zum Delphinarium ist im Preis enthalten.

Öffnungszeiten
Ganzjährig täglich geöffnet
8 – 19:30 Uhr
Die Tierhäuser schließen 45 Minuten vorher.

Events
Interessierte Besucher können im Tiergarten Nürnberg nach Voranmeldung an speziellen Führungen wie beispielsweise dem „Besuch im Affenhaus" (65 € pro Person, maximal 5 Personen) oder der „Begegnung mit Delphinen" (80 € pro Person, maximal 6 Personen) teilnehmen oder im Workshop „Zoo-Tier-Beschäftigung" (60 € pro Person) erfahren, mit welchen Methoden man Zootiere bei Laune hält. Auch für Kindergeburtstage bietet der Zoo diverse Programmpunkte an.

Gastronomie
Neben dem Café-Restaurant „Waldschänke", welches fränkische Gaumenfreuden bietet, sorgt im Tierpark auch das Bistro „Lagunenblick" oberhalb der Delphinlagune für das leibliche Wohl der Gäste. Jeweils ein Kiosk am Eingang und am Kinderzoo runden das gastronomische Angebot ab.

Neu 2016
Bei Drucklegung dieses Buches waren noch keine Pläne des Zoos bezüglich Neuheiten für 2016 bekannt – lassen Sie sich einfach überraschen.

In der Delphinlagune (Titelbild)

Der Tiergarten Nürnberg wurde am 11. Mai 1912 offiziell eröffnet und gehört seither zu den bekanntesten Ausflugszielen der Stadt und – mit knapp einer Million Besuchern im Jahr – zu den beliebtesten Zoos in Deutschland. Ganz getreu seinem Motto „Tier und Landschaft erleben" bietet der reizvoll angelegte Tierpark mit großzügigen Wald- und Wiesenlandschaften abwechslungsreiche Gehege und tierisch gute Attraktionen.

Neben Giraffen, Bären und Nashörnern beherbergt der Tiergarten Nürnberg insgesamt rund 290 Tierarten. Die meisten Gehege sind dabei insbesondere durch die Felsformationen der ehemaligen Sandsteinbrüche am Schmausenbuck geprägt. So auch beispielsweise das Raubtierhaus, das durch einen Tunnel betreten wird und Amurtiger und Asiatische Löwen beherbergt.

Flipper & Co.

Einer der größten Besuchermagneten ist aber die 2011 eröffnete »Delphinlagune«, die das bereits seit mehr als 40 Jahren bestehende »Delphinarium« ergänzt. Ihre Errichtung war seinerzeit heftig umstritten, vor allem Tierschutzorganisationen forderten das Ende der Delphinhaltung in Zoos. Wie man aber auch immer zu dieser Problematik stehen mag, die Anlage in Nürnberg bietet den Tieren auf jeden Fall einen abwechslungsreicheren Tagesablauf als vorher. Sie können hier zusammen mit Seelöwen unter freiem Himmel schwimmen und „Naturereignisse" wie Regen direkt miterleben. Darüber hinaus sind die Lebensräume hier größer und sehr naturnah gestaltet. Die Besucher dagegen profitieren vor allem von der großen Panoramascheibe, durch die sie die Tiere auch unter Wasser beobachten können. Direkt angrenzend an die »Delphinlagune« befindet sich mit dem ebenfalls 2011 eröffneten »Manatihaus« ein weiteres Highlight des Nürnberger Zoos. Neben den Manatis sind hier auch viele tropische Tiere und Pflanzen zu sehen.

Eisbären & Co.

Im 2001 errichteten »Aqua Park«, einer großzügigen Wasserlandschaft, haben neben Pinguinen ebenso Biber, Otter, Robben und Eisbären ihr Zuhause gefunden. Auch hier ermöglichen Glasscheiben interessante Einblicke in die Unterwasserwelten. Dabei können die Besucher beispielsweise die Eisbären beim Tauchen beobachten oder zusehen, wie die Pinguine wegen eines Luftpolsters in ihrem Gefieder im Ruhezustand wie ein Korken auf dem Wasser treiben. Bei kommentierten Fütterungen bei den Pinguinen und Seelöwen können sich die Besucher ebenfalls über die Lebensweise dieser interessanten Tiere informieren.

Zebras (o.)
Giraffen (u.)

Mit seinem Prädikat als Landschaftszoo und der enormen Größe von rund 70 Hektar präsentiert der Tiergarten Nürnberg dem Besucher ein einmaliges Naturerlebnis. Obgleich die »Delphinlagune« nicht bei jedem Zustimmung findet, wurden hier im Tierpark die Ansprüche an eine artgerechte Tierhaltung konsequent umgesetzt, was sich zuletzt vor allem in den Großanlagen etwa auch für die Gorillas und die Schneeleoparden zeigt.

Parkscout-Tipps

Ein besonderer Höhepunkt nicht nur für die kleinen Besucher ist die Fütterung der Pinguine, die täglich um 15:15 Uhr stattfindet.

Das Areal des Tierparks ist recht weitläufig, zwischendurch lohnt daher eine Fahrt auf der Kleinbahn des Zoos, die zwar 2008 aufgrund des Lagunenbaus zunächst ihren Betrieb einstellen musste, nun aber nach größeren Umbaumaßnahmen wieder verkehrt.

54 Bayern

PLAYMOBIL-FUNPARK

Kinderspaß

Adresse
PLAYMOBIL-FunPark
Brandstätterstraße 2-10
90513 Zirndorf
Tel.: 09 11 / 96 66 17 00
www.playmobil-funpark.de

Preise
Frühjahrssaison
19.03. – 30.04.2016
Tagesticket: 9,00 €
Hauptsaison
01.05. – 12.09.2016
Tagesticket: 11,00 €
Herbstsaison
13.09. – 06.11.2016
Tagesticket: 9,00 €
Kinder (0 – 2 J.): frei
Parken: 4,00 €

Öffnungszeiten
19.03. – 06.11.2016
9 – 18 Uhr
In der Sommer- und der Hauptsaison gelten verlängerte Öffnungszeiten bis 19 Uhr.

Gastronomie
Verhungern muss hier ganz sicher niemand! Wie wäre es zum Beispiel mit einem halben Hähnchen vom Grill in der „Wirtsschänke", einem frisch zubereiteten Tagesgericht oder einer Pizza aus dem neuen Pizza & Pasta Restaurant, in dem alle Gerichte frisch und vor den Augen der Gäste zubereitet werden? Nach einem actionreichen Tag empfiehlt sich dann ein Abstecher in den großen Biergarten, der mit rund 300 teils überdachten Sitzplätzen ab 18 Uhr zum gemütlichen Verweilen einlädt – ideal zum Abendessen für die ganze Familie.

Neu 2016
Riesen-Hüpfkissen und große Bodentrampoline im Aktivpark: Das neue Riesen-Hüpfkissen und die zwei großen Bodentrampoline sorgen für ultimativen Spaß und Unterhaltung bei Groß und Klein!

Ein Freizeitparkbesuch mit Kindern kann anstrengen, aber auch wunderbar sein – je nach Angebot an Aktivitäten und Attraktionen, die die Kids bereits erleben dürfen. Der PLAYMOBIL-FunPark hat sich ganz auf Abenteurer eingestellt, die für Riesen-Achterbahnen noch zu klein sind, und bietet stattdessen jede Menge Mitmach- und Entdeckerspaß.

Parkscout-Tipp

Neben der täglichen Minidisco und der monatlichen Aufführung des PLAYMOBIL-Puppentheaters wird den Besuchern die ganze Saison über ein interessantes Veranstaltungsprogramm geboten. Seien es nun Ritter- und Piratentage, Sommerparty oder Halloween – im PLAYMOBIL-FunPark gibt es immer viel zu erleben!

Abenteuer erleben

Nachdem die Kinderzimmer schon lange von den bekannten Kunststoff-Figuren erobert wurden, können deren zeitlose Abenteuer am »Piratensee« oder auf der »Ritterburg« hier „in groß" erlebt werden. Der »Steinbruch« lädt kleine Bauarbeiter mit archimedischen Schrauben, Baggern und Schaufeln ein, die Muskeln spielen zu lassen. Die Eltern sind dabei augenzwinkernd zu Statisten degradiert und dürfen entspannen. Ein lebhaft genutztes Areal ist die »Aktivwelt Baumhaus« mit verzauberter Feenquelle, während im »Dino-Forscherparcours« nebst »Wackelvulkan« ein Tyrannosaurus Rex und eine Triceratops-Familie zu entdecken sind. Ähnlich gestalten sich die Aktivitäten bei Rutschen, Klettergerüsten, Flößen, Wasserspielplätzen und, und, und ... Wassersportbegeisterte ab vier Jahren können ihre Runden mit den »Power-Paddelbooten« über ein Wasserareal drehen und trainieren dabei Koordination, Gleichgewichtssinn und Navigationsfähigkeit.

Wetterfest

Das »HOB-Center« beheimatet nicht nur einen Großteil des gastronomischen Angebotes, sondern garantiert unter einer gigantischen Glaskonstruktion wetterunabhängigen Spielspaß. Hier kann man auch bei Regenwetter mit PLAYMOBIL-Figuren spielen oder am Mitmachprogramm auf der Bühne teilnehmen. Bei gutem Wetter, insbesondere in den Sommermonaten, verwandelt sich der Bereich vor dem »HOB-Center« nach Parkschluss in einen gemütlichen Biergarten. Und damit auch die Großen ihrem Bewegungsdrang nachgehen können, stehen unter anderem ein Outdoor-Fitnessbereich sowie Billard- und Kickertische zur Verfügung. Der aufpreispflichtige Minigolfplatz ist auch für junge Golfcracks geeignet. Über die Firmen- und die Erfolgsgeschichte der Spielzeuge aus Zirndorf erfährt man in der Ausstellung im obersten Stockwerk des »HOB-Center« mehr. Hier sind nicht nur die ersten PLAYMOBIL-Figuren und deren Urahnen in Form von Spardosen oder Traktoren zu finden – es gibt auch Dioramen (Schaulandschaften) zu verschiedenen Themen.

Fazit

Gastronomisch bewegen sich sowohl der Angebotsumfang als auch die Preise durchaus in familienfreundlichen Regionen. Die Sauberkeit nicht nur der Parkanlagen und Attraktionen, sondern insbesondere der großzügig bemessenen Sanitäranlagen nebst Wickel- und Stillbereichen ist im Übrigen erwähnenswert. Für Familien mit weiterer Anreise steht ein kleines, aber feines Apart-Hotel zur Verfügung. Im PLAYMOBIL-FunPark sind Familien mit aktiven Kindern bis 13 Jahre genau richtig.

Typische PLAYMOBIL-Themen: Piraten (Titelbild), im Wilden Westen (o.) und die Ritterburg (u.) darf auch nicht fehlen.

55 Bayern

KRISTALL PALM BEACH

Das Rutschenparadies bei Nürnberg

Adresse
Kristall Palm Beach
Albertus-Magnus-Straße 29
90547 Stein
Tel.: 09 11 / 68 83 50
www.palm-beach.de

Preise
Erwachsene (ab 16 J.): 21,00 €
Kinder (6 – 15 J.): 17,50 €
Kinder (0 – 5 J.): 6,50 €
Aufpreis Saunawelt inkl. Kneippabteilung und Hamam: 5,00 €

Öffnungszeiten
Ganzjährig täglich geöffnet
Sonntag – Donnerstag: 9 – 22 Uhr
Freitag – Samstag: 9 – 24 Uhr

Gastronomie
Neben dem Wellenrestaurant „Neptun", dem „Kaminstüberl" und dem SB-Restaurant „Hawaii Inn" gibt es noch eine Saunabar, eine Cocktailbar und ein Café.

Neu 2016
Bei Drucklegung dieses Buches waren noch keine Pläne des Bads bezüglich Neuheiten für 2016 bekannt – lassen Sie sich einfach überraschen.

Das Wellenbad mit Südseeflair (Titelbild)
Die Voyager ist eine von 16 Rutschen im Kristall Palm Beach (r.o.)
Eine der 15 verschiedenen Themensaunen (r.u.)

Den Namen „Palm Beach" assoziieren die meisten unter uns wohl mit Sonne, von Palmen gesäumten Stränden und feuchtfröhlichem Badespaß. Alles Attribute, die einen von tropischen Destinationen träumen und zunächst weniger an ein Badeparadies in Mittelfranken denken lassen. Doch ganz in der Nähe von Nürnberg in der Stadt Stein kann man im Erlebnisbad Kristall Palm Beach nicht nur Urlaubsfreuden unter Palmen genießen, sondern auch in futuristische Welten eintauchen

Detailreich thematisiert und inszeniert, lauern in der »Future World« und im »Space Center« des Steiner Erlebnisbades nämlich überall Außerirdische, Astronauten, Raumschiffe und fremde Galaxien auf die Badegäste. Im Funhouse-Stil gibt es allerhand Überraschungen etwa in Form eines Timetunnels, Zerrspiegeln, Wackelböden und Wasserkanonen, gepaart mit jeder Menge Licht- und Spiegeleffekten.

Insgesamt 16 Rutschen warten hier mit einer Gesamtlänge von 1,6 Kilometern auf die Badegäste – angefangen von harmloseren Varianten für die ganze Familie bis hin zu High-Speed-Anlagen mit einer Spitzengeschwindigkeit von 70 Stundenkilometern für die Thrill-Fans.

Spaß im Außenbereich

Im Wellenbad mit Cocktailbar und Südseeflair sowie beeindruckend großen Ölgemälden des Künstlers Paul Gauguin, dem fröhlich-bunten Kinderplanschbereich und dem angrenzenden großzügigen Außengelände bietet das Kristall Palm Beach ein riesiges Angebot an Animations- und Spielmöglichkeiten im Fun- und Beachbereich an. Das 4000 Quadratmeter große Außengelände um einen Strömungskanal herum bietet ein Beachvolleyballfeld, eine Trampolinanlage, einen Spielplatz sowie einen Sandstrand zum Spielen, Relaxen und Toben.

Wer es etwas ruhiger mag, sollte einen Blick auf die Therme des Kristall Palm Beach werfen, die mit Marmor und Edelsteinen einen luxuriösen Eindruck macht. Gesundes Thermal-Heilwasser in drei großen Therapiebecken und zwei Heißwasserbecken im Innenbereich mit Temperaturen von 32 bis 38 Grad Celsius sowie ein großzügiges Thermenaußenbecken gehören zur Ausstattung des Bereichs. Angereichert ist das Wasser mit der Heilkraft von Amethysten, Achaten und Bergkristallen – ganz im Sinne der Heilslehre der berühmten Klosterfrau Hildegard von Bingen.

Abwechslungsreich saunieren

Entspannen kann man auch in einer der 15 verschiedenen Themensaunen. Wie wäre es mit dem osmanischen Hamam mit Kosmetik- und Massageabteilung, dem »Kleopatra-Schwebebecken«, dem »Bayerischen Saunadorf« mit Biergarten, Parkanlagen und Saunasee? Dampfbäder, Aromatempel, Banja, Eis-Nebelgrotte, Saunabar mit Kaminfeuer, Whirlpool, Solarien und ein kreativer Aufgussplan sind weitere Merkmale des Saunabareichs im Kristall Palm Beach.

56 Bayern

FÜRTHERMARE

XXL-Badespaß in Mittelfranken

Adresse
Fürthermare
Scherbsgraben 15
90766 Fürth
Tel.: 09 11 / 723 05 40
www.fuerthermare.de

Preise
Tageskarte Wasserlandschaft
Erwachsene (ab 16 J.): 17,00 €
Kinder / Jugendliche (5 – 15 J.): 15,00 €
Kinder (0 – 4 J.): 3,50 €
Aufpreis Solegrotte: 1,40 €
Tageskarte Saunalandschaft
Erwachsene (ab 16 J.): 24,00 €
Kinder / Jugendliche (0 – 15 J.): 18,00 €
Die Preise sind jeweils am Wochenende, an Feiertagen und während der Schulferien in Bayern gültig. Werktags von Montag bis Freitag gelten reduzierte Tarife.
Parken: frei

Öffnungszeiten
Ganzjährig täglich geöffnet
10 – 23 Uhr

Events
Während der kalten Jahreszeit von Oktober bis April gibt es einmal im Monat die lange Sauna-Nacht jeweils von 19 bis 1 Uhr und das sogar zum regulären Tarif ohne Aufpreis.

Gastronomie
Auch während seiner kulinarischen Auszeit hat der Gast die Qual der Wahl. Gleich mehrere gastronomische Einrichtungen, darunter das SB-Restaurant im Spaßbad, das externe Fürthermare-Bistro im Foyer sowie die Sauna-Gastronomie verlocken mit zahlreichen Gaumenfreuden.

Neu 2016
Bei Drucklegung dieses Buches waren noch keine Pläne des Bads bezüglich Neuheiten für 2016 bekannt – lassen Sie sich einfach überraschen.

Entspannt in den Strandliegen verweilen, saunieren in mallorquinischem Ambiente oder sich auf ein rasantes Rutschenabenteuer begeben – diese Freizeitvergnügen lassen sich allesamt im 2007 eröffneten Fürthermare genießen. Das im mittelfränkischen Fürth gelegene Erlebnisbad trumpft dabei mit einer großen Vielfalt an Erlebnis- und Erholungsmöglichkeiten auf.

Für spritzige Momente und actionreiches Vergnügen sorgt im Fürthermare das Spaßbad mit vielfältigen Attraktionen wie einem Strömungskanal, einem Wasserfall, einer Abenteuer-Grotte sowie einem Rutschenturm. Bei Letzterem garantieren eine 75 Meter lange »Blackhole-Rutsche« und eine »Turbo-Speed-Rutsche« mit Freifall-Effekt den ultimativen Nervenkitzel, während die »Riesen-Reifen-Rutsche« mit 109 Metern Länge Wasserspaß im XXL-Format aufkommen lässt. Daneben ergänzen ein ganzjährig nutzbares Außenbecken, eine Kinder-Erlebniswelt mit Piratenschiff sowie ein Ruhebereich mit Strandliegen das Spaßbad-Angebot.

Im Sommer können sich Badegäste über ein erweitertes Freibad-Angebot freuen. Dann steht den Wasserratten im Fürthermare eine Gesamt-Wasserfläche von rund 4.000 Quadratmetern zur Verfügung. Das »Sommerbad« besitzt dabei neben einem Erlebnisbecken und einem 50-Meter-Schwimmerbecken (mit acht Bahnen) auch eine steile »Kamikaze-Rutsche«, die vor allem Adrenalinsüchtigen feucht-fröhliches Rutschvergnügen beschert. Ein Beachvolleyball-Bereich, ein Planschbecken für die kleinen Besucher und zu guter Letzt ein feinsandiges Strandareal nebst Liegestühlen komplettieren das Rundum-Wohlfühl-Erlebnis im »Sommerbad«. So kann man hier bei sommerlichen Temperaturen ins kühle Nass springen oder sich am mallorquinischen Sandstrand entspannt zurücklehnen.

Ebenfalls mediterran geht es in der Sauna-Landschaft des Fürthermare zu. Auf 1.600 Quadratmetern stehen den Gästen im Indoor-Bereich vier unterschiedlich thematisierte Schwitzkammern zur Verfügung – angefangen vom angenehm milden »Casa del Mar« (60°C) bis hin zum 95 Grad heißen »Casa del Caliente«. Daneben bietet die mallorquinisch gehaltene Saunawelt zusätzlich zwei Dampfbäder sowie Außensaunen im Finca-Stil. Relaxen lässt es sich danach im Saunagarten ganz entspannt unter Zitronen- und Olivenhainen.

Parkscout-Tipps

Während der Hallenbad-Saison haben Gäste des Fürthermare kostenlosen Zugang zum Hallen-Sport-Bad Fürth, während der Freibad-Saison entsprechend zum Sommerbad Fürth.

Eine moderne Ausstattung mit Cardio- und Kraftgeräten erwartet die Gäste des Vitamare, dem Fitnessbereich des Fürthermare. Hier finden Sportbegeisterte nicht nur ein umfassendes Kursangebot vor, sondern auch ganz individuelle und effektive Trainingsmethoden.

Die Kraft der Kleeblatt-Quelle entdecken

Wer seinem Körper zusätzlich etwas Gesundes tun möchte, der findet im Thermalbad-Bereich des Fürthermare die Gelegenheit dazu. Das warme Thermal-Wasser, das hier aus einer Tiefe von 400 Metern aus der „Kleeblatt-Quelle" gespeist wird, ist mit seinem hohen Mineralgehalt besonders wohltuend und kann unter anderem im »Thermal-Kaskadenbecken«, im »Thermal-Außenbecken« oder in der »Solegrotte« genossen werden.

Das Fürthermare ist eine familienfreundliche Erlebniswelt, die ganzjährig grenzenlosen Badespaß verspricht. Das breite Angebot an Attraktionen, Fitness- und Wellnessmöglichkeiten gepaart mit einem erholsamen Thermalbereich lässt kaum Wünsche offen.

Nass-Spaß draußen (Titelbild) wie drinnen (u.)

57 Bayern

ERLEBNISPARK SCHLOSS THURN

Familienspaß im Schlosspark

Adresse
Erlebnispark Schloss Thurn
Schlossplatz 4
91336 Heroldsbach
Tel.: 0 91 90 / 92 98 98
www.schloss-thurn.de

Preise
Erwachsene (ab 12 J.): 19,50 €
Kinder (3 – 11 J.): 17,50 €
Kinder (0 – 2 J.): frei
Parken: frei

Öffnungszeiten
19.03. – 31.10.2016
Im April, Mai, September und Oktober ist der Park an einzelnen Wochentagen geschlossen.
10 – 17 Uhr
Von Ende Juli bis Mitte September sowie an Eventtagen gelten verlängerte Öffnungszeiten.

Gastronomie
Kulinarisch verwöhnt werden die Parkbesucher im Restaurant „Romantiksaal" mit Sonnenterrasse und Schlossblick. Im „Saloon", dem SB-Restaurant in der Westernstadt, lässt es sich im Cowboy-Stil speisen, während man im „Coffeeshop" bei Kaffee und Kuchen genüsslich entspannen kann. Ein Biergarten sowie weitere Kioske halten Snacks und Getränke für zwischendurch bereit. Alternativ kann man gegen eine vorherige Reservierung auch die Grillmöglichkeit „Mexiko" nutzen, um mitgebrachte Speisen gleich selbst zuzubereiten.

Neu 2016
Die Familienachterbahn wird zu »Dinolino's VR-Ride« – mit einer VR-Brille saust man nun durch eine virtuelle Welt.

Kletterspaß für die Kleinen (Titelbild)
Wildwasserbahn (r.o.)
Piratenflotte (r.u.)

Im oberfränkischen Heroldsbach gibt es mit dem Erlebnispark Schloss Thurn ein Familienvergnügen der ganz besonderen Art. Mitten in eine historische Barock-Schlossanlage eingebettet, bietet der 1975 eröffnete Vergnügungspark dabei mehr als 50 verschiedene Attraktionen, viel Unterhaltung und jede Menge Möglichkeiten für eine entspannte Auszeit.

Zahlreiche Fahrgeschäfte und Live-Shows

Auf einer Fläche von 40 Hektar trumpft der von Schlossherr Graf Hannfried von Bentzel-Sturmfeder-Horneck errichtete Freizeitpark nicht mit actionreichen und adrenalinfördernden Thrill-Coastern auf, sondern vielmehr mit seinen vielzähligen familienfreundlichen Fahrgeschäften. Dazu gehört insbesondere die 1998 eröffnete Familienachterbahn, bei der es mit rund 40 Stundenkilometern über kleine Hügel und durch rasante Kurven geht und die mit VR-Brillen aufgewertet wurde. Auf der Wildwasserbahn geht es dann im Baumstamm-Boot auf große Fahrt. Gleich zwei Schuss-Abfahrten sorgen gerade im Sommer für eine angenehme Erfrischung. Ein feucht-fröhliches Vergnügen ist auch der

Ritt auf der »Wasserbobbahn«. Hierbei werden die Passagiere auf einer Art Wellenrutsche rund zwölf Meter in die Tiefe befördert. Fahrattraktionen wie die »Monza-Rennbahn«, die »Bumperboats« oder das »Schwanenkarussell« sorgen ebenfalls für gemeinsamen Familienspaß.

Auch mehrere Live-Shows sind für den Erlebnispark am Schloss Thurn charakteristisch. Hauptattraktion sind dabei zweifelsfrei die »Ritterspiele«, eine Show mit Schwertern und Lanzen.

Zeit für Entspannung

Während der Nachwuchs seine Zeit auf den Wasser- und Abenteuerspielplätzen verbringt, können sich die Erwachsenen eine Ruhepause auf der Liegewiese gönnen, wo sie mit klassischer Musik verwöhnt werden. Entspannend für alle Familienmitglieder ist dagegen die Fahrt mit dem »Drachenschiff« oder dem Tretboot auf dem Schlossweiher. Zudem kann das weitläufige Areal mit der alten »Dampfrosseisenbahn« erkundet werden, die gleich an mehreren Stationen im Erlebnispark Halt macht. Alternativ kann man sich hier mit der »Schwebebahn« fortbewegen, die regelmäßig zwischen Westernstadt und See pendelt. Langeweile kommt also garantiert keine auf, dafür sorgen zusätzlich auch der Märchenwald, die Minigolfanlage und die vielen tierischen Bewohner des Wildgeheges.

Ob rasante Achterbahn, eine gemächliche Eisenbahnfahrt, Wild-West-Show oder ein mittelalterliches Turnier – der Erlebnispark Schloss Thurn verspricht mit einer breiten Mischung aus familienfreundlichen Attraktionen sowie aufwendigen Shows ein abwechslungs- und erlebnisreiches Familienprogramm. Darüber hinaus bietet der Park mit seinem teils jahrhundertealten Baumbestand eine einzigartige Naturlandschaft, die zwischendurch für eine erholsame Auszeit sorgt.

Parkscout-Tipp

Einzigartig im Erlebnispark Schloss Thurn sind die Kennenlernwochen: Der Park ist dann von 10:00 bis 17:00 Uhr geöffnet. Für 9,90 Euro werden an diesen Tagen zwar keine Shows geboten, die Fahrgeschäfte sind aber wechselnd in Betrieb.

58 Bayern

BAYERN-PARK

Bunter Freizeitspaß in Blau-Weiß

Adresse
Bayern-Park
Fellbach 1
94419 Reisbach
Tel.: 0 87 34 / 929 80
www.bayern-park.de

Preise
Erwachsene (ab 1,40m): 19,50 €
Kinder (1 – 1,40m): 17,00 €
Kinder (unter 1m): frei
Senioren (ab 60 J.): 15,50 €
Parken: frei

Öffnungszeiten
19.03. – 16.10.2016
Im April, September und Oktober ist der Park an einigen Werktagen geschlossen.
9 – 18 Uhr
In der Vor- und Nachsaison gelten teilweise verkürzte Öffnungszeiten bis 17 Uhr.

Gastronomie
Wen der Hunger plagt, der kann zu einer gemütlichen Mahlzeit in das bayrische Restaurant mit dem dazu gehörenden Biergarten einkehren oder sich an einem der überall im Park verteilten Stände einen kleinen Snack gönnen.

Neu 2016
»Duell der Adler« – hinter diesem Namen versteckt sich ein interaktives Hochfahrgeschäft, bei dem man versuchen muss, König der Lüfte zu werden.

Königsflug und Schwanenkarusell (Titelbild)

Rund eine Stunde Fahrzeit von der Bayrischen Landeshauptstadt München entfernt liegt der Bayern-Park im Landkreis Dingolfing-Landau. Seit der Gründung im Jahre 1991 hat sich der einst reine Wildpark zu einem Familienpark mit einem bunten Attraktionsangebot für die ganze Familie entwickelt.

Dass sich hier besonders Familien mit jüngeren Kindern wohlfühlen können, zeigt sich bereits im Eingangsbereich des Parks. Neben Wellenflieger, einem Rutschenturm, Trampolinen und weiteren Attraktionen findet sich hier die »Burg Fellbach«. Hinter deren mittelalterlicher Fassade verbirgt sich ein Indoor-Spielareal, das auch bei schlechterem Wetter für Kletter- und Spielspaß sorgt. Ob Softballanlage, Klettergerüste oder verschiedene kleine Fahrgeschäfte wie »Luna Loop« oder Pendelbahn – in der 1.200 Quadratmeter großen Halle wird so einiges geboten. Eine Riesen-Gaudi haben die Kids auch auf den (mechanischen) Esel- und Pferdereitbahnen, auf den Reifenrutschen und natürlich bei der Fahrt mit einer der beiden Parkeisenbahnen.

Für actionliebende größere Kinder und natürlich auch die erwachsenen Besucher stehen Fahrgeschäfte wie Wildwasserbahn und Rafting-Anlage oder die zwei (aufpreispflichtigen) Sommerrodelbahnen mit 350 Metern und 600 Metern Länge bereit und sorgen für Nervenkitzel. Achterbahnfreunde kommen mit der schlicht »Achterbahn« getauften Familienachterbahn auf ihre Kosten – und natürlich mit dem »Freischütz«, einer der neuesten und beliebtesten Attraktionen des Bayern-Park. Frei nach der gleichnamigen Operette, in der ein verzaubertes Geschoss nach wildem Flug immer genau ins Ziel trifft, sorgt der Achterbahnzug mit Abschuss, rasanten Kurven und Überschlägen treffsicher für Fahrspaß. In 2,3 Sekunden erreichen die Wagemutigen 80 Stundenkilometer und bewältigen die knackigen Fahrspaß bietenden 483 Schienenmeter – manchmal auch gleich zweimal hintereinander – ohne anzuhalten …

Gemütlichkeit und Ursprünge

Ruhe und Entspannung bieten der kleine See nebst darauf fahrendem »Raddampfer« und die direkt in der Nachbarschaft befindliche »Rundbootfahrt durch Schloss und Grotte«, bei der der Name Programm ist. In einem Freizeitpark selten zu finden, aber hier ein sehenswerter Ort der Ruhe: Die geweihte Barockkapelle »Patrona Bavariae« ist täglich ab 15 Uhr zu besichtigen. Einen Blick in die Zeit vor der Umgestaltung zum Freizeitpark bieten die Tiergehege im hinteren Bereich des Bayern-Park. Hier gibt es Rot- und Damwild, Steinböcke und Gämsen, Luchse, Ziegen, Esel, Kamerunschafe sowie Berberaffen zu bestaunen. Gastronomiemöglichkeiten sind im ganzen Park verteilt, hier findet jedes Familienmitglied ein umfangreiches Angebot.

Fazit

Abseits der großen Verkehrsstraßen schafft der inmitten von Wald und Wiesengebieten gelegene Bayern-Park eine Menge Gelegenheiten für Erholung, Spaß und Abenteuer.

Wildwasser-Rafting (o.)
Von 0 auf 80 km/h im Freischütz (u.)

59 Bayern

FREIZEIT-LAND GEISELWIND

Vögel und Fahrgeschäfte

Adresse
Freizeit-Land Geiselwind
Wiesentheider Straße 25
96160 Geiselwind
Tel.: 0 95 56 / 921 10
www.freizeitlandgeiselwind.de

Preise
Erwachsene (ab 1,40m): 27,50 €
Kinder (1,10m – 1,40m): 23,50 €
Kinder (unter 1,10m): frei
Senioren (ab 60 J.): 23,50 €
Parken: frei

Öffnungszeiten
23.04. – 09.10.2016
Im September und Oktober ist der Park nicht durchgehend geöffnet, sondern an vielen Wochentagen geschlossen.
9 – 18 Uhr
In der Vor- und Nachsaison ist der Park teilweise nur bis 17 Uhr geöffnet.

Gastronomie
Gutbürgerliche Speisen, bayrische Schmankerln, fränkische Spezialitäten oder ofenfrische Pizza – drei Restaurants und mehrere Kioske sorgen im Freizeit-Land für das leibliche Wohl. Für Leckermäuler stehen unter anderem Pfannkuchen, Waffeln, Dampfnudeln und Donuts auf dem Programm.

Neu 2016
Das Freizeit-Land Geiselwind eröffnet 2016 das größte mobile Labyrinth der Welt. 1.300 Meter Wegstrecke warten auf alle Besucher mit ausgeprägtem Orientierungssinn.

Drehgondelbahn (Titelbild)
T-Rex Tower (r.o.)
Wildwasserbahn (r.u.)

Die Geschichte des traditionsreichen bayerischen Freizeit-Land Geiselwind geht zurück auf das Jahr 1969, in dem der Kaufmann Ernst Mensinger, ein erfahrener Züchter von exotischen Vögeln, einen beschaulichen Vogelpark mit Märchen und Ponys eröffnete. Bis die ersten Fahrgeschäfte ihren Weg in das Freizeit-Land fanden, sollten allerdings noch mehr als zehn Jahre vergehen …

Heute präsentiert sich der Park, direkt an der A3 zwischen Nürnberg und Würzburg gelegen, als eine bunte Mischung aus Tierhaltung und Attraktionen, welche sogar teilweise in Deutschland einmalig sind. Dazu zählt vor allem der im Jahre 2000 anlässlich des Millenniums eröffnete »Boomerang«, eine fast 36 Meter hohe Achterbahn, die unter anderem eine Rückwärtsfahrt durch einen gewaltigen Looping bietet. Das Besondere bei diesem Coaster ist, dass die Züge die Strecke zunächst vorwärts durchfahren und anschließend wieder zurück.

Rekord auf dem Boomerang

Übrigens kam der mit australischen Thematisierungselementen versehene »Boomerang« auch schon zu internationalen Ehren: Die Anlage in Geiselwind wurde im Jahre 2006 von dem Deutschen Stefan Seemann für einen Ausdauer-Weltrekord im Achterbahnfahren genutzt. Die anderen beiden bestehenden Coaster, die »Drehgondelbahn« und der Powered Coaster »Blauer Enzian« kommen im Vergleich nicht so wild daher und bieten Fahrspaß für die ganze Familie.

Eine tolle Aussicht auf das gesamte Parkareal kann man bei »Top of the World« genießen, dem höchsten transportablen Aussichtsturm der Welt. Ganze 95 Meter geht es hier für bis zu 132 Passagiere in die Höhe, womit dem Freizeit-Land ein Eintrag in das Guinessbuch der Weltrekorde sicher war und ist. Dagegen muten die Ausmaße des Freifallturms »T-Rex Tower« mit seinen knapp 60 Metern Höhe schon fast winzig an – doch Vorsicht: die abrupten Geschwindigkeits- und Fahrtrichtungswechsel haben es in sich, und so mancher Gast hat schon die Kraft des „Tyrannosauriers“ unterschätzt.

Wildwasserfahrt zu König Ludwig

Klassisch bayerisch wird es bei der Wildwasserbahn des Freizeit-Land Geiselwind. Die ehemals transportable Anlage wird vom Konterfei König Ludwigs geziert, der ein waches Auge auf die Baumstammboote wirft, während diese aus bis zu 12 Metern Höhe in die Fluten stürzen. Der Nässegrad der Bahn ist angenehm hoch, so dass hier natürlich bei hohen Temperaturen schnell längere Wartezeiten entstehen.

Tiere erleben im Freizeit-Land (o.l., M.l., u.r.)
Seit Jahrzehnten ein Highlight: Die Acapulco-Springer (o.r.)

Freunde von Elektronik-Shows dürfen sich darüber freuen, dass diese zeitlosen Unterhaltungs-Kunstwerke hier immer noch gehegt und gepflegt werden. Ein Gang durch die »T-Rex-World«, wo man verschiedenen Urzeit-Giganten begegnet, gehört genau wie das »Elfenschloss« mit seinen märchenhaften Bewohnern oder eine Vogelhochzeit mit Animatronics zum Repertoire des Freizeit-Land, das hier schon fast nostalgische Gefühle aufkommen lässt. Auch bei dem Angebot an Karussells hat man sich hier auf Altbewährtes verlassen: »Wellenflieger«, »Break Dance« oder auch »Enterprise« sind allesamt Klassiker, die auf Volksfesten immer noch zu den beliebtesten Fahrgeschäften gehören.

Tiere in Geiselwind

Den besonderen Reiz des Freizeit-Land macht aber auch der traditionsreiche Tier-Bereich des Parks aus. Alleine die »Vogelwelt« mit ihren zahlreichen Freiflugvolieren, einer Fasanerie oder einer großen Storchenwiese lädt zu ausgiebigem Beobachten der gefiederten Bewohner ein. Ein Streichelzoo mit Ziegen sorgt besonders bei den jüngeren Gästen immer für großen Spaß – übrigens genauso wie das »Affenreservat«, wo von einer Aussichtsplattform herab Berberaffen bei der Aufzucht der jährlich hier geborenen Jungtiere bestaunt werden können.

Auch der Edutainment-Faktor kommt hier nicht zu kurz. So wird bei dem »Botanischen Lehrpfad« die einheimische Flora und Fauna mit Infotafeln bei einem gemütlichen Spaziergang auf schattigen Waldwegen ausführlich erklärt. In der »Schaubrutanlage« schlüpfen in einem gläsernen Brutapparat ständig vor den Augen der Betrachter flauschige Küken. Kleine Hühner, Enten und Gänse verbringen hier in behaglicher Wärme ihre ersten Lebenstage, bevor sie später in die Freiläufe der Kleintier-Zuchtanlage gegeben werden können.

Fazit

Das Freizeit-Land Geiselwind kombiniert Zoo-Erlebnis und Freizeitpark-Spaß auf eine nur selten anzutreffende Art und Weise in einer landschaftlich reizvollen Umgebung. Und spätestens der moderate Eintrittspreis macht es nicht umsonst zu einem der beliebtesten Ausflugsziele in Bayern.

Parkscout-Tipps

An den Samstagen im August ist „Langer Samstag" und dementsprechend bis 20 Uhr geöffnet.

Die Tickets können Sie auch bequem auf der Homepage des Parks oder natürlich bei www.parkscout.de online bestellen.

Die Achterbahn Boomerang ist einzigartig in Deutschland.

Freischütz im Bayern-Park

Erlebniswelten im Osten

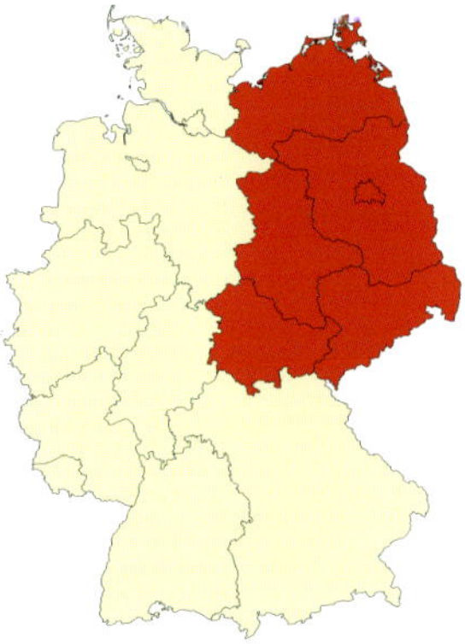

In den sechs östlichen Bundesländern Berlin, Brandenburg, Mecklenburg-Vorpommern, Sachsen, Sachsen-Anhalt und Thüringen leben rund 16,5 Millionen Menschen auf fast 110.000 Quadratkilometern.

Zu den Top-Ausflugszielen gehören unter anderem der Freizeitpark BELANTIS in Leipzig, die Filmstadt Babelsberg, der Zoo Rostock, der Zoo Leipzig, Tropical Islands in Krausnick und das Wonnemar Wismar.

Nachfolgend finden Sie eine Auswahl der beliebtesten Erlebniswelten der Region, von denen wir einige näher vorstellen.

Freizeitparks und Co.

Park	Ort	Internet	Seite
Kidsplanet Dresden	01257 Dresden	www.kidsplanet.tv	–
Saurierpark	02625 Bautzen	www.saurierpark.de	172
BELANTIS	04249 Leipzig	www.belantis.de	176
Erlebnistierpark Memleben	06642 Memleben	www.tierschule-memleben.de	–
Freizeitpark Plohn	08485 Lengenfeld	www.freizeitpark-plohn.de	180
Miniaturschauanlage Klein-Vogtland	08626 Adorf	www.adorf-vogtland.de	–
Landschaftspark Miniwelt	09350 Lichtenstein	www.miniwelt.de	–
Sonnenlandpark Lichtenau	09661 Rossau	www.sonnenlandpark.de	–
LEGOLAND® Discovery Centre Berlin	10785 Berlin	www.legolanddiscoverycentre.de	–
Jolos Kinderwelt	10965 Berlin	www.jolo-berlin.de	–
Filmpark Babelsberg	14482 Potsdam	www.filmpark.de	184
Tier- und Freizeitpark Germendorf	16515 Oranienburg	www.freizeitpark-germendorf.de	–
Indoor-Spielplatz kunti-bunt	17034 Neubrandenburg	www.kunti-bunt.de	–
El Dorado Templin	17268 Templin	www.eldorado-templin.de	188
Usedompark Trassenheide	17449 Trassenheide	www.meer-usedom.de	–
Dinosaurierland Rügen	18551 Spycker	www.dinosaurierland-ruegen.de	–
Rügenpark Gingst	18569 Gingst	www.ruegenpark.de	–
Pirateninsel Rügen	18581 Putbus	www.pirateninsel-ruegen.de	–
Pullman City II	38899 Hasselfelde	www.pullmancity-2.de	–

Zoos und Tierparks

Park	Ort	Internet	Seite
Zoo Dresden	01219 Dresden	www.zoo-dresden.de	170
Zoo Leipzig	04105 Leipzig	www.zoo-leipzig.de	174
Eilenburger Tierpark	04838 Eilenburg	www.tierpark-eilenburg.de	–
Zoologischer Garten Halle	06114 Halle	www.zoo-halle.de	–
Zoo Aschersleben	06449 Aschersleben	www.zoo-aschersleben.de	–
Tierpark Dessau	06846 Dessau	www.tierpark.dessau.de	–
Zoo der minis Aue	08280 Aue	www.zooderminis.de	–
Botanischer Garten Chemnitz	09114 Chemnitz	www.chemnitz.de	–
Tierpark Chemnitz	09117 Chemnitz	www.tierpark-chemnitz.de	–
Tierpark Berlin	10319 Berlin	www.tierpark-berlin.de	–
Zoologischer Garten Berlin	10787 Berlin	www.zoo-berlin.de	–
Botanischer Garten Berlin	14195 Berlin	www.botanischer-garten-berlin.de	182
Tiergarten Neustrelitz	17235 Neustrelitz	www.tiergarten-neustrelitz.net	–
Naturerlebniswelt Heringsdorf	17424 Seebad Heringsdorf	www.naturerlebniswelt.de	–
Schmetterlingsfarm Trassenheide	17449 Trassenheide	www.schmetterlingsfarm.de	–
Zoo Rostock	18059 Rostock	www.zoo-rostock.de	190
Zoo Schwerin	19061 Schwerin	www.zoo-schwerin.de	–
Tierpark Wismar	23966 Wismar	www.tierpark-wismar.de	–
Zoo Magdeburg	39124 Magdeburg	www.zoo-magdeburg.de	194
Thüringer Zoopark Erfurt	99087 Erfurt	www.zoopark-erfurt.de	–

Erlebnisbäder

Bad	Ort	Internet	Seite
monte mare Neustadt	01844 Neustadt	www.monte-mare-neustadt.de	–
Schwimmhalle fiwave	03238 Finsterwalde	www.finsterwalde.de	–
Kur- und Freizeitbad Riff	04651 Bad Lausick	www.freizeitbad-riff.de	–
Platsch Erlebnisbad	04758 Oschatz	www.oschatz.-erleben.de	–
Wonnemar Bad Liebenwerda	04924 Bad Liebenwerda	www.wonnemar.de	–
Maya Mare	06132 Halle	www.mayamare.de	–

Erlebnisbäder (Fortsetzung)

Bad	Ort	Internet	Seite
Freizeit- und Erlebnisbad SAALEMAXX	07407 Rudolstadt	www.saalemaxx.de	178
KRISTALL Kur- und Freizeitbad	07639 Bad Klosterlausnitz	www.kristallbad-bad-klosterlaus-nitz.de	–
Badewelt Waikiki	07937 Zeulenroda	www.badewelt-waikiki.de	–
Johannisbad	08056 Zwickau	www.johannisbad.de	–
Erlebnisbad AQUA MARIEN	09496 Marienberg	www.aquamarien.de	–
Fläming-Therme Luckenwalde	14943 Luckenwalde	www.flaemingtherme.de	–
Schwapp	15517 Fürstenwalde	www.schwapp.de	–
Tropical Islands	15910 Krausnick	www.tropical-islands.de	186
Inselparadies	18586 Ostseebad Sellin	www.inselparadies.de	–
Wonnemar Wismar	23966 Wismar	www.wonnemar.de	192
Solewelt Bad Salzungen	36433 Bad Salzungen	www.solewelt.de	–
Toskana Therme Bad Sulza	99518 Bad Sulza	www.toskana-therme.de	–
Wellness & Spa Resort TABBS	99891 Tabarz	www.tabbs.de	–

Informationen im Internet

Mehr Erlebnisparks im Osten Deutschlands finden Sie unter:
www.parkscout.de
www.freizeitstars.de

Direkte Links
Berlin: www.parkscout.de/bundesland/berlin
Brandenburg: www.parkscout.de/bundesland/brandenburg
Mecklenburg-Vorpommern: www.parkscout.de/bundesland/mecklenburg-vorpommern
Sachsen: www.parkscout.de/bundesland/sachsen
Sachsen-Anhalt: www.parkscout.de/bundesland/sachsen-anhalt
Thüringen: www.parkscout.de/bundesland/thueringen

60 Sachsen

ZOO DRESDEN

Tiergarten in der Elbestadt

Adresse
Zoo Dresden
Tiergartenstraße 1
01219 Dresden
Tel.: 03 51 / 47 80 60
www.zoo-dresden.de

Preise
Erwachsene (ab 17 J.): 12,00 €
Kinder (3 – 16 J.): 4,00 €
Kinder (0 – 2 J.): frei
Parken: 3,00 €

Öffnungszeiten
Ganzjährig täglich geöffnet
Sommer: 8:30 – 18:30 Uhr
Winter: 8:30 – 16:30 Uhr
Frühling + Herbst: 8:30 – 17:30 Uhr

Gastronomie
Eine kulinarische Auszeit können sich Besucher im „Känguru-Stop", dem „Pinguin-Café" oder der „African Lodge" gönnen.

Events
Das gesamte Jahr über finden im Zoo zahlreiche Veranstaltungen und Aktionstage statt, darunter am 15. Mai das Familienfest „Dixieland in Familie", das Riesen-Kinderfest am 3. Oktober sowie Halloween am 31. Oktober. Besonders zu empfehlen ist übrigens der Zootag (18. September), an dem die Besucher einen Blick hinter die Kulissen des Tierparks werfen können. Vom 20. Juni bis 19. Juli spielt das tjg.Sommertheater das Stück „Robin Hood".

Neu 2016
Das Afrikahaus wird zurzeit umgebaut und soll im Herbst 2016 wiedereröffnet werden.

Kattas (Titelbild)

Der Zoo Dresden wurde bereits 1861 eröffnet und kam in den folgenden Jahren schnell zu großer Anerkennung. Im Zweiten Weltkrieg, in dem fast der gesamte Tierbestand vernichtet wurde, folgte allerdings der Tiefpunkt der langjährigen Zoo-Geschichte. Glücklicherweise erholte man sich in der Elbmetropole schnell von diesem Unglück, und mit mehr als 1.700 Tieren aus rund 265 Arten zählt der Tierpark heute mit zu den großen deutschen Erlebniswelten.

Mächtig viel Affentheater

Im Großen Garten, einer ab 1676 entstandenen barocken Parkanlage, gelegen, verfügt der Tierpark über einen direkten Zugang zur Dresdener Innenstadt. Bereits seit 1873 ist der Zoo vor allem für seine Menschenaffen bekannt, mit denen er schon um die Wende zum 20. Jahrhundert erste bemerkenswerte Haltungserfolge feiern konnte. Aber auch heute noch stehen die Primaten in Dresden hoch im Kurs. Erst 2010 wurde das »Professor-Brandes-Haus« eröffnet, in dem Bartaffen, Wollaffen, Weißkopfsakis, Kaiserschnurrbarttamarine, Kronenmakis und Guerezas ein neues Zuhause gefunden haben. Letztere werden seit mehr als 50 Jahren im Dresdener Zoo gezüchtet und sind auch im Logo des Tierparks zu finden. Zu den weiteren Bewohnern des Tropenhauses gehören auch Faultiere sowie Koalas.

Beim »Zoo unter der Erde« werden Tiere wie etwa die Blinden Höhlensalmler, Höhlengrillen oder auch Wanderratten in ihrem Element präsentiert. Im »Aquarium/Terrarium« können hingegen Reptilien, Amphibien und Fische in Augenschein genommen werden. Star des Bereichs ist aber Leistenkrokodil Max. Der etwa 4,5 Meter lange und 430 Kilogramm schwere Koloss lebt bereits seit 1958 im Dresdener Zoo und war lange Zeit im »Professor-Brandes-Haus« untergebracht.

In den letzten Jahren wurden viele Tieranlagen modernisiert, vergrößert und naturnah gestaltet, darunter auch die 2009 eröffnete »Katta-Insel« oder die 2008 in Betrieb genommene »Giraffen-und Zebraanlage« sowie im Oktober 2011 die große Felsen-Anlage für die Schneeleoparden, die einem asiatischen Hochgebirge nachempfunden ist. Bereits 2007 konnte sich der König der Tiere über eine großzügige Löwensavanne freuen, in der neben Karakalen auch Zebramangusten neues Quartier bezogen. Außerdem beheimatet der Tierpark auch eine Vielzahl an exotischen und einheimischen Vögeln. So gehören hier unter anderen Aras, Pelikane und Flamingos sowie seit Anfang 2012 auch die seltenen Darwin-Nandus zu den gefiederten Bewohnern.

Kleine Zoobesucher werden sich aber auch für die Humboldt-Pinguine, die Erdmännchen oder für das Streichelgehege begeistern. Und damit es auch sonst genügend Abwechslung für Kinder gibt, sorgen mehrere Spielplätze für reichlich Spaß und Abenteuer.

Parkscout-Tipp

Montags gilt – außer an Feiertagen – ein ermäßigter Eintrittspreis von 8,00 € für Erwachsene.

Von den zahlreichen Neuerungen und Umbauten der letzten Jahre profitieren im Zoo Dresden nicht nur die tierischen Bewohner, sondern auch die Besucher, die sich auf eine moderne und erlebnisreiche Tierschau freuen dürfen. Der viertälteste Tiergarten Deutschlands besitzt zudem eine wunderschöne Parkanlage, die mit vielen Sitzgelegenheiten zum Entspannen einlädt und Kindern viel Raum zum Austoben bietet.

Primaten stehen in Dresden hoch im Kurs

61 Sachsen

SAURIERPARK

Eine vergessene Welt

Adresse
Saurierpark
Saurierpark 1
02625 Bautzen OT Kleinwelka
Tel.: 03 59 35 / 30 36
www.saurierpark.de

Preise
Erwachsene (ab 15 J.): 13,00 €
Kinder (3 – 14 J.): 8,00 €
Kinder (0 – 2 J.): frei
Familie (2 Erwachsene und bis zu 4 Kinder): 35,00 €
Parken: frei

Öffnungszeiten
25.03. – 31.10.2016
9 – 18 Uhr
Im Juli und August gelten verlängerte Öffnungszeiten bis 19 Uhr.

Gastronomie
Für den Ausflug in die Urzeit kann man sich in der „Raumstation" stärken, der Hauptgastronomie des Saurierparks, in deren unmittelbarer Nähe sich auch Spielmöglichkeiten für die Kleinen befinden. Bei starkem Besucherandrang öffnet zudem die im Wald gelegene Snackstation „Brachionest". Darüber hinaus ist es möglich, eine Grillhütte mitsamt Kohle, Grillgut, Brot und Saucen vor Ort zu mieten.

Neu 2016
In der Saison 2016 wurden für die kleinen Dinofans (bis 3 Jahre) insgesamt drei Spielanlagen in den Park integriert und laden zum Erkunden, Rutschen und Ertasten ein. Für die Größeren steht im Kletterareal ein neuer und anspruchsvoller Niedrigseilgarten zum Testen der Geschicklichkeit zur Verfügung.

Dinos zum Anfassen (Titelbild)
Spielend lernen (r.)

Wenn man Kinder fragt, welche Tiere sie am liebsten in einem Zoo beobachten würden, wäre die Antwort wohl ziemlich eindeutig. Immerhin üben Dinosaurier nach wie vor eine große Faszination auf den Menschen – und vor allem auf den Nachwuchs – aus. Das Problem an der Sache ist nur, dass die Urzeit-Giganten bekanntlich bereits seit langem ausgestorben sind.

Über deren Verschwinden gibt es nur Vermutungen – die zur Zeit wahrscheinlichste dürfte die Theorie eines Meteoriteneinschlags sein, der das Klima auf der Erde so stark veränderte, dass für die Dinosaurier kein Überleben mehr möglich war. Trotzdem kann man die Riesenechsen heute im sächsischen Kleinwelka in ihrer vollen Pracht bewundern – im dortigen Saurierpark stehen über 200 verschiedene Vertreter ihrer Art, perfekt in die örtliche Landschaft eingebunden. Vom furchteinflößenden Tyrannosaurus Rex über den Triceratops bis hin zum 15 Meter hohen Brontosaurier reicht die Palette der präsentierten Tiere. Dabei wird der gesamte Zeitraum zwischen dem Perm, das vor etwa 299 Millionen Jahren begann, und dem Jura-Zeitalter vor 65,5 Millionen Jahren, welches das Ende der Saurier-Ära einläutete, abgedeckt.

Der „Galaktische Nebel" – ein Wasserspielplatz zum Abkühlen

Mit dem »Reich der Giganten« gibt es sogar einen eigenen großen Jura-Themenbereich, in dem 80 Dinosaurier-Figuren in verschiedenen aufwendigen Szenerien einen guten Eindruck über das damalige Leben vermitteln. Auf diese Weise können die Besucher nicht nur über die gewaltigen Ausmaße der Tiere staunen, sondern lernen ganz nebenbei auch vieles über die Zustände auf unserem Planeten zu jener Zeit.

Im Jahre 2013 wurde noch ein zusätzliches spannendes Erlebnisareal eröffnet: »Die vergessene Welt«. Dort erhält man in den Kulissen einer verlassenen Forschungsstation die seltene Gelegenheit, die Dinosaurier und ihre Spuren mit allen Sinnen zu erfahren und sich die Nerven ordentlich kitzeln zu lassen. Später wurde dieser Bereich nochmals erweitert und mit einer neuartigen Attraktion ergänzt. Neben dem Edutainment-Faktor bietet der Saurierpark vor allem seinen jüngeren Gästen jede Menge Gelegenheiten zum Spielen und Toben. Eines der Highlights ist sicherlich der vor allem im Hochsommer stark frequentierte Wasserspielplatz mit seinen weitläufigen Fontänenfeldern und einem sechs Meter hohen Geysir.

Ein großer Spaß für den Nachwuchs ist auch eine Ausgrabungsstätte, wo er in die Fußstapfen berühmter Archäologen treten kann. Und damit der Erfolg garantiert ist, sind in dem Sand kleine Überraschungen für die angehenden Forscher versteckt. Auch der Spielplatz zum Thema Universum weckt den Wissenshunger bei den Kindern: Eine spannende multimediale Reise zum Mittelpunkt der Erde steht hier genauso auf dem Programm wie die Erklärung des Urknalls.

Fazit

Der Saurierpark bei Bautzen verknüpft das Wissen über die Urzeit-Riesen auf elegante Weise mit der Abenteuerlust der jüngeren Besucher und eignet sich damit perfekt als Ausflugsziel für die ganze Familie – vor allem auch, weil man sich dort nicht nur auf eine passive „Bespaßung" beschränkt wie in vielen anderen Parks.

Parkscout-Tipps

Der Saurierpark bietet Führungen und einen Audioguide als 45-minütige Hörspielversion an. Das geschulte Personal steht den Gästen gerne Rede und Antwort rund um den Park und das Zeitalter der Dinosaurier.

Direkt neben dem Saurierpark befindet sich der Sauriergarten, die prähistorische Anlage des deutschen Bildhauers Franz Gruß. Mit der Eintrittskarte vom Saurierpark können Sie dort in die Welt der Urzeitmenschen eintauchen.

62 Sachsen

ZOO LEIPZIG

Die Zukunft hat begonnen

Adresse
Zoo Leipzig
Pfaffendorfer Straße 29
04105 Leipzig
Tel.: 03 41 / 593 35 00
www.zoo-leipzig.de

Preise
Erwachsene (ab 15 J.): 18,50 €
Kinder (4 – 14 J.): 11,00 €
Kinder (0 – 3 J.): frei
Parken: 6,00 €

Öffnungszeiten
Ganzjährig täglich geöffnet
April + Oktober: 9 – 18 Uhr
Mai – September: 9 – 19 Uhr
November – März: 9 – 17 Uhr

Gastronomie
Im Zoo Leipzig wird sogar das Essen zu einem besonderen Erlebnis, da die Restaurants und Imbiss-Stationen sowohl in der Gestaltung als auch in der Auswahl der Speisen an die entsprechenden Themenwelten angepasst sind. Afrikanische, asiatische oder südamerikanische Spezialitäten, aber auch altbekannte Speisen wie Schnitzel und Bratwurst stehen auf dem Programm.

Events
Das Jahr über finden im Zoo Leipzig eine ganze Reihe an Veranstaltungen und Aktionstagen statt, über die auf der Homepage informiert wird.

Neu 2016
Voraussichtlich im Sommer 2016 wird das neue Koala-Haus im Zoo Leipzig eröffnen.

Eine kleine Bonobo-Familie (Titelbild)

Die Geschichte des Zoo Leipzig beginnt bei dem Gastwirt Ernst Pinkert, der im Jahre 1876 nach einer Möglichkeit suchte, seine Gaststätte „Zum Pfaffendorfer Hof" für die Gäste attraktiver zu machen. Seine Idee, exotische Tiere auszustellen, hatte großen Erfolg, und so folgte 1878 schließlich die offizielle Gründung des Zoologischen Gartens, der heute etwa 850 Arten und Unterarten beherbergt.

Seit dem Jahre 2000 baut der Zoo Leipzig seine Gehege nach aktuellen Erkenntnissen der artgerechten Tierhaltung um und bildet dabei die natürliche Umwelt möglichst originalgetreu nach. Statt Beton und Stahl prägen heute weitläufige Savannen, schützende Baumbestände und großzügige Wasserläufe das Zoogelände.

Die Reise durch den Zoo Leipzig beginnt im »Gründergarten« mit dem »Entdeckerhaus Arche«. In dem aufwendig renovierten ehemaligen Raubtierhaus können sich die Besucher interaktiv über die Artenschutzbemühungen des Zoos informieren und das über 100 Jahre alte Aquarium besichtigen. Neben Haien und Rochen sind hier auch Muränen, afrikanische Friedfische und Sumpfkrokodile zu bestaunen. Ein Schmuckstück ist der Elefantentempel »Ganesha Mandir«

mit seinen großzügigen Außenanlagen, die den Dickhäutern beste Bedingungen für ausgiebige Körperpflege und ausreichende Bewegung bieten.

Einblicke in die asiatische Flora und Fauna bieten die begehbare Freiflugvoliere, die »Tiger-Taiga« sowie die »Lippenbären-Schlucht«. Die Menschenaffenanlage »Pongoland« entstand als Gemeinschaftsprojekt mit dem Max-Planck-Institut für Evolutionäre Anthropologie. Sie beherbergt Schimpansen, Gorillas, Orang-Utans und Bonobos, die eine drei Hektar große Hügellandschaft inklusive fünf Außenanlagen mit Kletterseilen, Bäumen und Höhlen bewohnen. Dieser Lebensraum ermöglicht ein natürliches Zusammenleben in kleinen Sozialverbänden und arttypisches Verhalten.

Von der Lodge der »Kiwara-Savanne« aus können Zoofreunde schließlich Zebras, Giraffen, Antilopen und Gazellen beobachten. Die Löwensavanne »Makasi Simba« und der »Okapiwald« sind weitere Besuchermagnete des afrikanischen Themenbereichs. Das »Gondwanaland« greift die Idee vom Urkontinent als unverwechselbarem Lebensraum auf. Exotische Pflanzen und Tiere laden zu einem Entdeckerabenteuer ein. Baumwipfelpfad, Bootstour und Vulkanstollen bieten einen spannenden Wechsel der Perspektiven.

Zukunftsaussichten

Der Zoo Leipzig bietet Abenteuer, Erholung und Wissen gleichermaßen. Schon jetzt, noch bevor die Reise um die Welt und durch 160 Millionen Jahre Erdgeschichte komplett ist, führt kein Weg am Leipziger Zoo vorbei.

Parkscout-Tipp

Wer den Zoo nicht auf eigene Faust durchwandern möchte und vielleicht mehr über sein Lieblingstier erfahren will, der hat hier die Gelegenheit, sich gegen Aufpreis einem Zoolotsen anzuvertrauen. Auf einer gemeinsamen Entdecker- oder Abenteuertour erzählt dieser nicht nur Spannendes über die Zoobewohner, sondern gibt auch interessante Einblicke in den Zooalltag und das Artenschutzengagement des Zoos.

Ein Amurleopard im Leoparden-Tal

63 Sachsen

BELANTIS

Freizeitspaß in Leipzig

Adresse
BELANTIS
Zur Weißen Mark 1
04249 Leipzig
Tel.: 03 41 / 91 03 33 33
www.belantis.de

Preise
Tageskarte (ab 1m): 31,90 €
Kinder (unter 1m): frei
Parken: 3,00 €

Öffnungszeiten
24.03. – 31.10.2016
Im April, Mai und September an einigen Werktagen geschlossen. Geöffnet von 10 bis 20 Uhr in der Hauptsaison. In der Vor- und Nachsaison schließt der Park früher.

Gastronomie
Ob Schloss-Cafe, orientalische Snackoase oder mediterrane Bodega – die BELANTIS-Restaurants sind passend zu den jeweiligen Themenbereichen gestaltet. Besonders zu empfehlen ist die „Pulverschänke" am Alten Markplatz, wo sogar mittelalterliche Gaukler auf die Besucher warten.

Neu 2016
Bei Drucklegung dieses Buches waren noch keine Pläne des Parks bezüglich Neuheiten für 2016 bekannt – lassen Sie sich einfach überraschen.

Cobra vor der Pyramide (Titelbild)
Prärie der Indianer (r.o.)
HURACAN (r.u.)

Schon mehr als zehn Jahre ist es her, dass in Leipzig inmitten eines alten Braunkohleabbaugebietes der Freizeitpark BELANTIS eröffnete. Wo früher Bagger und Ödnis das Bild prägten, sind heute üppiges Grün, Abenteuer und Freizeitspaß für die ganze Familie zu Hause. Beim Eintritt in den Freizeitpark heißt es zunächst, das märchenhafte Schloss BELANTIS zu bewundern, das außer dem „Schloss-Café" und einem Souvenirshop noch die Möglichkeit bietet, in romantischem Ambiente zu heiraten. Gleich hinter dem Schloss BELANTIS lädt Parkmaskottchen Buddels Kinder-Jahrmarkt mit Attraktionen für die ganz Kleinen ein.

Das Mittelmeer ruft

Auf der Reise zu Mythen und Abenteuern führt der Weg zunächst zum großen See des Freizeitparks, der in Form des Mittelmeeres angelegt wurde. Unerschrockene Zeitreisende verschlägt es von hier aus meist zur großen Pyramide, in der es gilt, dem »Fluch des Pharao« zu entkommen. Wen dieser trifft, der erlebt bei einer rasanten Wildwasserfahrt, was es heißt, eine Gottheit zu erzürnen. Bei der großen Abfahrt aus der hohen Pyramide hat man kurz Gelegenheit, einen Blick über den Freizeitpark zu werfen – bevor es ins kühle Nass geht. Am „Strand der Götter", der den griechischen Mythen gewidmet ist, warten unter anderem der spektakuläre »Götterflug« und die Show in der »Arena des Zeus« auf die Gäste.

Auf dem Weg weiter entlang des Meeres kommt man schließlich durch das „Land der Grafen", in dem es sich lecker essen und trinken lässt. Abenteuer pur bietet die „Insel der Ritter" mit dem spaßigen »Drachenritt« in Form einer Familienachterbahnfahrt über Burg und Wasser. Aber Vorsicht im »Verlies des Grauens« – hier verliert man leicht das Gefühl für oben und unten …

Auf den Spuren von Kolumbus und Winnetou

An der „Küste der Entdecker" kann man es Christoph Kolumbus gleichtun und von hier aus, nach einer Fahrt mit der Schiffschaukel »Santa Maria«, nach Amerika aufbrechen. Während der Seefahrer eigentlich einen Weg nach Indien suchte, können die Besucher zielgerichtet die „Prärie der Indianer" mit ihren Attraktionen erwandern. Neben »BELANITUS Rache«, einem 20 Meter hohen Riesenschwungpendel, das aus den Besuchern echte Bleichgesichter macht, wartet vor allem der Themenbereich „Reich der Sonnentempel" mit einer ganz besonderen Herausforderung auf die Abenteuerlustigen: »HURACAN«, der gefürchtete Herrscher über die Naturgewalten der Erde, schickt die Fahrgäste persönlich auf eine wilde Achterbahnfahrt mit supersteiler Abfahrt und atemberaubenden Überschlägen.

Parkscout-Tipp

Im Schloss BELANTIS kann man auch heiraten: Schon seit 2004 ist der Ballsaal ein offizielles Trauzimmer und pro Saison finden bis zu zehn Hochzeiten statt.

Der sympathische Freizeitpark, übrigens Deutschlands einziger in einer Großstadt, ist unbedingt eine Reise wert. In dem für seine besonders freundlichen Mitarbeiter und günstigen Preise bekannten Park wird für jeden Geschmack etwas geboten.

64 Thüringen

SAALEMAXX

Wasserspaß in der Schillerstadt

Adresse
SAALEMAXX
Hugo-Trinckler-Str. 6
07407 Rudolstadt
Tel. 0 36 72 / 314 50
www.saalemaxx.de

Preise
Tageskarte Erlebnisbad (inkl. Sportbad) / komplett
Erwachsene (ab 15 J.): 13,30 € / 24,90 €
Kinder (4 – 14 J.): 9,50 € / 17,90 €
Kinder (0 – 3 J.): frei
Weitere Preise für Saunawelt, Badehaus und Sportbad sowie Stundenpreise siehe Internetseite des Bades
Parken: frei

Öffnungszeiten
Ganzjährig täglich geöffnet
Erlebnisbad: Montag bis Samstag 10 – 22 Uhr, Sonntag 10 – 20 Uhr
Saunawelt, Badehaus, Wellnessbereich, Sportbad: Täglich 10 – 22 Uhr, Freitag bis 23 Uhr

Gastronomie
Das breite Angebot an Speisen sowohl im Erlebnisbad- als auch Saunabereich erfüllt auch ausgefallenere Wünsche: Nicht nur Pommes und Schnitzel, sondern auch Geschnetzeltes sowie Fisch und Salat und Gemüsevariationen stehen auf den Speisekarten.

Neu 2016
Bei Drucklegung dieses Buches waren noch keine Pläne des Bads bezüglich Neuheiten für 2016 bekannt – lassen Sie sich einfach überraschen.

Tauchen in Thüringen (Titelbild)

Neben der bekannten Heidecksburg, dem wohl prunkvollsten Barockschloss Thüringens, und dem Schillerhaus kann man das 2001 eröffnete SAALEMAXX wohl zu den wichtigsten Touristenangeboten der Region zählen.

Erlebnisbad mit Blick aufs Schloss

Neben dem Sportbad, dessen fünf jeweils 25 Meter langen Bahnen vor allem die Wasserfreunde anziehen, die sich der Fitness wegen in das kalte Nass stürzen, dürfte es vor allem das Erlebnisbad sein, das Familien mit Kindern anlockt. Ein großer Außenbereich mit Liegewiese, Beachvolleyball, Tischtennisplatten und Blick auf die vorgenannte Heidecksburg bietet im Sommer genügend Platz auch für einen größeren Besucheransturm. Punkten kann das Bad natürlich neben dem Wellenbecken und dem Strömungskanal vor allem durch die allseits beliebten Rutschen. Die »Black Hole«-Rutsche nebst Zeitmessung und die spektakuläre »Free Fall«-Rutsche mit 45° Gefälle lassen die Reifenrutsche »Crazy River« dagegen schon beschaulich wirken. Viel Spaß und Abwechslung sind hier garantiert. Ergänzt wird der Bereich durch ein Dampfbad, Whirlpool, einen Palmengarten und eine Aussichtsplattform.

Auch hier zuhause: Maxxis Kids-Club, mit Animationsprogramm für die kleineren Wasserfans. Ein Warmwasserbecken, Spielgeräte, Bausteine, Bobbycars zum Herumdüsen und Maxxis Sandburg bieten Spielmöglichkeiten für den ganzen Tag. Abwechslungsreich sind übrigens auch die Kursangebote im SAALEMAXX: Neben Schwimmkursen für Erwachsene und Kinder, die hier selbstverständlich auch gleich ihr „Seepferdchen" ergattern können, werden auch Fitness- und Fatburn-Angebote gerne angenommen.

Der ausgleichende Pol

Wo Spaß und Action zu finden sind, passen Ruhe und Entspannung als ausgleichender Pol ganz sicher hervorragend. Die Saunawelt wartet hier neben verschiedenen Hauptsaunen und einer Dampfsauna noch mit einer Wohlfühlsauna inkl. verschiedenen Liegebereichen auf. Besonders beliebt sind die Sauna-Nächte mit verschiedenen Themen sowie passenden Massageangeboten und Buffets. Ganz dem orientalischen Thema hat sich das »Badehaus« verschrieben. Der Wellnessbereich lädt mit warmen Bädern, Sprudelliegen, Massagedüsen und Kneippstrecke zum Entspannen und Regenerieren ein. Zahlreiche Anwendungen von der klassischen Massage über orientalische Reinigungsrituale wie Hamam und Rhassoul bis hin zur Schlammpackung tun ihr Übriges, den Alltag vergessen zu lassen.

Leib und Seele zusammenhalten

Das Gastronomieangebot verspricht alle Wünsche von „A wie Apfelmus bis Z wie Zigeunerschnitzel" zu erfüllen. Je ein eigenes Angebot im Erlebnisbad und dem Saunabereich hält dafür variantenreiche Menükarten bereit, auf denen Groß und Klein schnell das Passende für sich herausfinden.

Fazit

Das SAALEMAXX bietet Spaß und Erholung rund um das Thema Wasser für die ganze Familie – und das zu günstigen Preisen.

Parkscout-Tipp

Für Badegäste auf der Durchreise stehen neun Caravan-Stellplätze nebst Wasser- und Stromversorgung sowie Abwasserentsorgung bereit. Je nach Jahreszeit ist eine rechtzeitige Reservierung zu empfehlen.

Außenansicht

65 Sachsen

FREIZEITPARK PLOHN

Von Forellen und Stieren

Adresse
Freizeitpark Plohn
Rodewischer Straße 21
08485 Lengenfeld / Plohn
Tel.: 03 76 06 / 86 65 00
www.freizeitpark-plohn.de

Preise
Erwachsene (ab 13 J.): 26,50 €
Kinder (4 – 12 J.): 23,50 €
Kinder (0 – 3 J.): frei
Senioren (ab 60 J.): 23,50 €
Parken: frei

Öffnungszeiten
24.03. – 31.10.2016
10 – 17 Uhr
In der Hauptsaison gelten verlängerte Öffnungszeiten. Im April und Oktober ist teilweise werktags geschlossen.

Gastronomie
In den hübsch thematisierten Räumlichkeiten im Park warten unter anderem Steaks, Pizza, Nudelgerichte und süße Leckereien auf die hungrigen Besucher.

Neu 2016
Bei Drucklegung dieses Buches waren noch keine Pläne des Parks bezüglich Neuheiten für 2016 bekannt – lassen Sie sich einfach überraschen.

Holzachterbahn El Toro (Titelbild)
Familienspaß mit den Funny Boats (r.o.)
Wildwasserbahn mit Geisterbahn (r.u.)

Der 1996 aus einem Forellenhof entstandene Freizeitpark Plohn in Sachsen gehört zu den oft übersehenen Perlen unter den vermeintlich kleineren Parks in Deutschland. In den vergangenen Jahren wurde das Angebot an Attraktionen konsequent erweitert und ein tolles Ausflugsziel geschaffen, das vor allem Familien mit Kindern zu begeistern weiß.

Wichtigstes Highlight ist sicherlich die 2009 eröffnete Holzachterbahn »El Toro«, deren rasante Fahrt schon so manchen überrascht haben dürfte. Trotz ihrer mediokren Höhe von nur knapp 25 Metern bietet die Anlage dank ihres kompakten Streckenverlaufs einen Geschwindigkeitsrausch, den die meisten ihrer größeren Schwestern noch nicht einmal ansatzweise erreichen. So ist der Ritt auf dem Stier auch eher etwas für die älteren Besucher – mit kleineren Kindern sollte man besser auf die Familienachterbahnen »Raupe«, »Plohseidon«, »Miniwah & das Geheimnis von Gold Creek City« oder die auch schon etwas temporeichere »Silver Mine« ausweichen.

Freier Fall in den Topf der Kannibalen

Eine Besonderheit stellt die 16 Meter hohe Wildwasserbahn des Parks dar, die zu Beginn der Fahrt einen längeren Geisterbahn-Part bietet und genau wie die Rafting-Anlage »Fluch des Teutates« über einen nicht zu unterschätzenden Nässegrad verfügt. Trocken hingegen bleibt man bei der »Floßfahrt durch die Urzeit«, einer beschaulichen Bootsreise über einen See, der von prähistorischen Lebewesen bevölkert wird. Gleich in der Nähe findet man hier auch den »Freefall Tower im Urzeitdorf«, einen schön thematisierten kleinen Freifallturm, bei dem man im Kochtopf von Kannibalen landet. Überhaupt fällt die Liebe zum Detail im Freizeitpark Plohn überall ins Auge: Selbst der in anderen Parks oft vernachlässigte Märchenwald glänzt mit originellen Ideen und einem tadellosen Zustand.

Zu den weiteren Dingen, die man bei einem Besuch nicht verpassen sollte, gehören der atmosphärische Darkride »Plohnis Tauchfahrt«, ein japanischer Garten, der zum Entspannen einlädt, oder verschiedene Klettermöglichkeiten wie das größte Baumhaus Deutschlands, die »Holzmichl-Villa« oder auch das »Crazy House«. Gerade Letztere gehören natürlich bei den jüngeren Gästen zu den absoluten Top-Attraktionen, da sie nicht nur aufwendig gestaltet sind, sondern auch verschiedene Herausforderungen für alle Altersklassen bereithalten.

Fazit

Der Freizeitpark Plohn überzeugt mit seinem Hang zu liebevollen Details auf ganzer Linie, bietet für Familien ein ausgewogenes Attraktionsangebot und strapaziert mit einem recht günstigen Preis die Geldbörse nicht über Gebühr.

Parkscout-Tipp

Wer gerne am Freizeitpark Plohn übernachten und einmal etwas Außergewöhnliches erleben möchte, dem sei das „Heuhotel" ans Herz gelegt, in dem man zu günstigen Preisen in gemütlichen Heuboxen schlummern kann. Außerdem stehen Ferienwohnungen sowie die Themenpension „Zur alten Brauerei", deren Zimmer nach Märchen benannt sind und passende Wandbemalung bieten, zur Verfügung.

66 Berlin

BOTANISCHER GARTEN BERLIN

Flora aus vier Kontinenten

Adresse
Botanischer Garten und Botanisches Museum Berlin-Dahlem
Königin-Luise-Straße 6 – 8
14195 Berlin
Tel.: 0 30 / 83 85 01 00
www.bgbm.org

Preise (inkl. Botanisches Museum)
Erwachsene: 6,00 €
Ermäßigt: 3,00 €
Kinder (0 – 5 J.): frei
Parken: öffentliche Parkplätze

Öffnungszeiten
Ganzjährig geöffnet
Am 24.12. geschlossen.
Täglich ab 9 Uhr
Der Park schließt je nach Saison zwischen 16 und 21 Uhr.

Gastronomie
Im Café im neuen Glashaus sind kalte und heiße Getränke, Kuchen und kleine Snacks zu haben. Für den größeren Hunger ist das Restaurant „Landhaus" täglich von 11 bis 18 Uhr geöffnet.

Events
Der Botanische Garten Berlin ist das ganze Jahr über Schauplatz der verschiedensten Veranstaltungen, Führungen und Ausstellungen. Nähere Informationen hierzu sind auf der Homepage zu finden.

Neu 2016
Bei Drucklegung dieses Buches waren noch keine Pläne des Parks bezüglich Neuheiten für 2016 bekannt – lassen Sie sich einfach überraschen.

Herbst am Americasee (Titelbild)
Führung im Botanischen Garten, im Hintergrund Mittelmeergewächshaus (r.)

Wer hat nicht schon einmal von einer Weltreise geträumt? Davon, fremde Kontinente zu entdecken und sich mit einer völlig neuen Umwelt vertraut zu machen? Doch was tun, wenn Zeit oder das passende Kleingeld fehlen? Der Botanische Garten Berlin bietet eine Antwort. Auf dem etwa 43 Hektar großen Areal können Besucher Pflanzen aus fünf Kontinenten bewundern und somit (fast) die ganze botanische Welt an einem Tag kennenlernen.

Die Vielfalt der hier ausgestellten Flora reicht dabei vom heimischen Gänseblümchen auf einer bunten Frühlingswiese bis hin zum südostasiatischen Riesenbambus, der eine beeindruckende Höhe von bis zu 26 Metern erreichen kann.

Kleiner Anfang, ...

Dabei hat auch der Botanische Garten der deutschen Hauptstadt einmal klein angefangen: 1679 war es, dass auf dem Gelände des heutigen Heinrich-von-Kleist-Parks in Schöneberg ein Hof- und Küchengarten mit angegliedertem Mustergarten angelegt wurde, den man 1718 der Preußischen Akademie der Wissenschaften unterstellte. In der Folge, vor allem aber im 19. Jahrhundert, entwickelte sich die Anlage zu einem Botanischen Garten im heutigen Sinne. Die Eröffnung des „Königlich Botanischen Museums" 1879 bildete einen ersten Meilenstein in dieser Entwicklung. Aber auch der Garten selbst expandierte zu dieser Zeit, bis schließlich um die Jahrhundertwende das Areal im Kleistpark zu klein für seine wissenschaftlichen Ansprüche wurde. Neuer Standort wurde ein ehemaliger Kartoffelacker in der Domäne Dahlem, wo der Garten auch heute noch seinen Sitz hat. Direktor und mitverantwortlich für die Planung der neuen Anlage war Adolf Engler, einer der führenden Pflanzenkundler seiner Zeit, dessen Spuren sich in Form der Unterteilung der Pflanzensysteme auch heute noch überall im Botanischen Garten finden. Doch nun genug der Historie.

... große Wirkung

Viel interessanter ist, was den Besucher heute im Botanischen Garten erwartet. Da wäre beispielsweise die »Pflanzengeographische Abteilung«, die auf einem Drittel der Gesamtfläche Pflanzen aus Europa, Asien und Nordamerika vorstellt. Das botanische Spektrum reicht dabei vom europäischen Laubwald bis zu den Gebirgspflanzen Zentralasiens. Im »Arboretum«, mit etwa 14 Hektar auf Platz zwei der größten Freilandabteilungen, sind dagegen etwa 1.800 Baum- und Straucharten zu finden, während der »Italienische Garten« mit mediterraner Flora für Urlaubsfeeling sorgt. Sehr beliebt bei den Besuchern ist darüber hinaus der Duft- und Tastgarten, in dem aromatische Stauden, duftende Sommerblumen und Gewächse mit unterschiedlichen Oberflächenstrukturen zum Schnuppern und Anfassen einladen. Etwas Besonderes ist auch der »Arzneipflanzengarten«, in dem die Beete einer menschlichen Figur ähneln und die Pflanzen in dem „Organ" angepflanzt wurden, an dem sie ihre medizinische Wirkung entfalten.

Neben der Freifläche sind natürlich auch die Gewächshäuser wahre Besuchermagneten, allen voran das »Große Tropenhaus« mit seiner stattlichen Höhe von 23 Metern. Das unter Denkmalschutz stehende Gebäude aus den Jahren 1906/07 wurde zwischen 2006 und 2009 grundlegend saniert und ist seither wieder für die Öffentlichkeit zugänglich.

Parkscout-Tipps

An den Parkkassen können kostenlos Rollstühle ausgeliehen werden, allerdings wird hierzu eine vorherige Anmeldung empfohlen. Behindertengerechte Toiletten sind am Duft- und Tastgarten sowie bei Veranstaltungen auch im »Neuen Glashaus« zu finden, Schlüssel sind an den Kassen erhältlich.

Wer sich zu Hause selbst als Gärtner betätigen möchte oder einfach ein nettes Mitbringsel sucht, wird in den zwei Läden im Botanischen Garten garantiert fündig.

67 Brandenburg

FILMPARK BABELSBERG

Und Action!

Adresse
Filmpark Babelsberg
Großbeerenstraße
14482 Potsdam-Babelsberg
Tel.: 03 31 / 721 27 50
www.filmpark-babelsberg.de

Preise
Erwachsene (ab 17 J.): 21,00 €
Kinder (4 – 16 J.): 14,00 €
Kinder (0 – 3 J.): frei
Parken: 3,00 €

Öffnungszeiten
23.03. – 31.10.2016
10 – 18 Uhr
In der Nebensaison ist der Park teilweise montags und freitags geschlossen.

Gastronomie
Besonders empfehlenswert ist das Erlebnisrestaurant „Prinz Eisenherz", das seine Besucher in die Welt des Mittelalters entführt. Weiterhin sorgen das Kinderrestaurant „Köhler Jeromir" sowie verschiedene Imbiss-Stände für das leibliche Wohl.

Neu 2016
Bei Drucklegung dieses Buches waren noch keine Pläne des Parks bezüglich Neuheiten für 2016 bekannt – lassen Sie sich einfach überraschen.

Events
Ein Treffen mit echten Stars, Feiern in Filmkulissen – die Filmpark-Events bieten die ganze Saison über zahlreiche Höhepunkte. Informationen dazu gibt es auf der Homepage des Parks.

Die drei Musketiere (Titelbild)

Seit mehr als 100 Jahren steht der Name Babelsberg für Kinogenuss der Extraklasse. Von „Metropolis" bis „Inglourious Basterds" reicht die Reihe der hier produzierten Leinwandklassiker. Aber nicht nur als Produktionsstandort ist das etwa 46 Hektar große Areal der Medienstadt Babelsberg Filmfans aus nah und fern heute ein Begriff: Vor allem der hier beheimatete Filmpark erfreut sich seit seiner Eröffnung im Jahr 1991 eines großen Besucherinteresses.

Wo anfangs nur wenige Attraktionen wie ein Schneideraum oder einige Außendekorationen besichtigt werden konnten, präsentiert sich heute ein cineastisch motivierter Freizeitpark. Verspielt und träumerisch für die einen, spannend und actionreich für die anderen – die etwa 20 unterschiedlichen Attraktionen rund um das Thema Film und Fernsehen lassen hier die Herzen der verschiedensten Besuchergruppen höherschlagen.

Traumwelten für kleine Gäste

Highlights für Kinder sind dabei sicherlich liebevoll gestaltete Themenwelten wie die »Gärten des kleinen Muck« oder die Bootstour durch

»Janoschs Traumland«. Und natürlich darf auch ein Besuch beim Sandmännchen nicht fehlen. Seit 2010 informiert die Ausstellung »Das Sandmännchen – Abenteuer im Traumland« junge und jung gebliebene Besucher über die Techniken der Trickfilmproduktion und gibt ihnen dank des Sandmann-Green-Screen-Studios sogar die Möglichkeit, selbst ins traumhafte Somnia zu reisen.

Action, Spannung, Nervenkitzel

Doch auch wer den Nervenkitzel sucht, ist im Filmpark an der richtigen Adresse: Sei es bei der »Stuntshow im Vulkan«, die schon seit mehr als einem Jahrzehnt die Besucher in ihren Bann zieht, oder beim »4D-Actionkino«, in dem Sie die Reise in einer Rikscha über die Chinesische Mauer mit (fast) allen Sinnen erleben können. Gesteigert wird dieses Erlebnis seit Juni 2011 im interaktiven XD-Erlebniskino im »Dome of Babelsberg«. Hier erwartet die Besucher eine große Rundbogenleinwand, auf der bis zu 24 Zuschauer gleichzeitig, ausgestattet mit 3D-Brille und Laservisier mit integrierter Kamera, auf Monsterjagd gehen können. Ein weiteres Highlight für alle Showfans ist die Making-of-Show zum 3D-Film „Die drei Musketiere", eine interaktive Inszenierung, die mit einem spektakulären Set und Originalrequisiten einen spannenden Blick hinter die Kulissen ermöglicht. Zu den weiteren Attraktionen im Filmpark gehören darüber hinaus der Rundgang durch die Medienstadt ein Besuch auf dem Außengelände der Serie „Gute Zeiten, schlechte Zeiten" und ein Spaziergang durch die Westernstadt.

Mit liebevoll gestalteten Kulissen, packenden Shows und einer ansprechenden Gesamtatmosphäre weiß der Filmpark Babelsberg seine Besucher schon seit vielen Jahren zu beeindrucken. Zusammen mit weiteren Attraktionen in der näheren Umgebung, wie Schloss Sanssouci, dem Filmmuseum Potsdam oder dem Berliner S-Bahn-Museum, macht er die brandenburgische Landeshauptstadt zu einem beliebten Reiseziel für Touristen aus aller Welt.

Parkscout-Tipps

Um alle Shows in Ruhe genießen zu können, sollten Sie für einen Besuch etwa 5 – 6 Stunden einplanen.

Mitmachen erwünscht! Bei der »Fernsehshow« können Besucher ihr Können als Wetterfee oder Lichtdouble unter Beweis stellen.

Stuntshow im Vulkan

68 Brandenburg

TROPICAL ISLANDS

Europas größte tropische Urlaubswelt

Adresse
Tropical Islands
Tropical-Islands-Allee 1
15910 Krausnick
Tel.: 03 54 77 / 60 50 50
www.tropical-islands.de

Öffnungszeiten
Ganzjährig täglich geöffnet
24 Stunden am Tag

Preise
Tropen Pur:
Erwachsene (ab 15 J.): 42,00 €
Kinder (6 – 14 J.): 33,00 €
Kinder (0 – 5 J.): frei

Tropen & Sauna:
Erwachsene (ab 15 J.): 49,00 €
Kinder (6 – 14 J.): 39,50 €
Kinder (0 – 5 J.): frei

Parken: frei

Gastronomie
Passend zum traumhaften Ambiente bietet sich die Möglichkeit, eine ganze Reihe exotischer Speisen zu probieren. In 13 verschiedenen Restaurants und Bars gibt es für jeden Geschmack etwas. Von klassischen Gerichten wie Burger, Pommes frites und Pizza bis hin zu speziellen Köstlichkeiten der mediterranen Küche.

Neu 2016
Ab Anfang Mai sorgt der neue Außenbereich Tropical Islands AMAZONIA für noch mehr Badespaß.

Die Aussicht über die tropische Landschaft genießen mit Island Ballooning (Titelbild)

Ein Badeurlaub in der Südsee mitten in Deutschland ist seit der Eröffnung von Tropical Islands im brandenburgischen Örtchen Krausnick – rund 60 Kilometer südlich von Berlin entfernt – ganz leicht möglich. Hier kann man auf einer Fläche von zehn Hektar sein eigenes Dschungel-Abenteuer erleben und sich vom Alltagsstress bestens erholen.

Mit rund 1.700 Betten bietet das Resort ganz unterschiedliche Übernachtungsmöglichkeiten, beispielsweise in der Halle direkt in tropischer Kulisse in einem Strandhaus mit Blick auf die Lagune, in einer Junior Suite über dem Wasserfall oder in einem Zelt im Rainforest- oder Sunset-Camp. Damit nicht genug: Außerhalb der Halle können Gäste in Mobile Homes oder auf dem Campingplatz inmitten der märkischen Heidelandschaft übernachten.

Im Tropical Islands befindet sich übrigens der größte Indoor-Regenwald der Welt – die faszinierende Urwald-Landschaft besteht aus rund 50.000 Bäumen, Büschen und einem üppigen Unterholz: Insgesamt sind hier etwa 600 verschiedene Pflanzenarten zu finden, darunter Palmen, Farne, Mangroven oder Baumorchideen. Aber auch tierische Bewohner haben hier ein neues Zuhause gefunden – freilaufende Pfaue und Fasanen können ausgiebig beobachtet werden.

Entspannen an Lagune und Südsee

Für entspannten Badespaß sorgt die »Lagune«. Hier erwartet Sie Romantik pur auf 1.200 Quadratmetern: Ein Strömungskanal, zwei unterirdische Wasserrutschen und Whirlpools laden bei einer Wassertemperatur von 32 Grad zum Schwimmen oder einfach nur Relaxen ein. Sandstein, Holz und Palmen säumen das Ufer – wo die Lagune an den Regenwald grenzt, schaffen eine Grotte und ein Wasserfall echte Dschungel-Atmosphäre. Auf der anderen Seite der Halle wartet die »Südsee« auf die Besucher, ein riesiges Areal mit langem Sandstrand und einem künstlichen Horizont – eine perfekte Illusion. Liegestühle und Palmen lassen sofort echte Urlaubsgefühle aufkommen, man wähnt sich nicht mehr irgendwo in Deutschland, sondern auf einer paradiesischen Insel irgendwo im Pazifik.

Natürlich bietet Tropical Islands seinen Gästen auch verschiedene Wasserrutschen. Der mit 27 Metern höchste Rutschen-Turm Deutschlands beinhaltet gleich vier dieser beliebten Attraktionen: von der gemächlichen Familienabfahrt mit der Reifenrutsche bis zur Turbo-Rutsche, auf der schon Geschwindigkeiten bis zu 70 Stundenkilometer erreicht wurden!

Tropical Islands AMAZONIA

Ganz neu in diesem Jahr ist der Außenbereich Tropical Islands AMAZONIA. Auf 35.000 Quadratmetern befinden sich ein Wildwasserkanal, zwei Swimming-Pools, Spielplätze, Sportflächen und ausgedehnte Liegeflächen. Verschiedene Wasserspiele wie der Lazy River Strömungskanal, Regentore für Wasserball und eine Rutsche sorgen für ausgelassenen Badespaß. Entspannung bieten die zahlreichen Massage-Düsen sowie Nackenduschen. Alle Wasserbereiche sind auf rund 31 Grad beheizt, Besucher gelangen über einen thematisierten Durchgang, vor Wind und Wetter geschützt, nach AMAZONIA. Somit kann auch an kalten Tagen unter freiem Himmel geschwommen werden.

Parkscout-Tipp

Hier können Familien richtig sparen: Wenn zwei Erwachsene und ein Kind Eintritt zahlen, erhalten bis zu drei weitere Kinder (6 – 14 J.) kostenlosen Zugang.

Blick auf die paradiesische Lagune

70 Mecklenburg-Vorpommern

ZOO ROSTOCK

Tierwelten entdecken und Abenteuer erleben

Adresse
Zoologischer Garten Rostock GmbH
Rennbahnallee 21
18059 Rostock
Tel.: 03 81 / 208 20
www.zoo-rostock.de

Preise
Erwachsene (ab 17 J.): 16,00 €
Kinder (4 – 16 J.): 9,50 €
Kinder (0 – 3 J.): frei
Ermäßigt: 13,00 €

Öffnungszeiten
Ganzjährig täglich geöffnet
März + April: 9 – 18 Uhr
Mai – August: 9 – 19 Uhr
September + Oktober: 9 – 18 Uhr
November – Februar: 9 – 17 Uhr

Gastronomie
Hungrige Besucher haben im Zoo Rostock die Wahl zwischen dem Restaurant im »DARWINEUM«, der „Lodge" oder dem „Café Käfer". In gemütlicher Atmosphäre können Sie hier bei Ihrem Zoo-Besuch eine Pause einlegen. Kinderherzen schlagen im „Kindertraumland" höher – hier finden kleine und große Naschkatzen eine große Auswahl an süßen Leckereien und kleinen Snacks.

Neu 2016
Bei Drucklegung dieses Buches waren noch keine Pläne des Zoos bezüglich Neuheiten für 2016 bekannt – lassen Sie sich einfach überraschen.

Eisbär beim Sprung ins kühle Nass (Titelbild)
Wachsamer Gorilla (r.)

Im Zoo Rostock – dem größten Zoo an der deutschen Ostseeküste – begegnen Sie 4.500 Tieren in 320 verschiedenen Arten aus aller Welt. Erleben Sie Geparden und Jaguare in der Wildnis, Dschungelfeeling inmitten von Kapuzineraffen im »Südamerika-Haus«, urzeitliche Reptilien in der »Krokodil-Halle«, Eisbären auf der »Bärenburg« und exotische Vögel im »Regenwald-Pavillon«. Die naturnah gestalteten Gehege sind eingebettet in eine einmalige Parklandschaft mit vielfältigen botanischen Besonderheiten, die zum Verweilen und Entspannen unter uralten Bäumen einlädt.

Evolution zum Anfassen

Im »DARWINEUM« begeben Sie sich auf eine spektakuläre Reise durch die Evolution. Das lebendige Museum bietet Umweltbildung und Wissenschaft zum Anfassen, Mitmachen und Mitdenken. In zwei interaktiven Ausstellungsbereichen wird die biologische Vielfalt des Lebens im Zuge der Evolution erlebbar. Sie begeben sich auf eine Zeitreise von der Geburt des Universums über explodierende Sterne hin zur Entstehung der Erde. Themenboxen mit lebenden Fossilien, imposante Aquarien mit Korallen oder

Seepferdchen ergänzen die Ausstellung. In der Ausstellung zur Kulturellen Evolution erwartet Sie Wissenschaft zum Ausprobieren.

Das Herz aber schlägt in der modernen Tropenhalle. Das abgesenkte 4.000 Quadratmeter große Gebäude, Heimstätte für die Gorillas und Orang-Utans, ist umgeben von einer großzügigen, circa 10.000 Quadratmeter umfassenden Außenanlage für die Menschenaffen. Gut 5.000 Quadratmeter davon entfallen auf das Freigehege für die Gorillas, circa 4.000 Quadratmeter sind der Tummelplatz der Orang-Utans. Etwa 1.600 Quadratmeter der Außenanlage steht den Kattas zur Verfügung. Die wieselflinken Halbaffen mit dem markanten Ringelschwanz können auf der begehbaren Anlage aus nächster Nähe beobachtet werden.

Tierpfleger auf Zeit

Während der öffentlichen Fütterungen der Löwen, Kamele, Eisbären, Wisente und Pinguine sowie bei den exklusiven Tierbegegnungen erleben Sie die Tiere hautnah. Außerdem können Sie im Zoo Rostock bei Eisbären, Pinguinen, Zebras oder Robben, bei thematischen Führungen und durch ein vielfältiges Veranstaltungsangebot zahlreiche Erlebnisse für die ganze Familie erleben.

Der Zoologische Garten Rostock ist Mitglied im Welt-Zoo-Verband (WAZA) und engagiert sich global in Zucht- und Auswilderungsprojekten. Wegen der großen Erfolge bei der Eisbärenaufzucht wird hier seit 1980 das internationale Zuchtbuch geführt.

Der Zoo gehört zu den beliebtesten Urlaubszielen Norddeutschlands, ist mehrfach mit dem Gütesiegel Familienfreundliche Einrichtung" vom Landestourismusverband ausgezeichnet worden und erhielt 2013 den ADAC-Tourismuspreis.

Parkscout-Tipps

Einen Blick hinter die Kulissen können Sie auch bei der Nächtlichen Tropenexpedition werfen. Wenn die Tagesgäste gegangen sind, öffnet das »DARWINEUM« für Sie noch einmal seine Pforten und Sie beobachten, wie sich unsere Schützlinge auf die Nacht im Dschungel vorbereiten.

Ein besonderes Erlebnis sind auch die Themenwege. Wer sich immer schon einmal die Frage gestellt hat, ob es Fabelwesen wie Greif oder Nixe wirklich gibt oder wie das Leben eines Wassertropfens aussieht, der wird im Zoo Rostock die Antwort finden.

69 Brandenburg

EL DORADO TEMPLIN

Western-Flair mitten in Brandenburg

Adresse
El Dorado Templin
Am Röddelinsee 1
17268 Templin
Tel.: 0 39 87 / 208 40
www.eldorado-templin.de

Preise
Erwachsene (ab 15 J.): 14,00 €
Kinder (1,20m – 14 J.): 12,00 €
Kinder (bis 1,20m): frei
Parken: 2,00 €

Öffnungszeiten
25.03. – 31.10.2016
10 – 18 Uhr
In den Schulferien und an Feiertagen in Berlin und Brandenburg ist die Westernstadt täglich, außerhalb der Ferien teilweise nur am Wochenende geöffnet.

Gastronomie
Für Ihr leibliches Wohl sorgen neben dem Saloon mit Burgern und Co. auch ein Steakhouse sowie die rustikale „Beaver Lodge" mit Grillspezialitäten. Auf die Naschkatzen warten Kaffee und Kuchen im „Coffee House".

Events
Im El Dorado Templin finden die ganze Saison über zahlreiche Sonderveranstaltungen statt, darunter beispielsweise das Indianer-Treffen (05.05. – 08.05.) oder das Schlittenhunde-Treffen (29.10. – 30.10.). Aktuelle Informationen zu den einzelnen Events finden Sie auf der Homepage des Parks.

Neu 2016
Bei Drucklegung dieses Buches waren noch keine Pläne des Parks bezüglich Neuheiten für 2016 bekannt – lassen Sie sich einfach überraschen.

Coole Wild-West-Action zu Pferd (Titelbild) und auf den Dächern des El Dorado Templin (r.)

Wer echtes Cowboy-Feeling und Wild-West-Romantik erleben möchte, musste bisher eine weite Reise ins Land der unbegrenzten Möglichkeiten antreten. Seit Sommer 2006 gibt es jedoch im brandenburgischen Templin mit El Dorado eine original nachgebaute Westernstadt, die ihren Besuchern jede Menge packender Unterhaltung und einzigartige Prärie-Abenteuer verspricht.

Wer als Kind schon immer Cowboy und Indianer spielen wollte, wird sich hier inmitten der brandenburgischen Uckermark wie im Eldorado fühlen. Der Themenpark bietet den Besuchern dabei spannende Attraktionen und actionreiche Shows ganz im Western-Stil. So gibt es etwa bei der »Western-Stuntshow« wilde Schießereien und Kämpfe zwischen Bleichgesichtern und Rothäuten. Unter der Leitung des Bösewichts Major Jackson ist die U.S. Cavalry auf der Suche nach einem sagenhaften Goldschatz, wobei sie tief ins Territorium der Indianer eindringt. Zwei Indianer und eine Farmerstochter versuchen, den skrupellosen Vormarsch aufzuhalten.

Packende Szenen können die Besucher aber auch einmal täglich auf der Main Street erleben, wenn in der »Main Street Stuntshow« die letzte Kutsche nach Tombstone fährt. Immer um 17:30 Uhr versuchen die Jackson-Brüder, die Goldreserven der Bank zu stehlen – dabei haben sie allerdings die Rechnung ohne den Sheriff und seinen Deputy gemacht. Ein weiteres Highlight ist die Reifentanzshow in der Indianershowarena. Bei seinem Hoop Dance erzählt der Blackfoot-Indianer Quentin Pipestem die Geschichte eines jungen Indianers, der auszieht, um ein wahrer Krieger zu werden. Auch für Kinder ist das Programm in der Westernstadt äußerst kurzweilig. Neben Attraktionen wie »Bogenschießen« und »Hufeisenwerfen« können die Kleinen auch mit dem Kinderquad über den Strohballenparcours düsen.

Wie es sich für ein Leben zur Pionierzeit des 19. Jahrhunderts gehört, kann man auch in El Dorado dem Goldrausch verfallen und in der »Goldwaschanlage« nach dem wertvollen Edelmetall schürfen. Tierbegeisterte Besucher sind beim Pony- oder Trailreiten dagegen goldrichtig. Weitere Attraktionen, wie etwa die Fahrt mit der »El Dorado Express Postkutsche«, werden mit dem El Dorado-Dollar entrichtet, der natürlich stilecht in der Western-Bank gewechselt wird. Doch Vorsicht! Die Stadt ist auch ein Eldorado für Räuber und Banditen. Eine Auszeit vom turbulenten Wild-West-Treiben kann man sich dagegen bei einer Mahlzeit im Saloon oder im Steakhouse nehmen. Alternativ bietet sich auch ein Streifzug durch die westerntypischen Läden an: Sei es im Spielzeugladen oder dem „Clothing Emporium" – hier findet jeder das passende Souvenir.

Parkscout-Tipps

Nutzen Sie die günstige Familienkarte, die für 38,00 € zwei Erwachsenen und bis zu drei Kindern (1,20m – 14 J.) Eintritt gewährt. Sonntags sowie mittwochs gibt es außerdem noch zusätzliche Rabatte auf die Familienkarte.

Da es in der Westernstadt viel zu entdecken gibt, lohnt auch eine Übernachtung, etwa in den stilechten Ranchhäusern, dem Westernhotel, dem Fort oder den Indianer-Tipis.

Ob Hochzeit, Kindergeburtstag, Workshop oder Klassenfahrt – das El Dorado Templin bietet für die verschiedensten Anlässe den perfekten Rahmen und hält auf der Homepage eine Menge an Angeboten bereit.

Fazit

El Dorado Templin ist eine einzigartige und authentische Erlebniswelt für Jung und Alt vor den Toren Berlins. Action, Spaß und Abenteuer gehören in der Westernstadt genauso zur Tagesordnung wie schießende Cowboys und tanzende Schwarzfuß-Indianer. Man könnte meinen, dies sei alles ganz wie im Film, doch es gibt einen großen Unterschied – hier sind die Kulissen keine Attrappen.

71 Mecklenburg-Vorpommern

WONNEMAR WISMAR

Die reinste Urlaubswonne

Adresse
Freizeitbad Wonnemar Wismar
Bürgermeister-Haupt-Straße 38
23966 Wismar
Tel.: 0 38 41 / 32 76 23
www.wonnemar.de

Preise
Tageskarte Erlebnis- und Sportbad:
Erwachsene (ab 16 J.): 14,90 €
Kinder (5 – 15 J.): 13,50 €
Kinder (0 – 4 J.): frei
Tageskarte Saunawelt:
Erwachsene (ab 16 J.): 20,90 €
Kinder (5 – 15 J.): 19,90 €
Parken: frei

Öffnungszeiten
Ganzjährig täglich geöffnet
Oktober – April: 10 – 22 Uhr
Mai – September: 10 – 21 Uhr
Wonnemar SPA: 10:30 – 20 Uhr

Events
Sowohl im Erlebnisbad als auch in der Saunawelt und im Gesundheitsbereich finden regelmäßig verschiedene Events und Aktionen statt, wie zum Beispiel Familientage, Lange Saunaabende oder Seniorentage.

Neu 2016
Bei Drucklegung dieses Buches waren noch keine Pläne des Bads bezüglich Neuheiten für 2016 bekannt – lassen Sie sich einfach überraschen.

Sauna-Außenbereich bei Nacht (Titelbild)
Wellenbecken (r.o.)
Erlebnisbad von außen (r.u.)

Das Wonnemar in der Hansestadt Wismar ist Freizeit-, Gesundheits- und Erlebnisbad in einem. Zu jeder Jahreszeit sorgt das familienfreundliche Bad mit mehr als zehn Wasserbecken, sieben actionreichen Rutschelementen sowie vielfältigen Wellnessanwendungen für jede Menge Abwechslung.

Das Wonnemar Wismar bietet Gästen allen Alters Badevergnügen vom Feinsten. Während sich große und kleine Besucher im 370 Quadratmeter großen »Abenteuer-Wellenbecken« in die Brandung werfen und dabei das Gefühl von Urlaub am Meer genießen, steht bei Kindern das »Wonni-Land« ganz hoch im Kurs. Hier kann der Nachwuchs nach Herzenslust toben und die zahlreichen Wasserfontänen dieser wunderschön angelegten Kinderwelt erkunden oder mit Seehund „Wonni" spielen. Wer sich nun fragt, ob das für die Kleinen nicht viel zu gefährlich ist, der sei beruhigt, Seehund „Wonni" ist das Maskottchen des Wonnemar Wismar und nicht mehr als eine niedliche Steinfigur.

Während die größeren Kids auf dem Piratenschiff oder in der»Felsengrotte« zu einem spannenden Abenteuer aufbrechen oder einfach die kindgerechte Rutsche ausprobieren, planschen die ganz kleinen Badegäste im 32 Grad warmen Babypool. Übrigens, von einer beheizten Sitzfläche aus haben Eltern ihre Sprösslinge stets im Blick.

Nervenkitzel garantiert

Mit oder auch ohne Reifen, »Black Hole« oder »Kamikaze« – Fans von rasanten Abfahrten haben im »Rutschentower« des Wonnemar Wismar die Qual der Wahl, denn hier bekommt man auf insgesamt sechs verschiedenen Rutschen reichlich Action und Wasserspaß geboten. Mit rund 55 Stundenkilometern geht es auf der »Turborutsche« wahrhaftig temporeich die Röhre hinab, so dass der Adrenalinpegel schnell in die Höhe steigt, während man selbst in die Tiefe gerissen wird. Manch sonst so mutiger Geselle sehnt dabei das schnelle Ende dieses Höllenritts herbei. Etwas ruhiger und gemütlicher geht es dagegen auf dem 105 Meter langen »Crazy River« zu. Mit Schwimmreifen bestückt verläuft die Fahrt hier über zahlreiche Stromschnellen und Wirbel.

In der Ruhe liegt die Kraft

Den nötigen Ausgleich finden Badegäste dagegen nicht nur im tropischen »Palmengarten« des Wonnemar, auch der Thermalbe-

reich mit Thalassobecken, Sole-, Kneipp- und Kaskade-Becken sowie Dampfbad stellt eine Oase der Ruhe dar. Verschiedene Massagen, kosmetische Behandlungen und ein vielfältiges Fitnessprogramm runden das Angebot ab. Heiß her geht es in der Saunawelt des Wonnemar unter anderem mit »Finnischer Sauna«, »Steinbad« und »Kelo-Sauna« mit Kaminraum. Der Saunahof mit Brunnen sowie weitere stilvolle Relaxbereiche sorgen dabei für ausgiebige Momente der Entspannung.

Das Wonnemar Wismar an der Ostsee ist eine Wasserwelt für alle Altersklassen und für alle Sinne. Während der große Wellness- und Saunabereich vielzählige Möglichkeiten zur Regeneration bietet, werden sich Action-Begeisterte im Erlebnisbereich wonnig wohlfühlen. Ambitionierten Wasserratten bietet zudem das großzügige Schwimmerbecken jede Menge Entfaltungsmöglichkeiten.

Parkscout-Tipp

Für Sauna-Neueinsteiger ist die milde »Bio-Sauna« (65°C) des Wonnemar Wismar als Anfang empfehlenswert.

72 Sachsen-Anhalt

ZOO MAGDEBURG

Vom Heimat-Tiergarten zum Erlebniszoo

Adresse
Zoo Magdeburg
Zooallee 1
39124 Magdeburg
Tel.: 03 91 / 28 09 00
www.zoo-magdeburg.de

Preise
Erwachsene (ab 16 J.): 9,50 €
Kinder (4 – 15 J.): 5,00 €
Kinder (0 – 3 J.): frei
Parken: 3,00 €

Öffnungszeiten
Ganzjährig täglich geöffnet
9 – 18 Uhr

Gastronomie
Für das leibliche Wohl der Tierpark-Besucher sorgen unter anderem das „Zoobistro" im Eingangsgebäude (»Zoowelle«) sowie jeweils ein Kiosk am Streichelgehege und gegenüber dem alten Dickhäuterhaus.

Neu 2016
Das neue Restaurant „Africambo Lodge" bietet ab sofort ganztägig kulinarische Highlights inmitten einer inspirierenden Umgebung mit Blick auf das Zoo-Gelände „Hochland von Äthiopien" mit Blutbrustpavianen und Nubischen Steinböcken.

Giraffenbulle YODA (Titelbild)
Nachdenklicher Schimpanse (r.)

Von der Öffentlichkeit bisher mit nur wenig Aufmerksamkeit bedacht, hat sich der Zoo Magdeburg in den letzten Jahren zu einem modernen und attraktiven Tiergarten entwickelt. Wie kaum ein anderer deutscher zoologischer Garten hat er dabei einen grundlegenden Wandel erfahren und bietet heute mit seinen modernen Großanlagen sowie breit angelegten Artenschutzprogrammen den perfekten Rahmen für einen erlebnisreichen Zoobesuch.

Wegweisender Artenschutz

Allen voran ist die im Juni 2010 eröffnete Afrika-Anlage »Africambo 1« mittlerweile ein großer Besuchermagnet. Auf 20.000 Quadratmetern sind hier verschiedene Tierarten des „Schwarzen Kontinents", darunter Blessböcke, Grevy-Zebras, Zwergmangusten und vor allem die vom Aussterben bedrohten Spitzmaulnashörner, beheimatet. Immer wieder macht der Zoo aber auch durch Zuchterfolge von sich reden. So konnte man sich 2013 über Rothschildgiraffe Shani, drei Jungtiere bei den Asiatischen Löwen sowie Schneeleoparden-Drillinge freuen. Letztere bedrohte Raubkatzenart bekam 2015 sogar erneut Nachwuchs. Der 1950 als Heimat-Tiergarten eröffnete Zoo Magdeburg besitzt aktuell rund 1.200 Tiere aus etwa 190 verschiedenen Arten. Da sich der einstige Zoobegründer Alfred Hilprecht als leidenschaftlicher Ornithologe erwies, steht hier neben den Säugetieren insbesondere auch die Vogelwelt im Mittelpunkt, die unter anderen mit Flamingos, Pelikanen sowie Weißkopfseeadlern vertreten ist.

Von Afrika nach Amazonien

Im 2009 neu eröffneten Eingangsbereich des Tierparks, der sogenannten »Zoowelle«, können Besucher neben den munteren Erdmännchen auch Nager und Reptilien beobachten. Im gleichen Jahr entstand die Südamerika-Anlage, in der auf 2.000 Quadratmetern neben Tapiren auch Nasenbären und Guirakuckucke leben.

Zu den schönsten Bauten im Zoo gehört das Giraffenhaus, das 1991 nach nur 110 Stunden Bauzeit eröffnet werden konnte. Die Idee zu dieser doch etwas verrückten Baugeschichte lieferte die Produktionsfirma einer Fernsehshow, in der es darum ging, scheinbar Unmögliches möglich zu machen. Das Haus wurde vom 24. bis 26. Oktober errichtet, am 2. November hielten die eigens aus Karlsruhe beschafften Giraffen Hanna und Fidelitas Einzug. Des Weiteren sollte man sich auch das Löwenhaus nebst Freianlage sowie die Anlage der Schneeleoparden, Rothunde und Tiger nicht entgehen lassen – gleichermaßen einen Besuch beim Wappentier des Zoos, dem Luchs. Die Pinguin-Anlage sowie ein großer Abenteuerspielplatz mit Streichelgehege runden das Erlebnis auch für die kleinen Zoobesucher rundherum ab.

Fazit

Bereits heute ist der Zoo Magdeburg dank seiner naturnahen und artgerechten Tiergehege sowie der Unterstützung zahlreicher Artenschutzprogramme ein moderner Erlebniszoo mit großem Herz und Engagement. Mit dem zuletzt 2014 eröffneten Menschenaffenhaus und der neuen Madagaskar-Anlage sowie der noch in Bau befindlichen Erweiterung der Afrika-Anlage wird der Zoo wohl auch in Zukunft Besucher und Bewohner gleichermaßen begeistern.

Parkscout-Tipps

Einen Kindergeburtstag im Tierpark zu feiern, ist bestimmt eine ganz besondere Überraschung für den Beschenkten und seine Freunde. Auch der Zoo Magdeburg bietet zu solch einem Anlass den perfekten Rahmen. Das Geburtstagskind bekommt nicht nur eine persönliche Urkunde sowie ein kleines Präsent, sondern darf sich auch noch über einen „tierischen Besuch" freuen.

Der Zoo ist weitestgehend barrierefrei. Nach telefonischer Reservierung können kostenfreie Rollstühle ausgeliehen werden.

Foto: Jaderpark

Foto: Hansa-Park

ZUR GESCHICHTE DER ERLEBNISBÄDER

Wenn sich heutzutage Menschen in schön gestalteten Schwimmbecken vergnügen und anschließend in den Wellness-Bereichen Leib und Seele erholen, so ist dies keineswegs eine Erfindung der Neuzeit. Vielmehr liegen die Wurzeln der modernen Erlebnisbäder rund 4.000 Jahre zurück, als schon in Ägypten und Indien nachweislich große Badehäuser gebaut wurden. Und es waren die antiken Griechen und Römer, die schon vor zwei Jahrtausenden öffentliche Badestätten errichteten, die nicht nur der Bespaßung und der Reinlichkeit dienten, sondern auch die Gesundheit des Körpers stärken sollten.

Die vermutlich bekanntesten Badestätten in der Zeit des Römischen Reiches waren die nach Kaiser Caracalla benannten Thermen, die am Stadtrand Roms von 212 bis 216 errichtet wurden. Dabei ist die Ähnlichkeit zu den Einrichtungen, die wir heute als »Erlebnisbad« bezeichnen, schon frappierend. Die rund 2.000 Personen fassenden Thermen beinhalteten nicht nur mehrere Schwimmbecken, sondern auch Gärten, Gymnastikräume und sogar Geschäfte. Noch heute kann man sich in Rom bei einer Besichtigung der noch gut erhaltenen Ruinen ein gutes Bild über die enormen Ausmaße der Anlage machen.

Im Mittelalter dienten Badehäuser hauptsächlich der Körperpflege und wurden im Auftrag von Gemeinden betrieben. Mit dem verstärkten Aufkommen von Seuchen, deren Verbreitung in diesen Häusern gefördert wurde, begann der allmähliche Niedergang der mitteleuropäischen Badekultur. Gab es im 14.

Jahrhundert in Frankfurt am Main noch 29 registrierte Bäder, waren Mitte des 16. Jahrhunderts nur noch zwei Badestuben in Betrieb.

Als Vorläufer der heutigen Freibäder könnte man die Flussbadeanstalten bezeichnen, die in Deutschland im 18. Jahrhundert etabliert wurden. So entstanden 1773 in Frankfurt und 1777 in Mannheim die ersten Einrichtungen dieser Art. Öffentliche Badeanstalten in Gebäuden, wie es sie schon im antiken Rom gab, hielten erst im 19. Jahrhundert Einzug in Deutschland.

Im Jahre 1870 eröffnete in Magdeburg das erste moderne Volksbad mit Schwimmbecken – die Angst vor dem Wasser, die noch das Rokoko bestimmt hatte, war nun endgültig verschwunden.

Seitdem hat sich das Aussehen der Bäder stark verändert. Immer neue Errungenschaften wie ein Wellenbecken, das übrigens schon 1905 zum Einsatz kam, Strömungskanäle, Rutschen oder Solebecken gehören heute genauso zum Standard eines modernen Erlebnisbades wie eine angenehme Inneneinrichtung, Restaurationen und ein Wellness-Angebot mit Saunen, Massagen und Solarien.

Außenbereich des Donaubades (l.o.), Thermalbad im Fürthermare (l.u.), Badespaß im Fildorado (M.l.), Westfälisches Saunahaus im Inselbad Bahia (M.r.), Rutschenturm im Tropical Islands (r.)

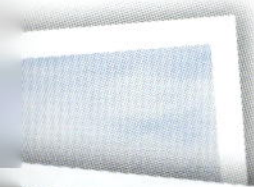

ZUR GESCHICHTE DER ZOOS

Als der römisch-deutsche Kaiser Friedrich II. – ein Enkel Friedrich Barbarossas – im Jahr 1235 die Schwester des englischen Königs Heinrich III. heiratete, schenkte er seinem Schwager drei Löwen. Die Tiere wurden im Tower of London untergebracht, doch aus damaliger Unkenntnis darüber, wie sie zu halten seien, verstarben die Löwen nach kurzer Zeit. Nichtsdestotrotz wurde fortan die Menagerie des Towers ausgebaut. Bären und Raubkatzen waren die ersten Tiere, die unter königlicher Obhut gehalten wurden. Sogar ein Eisbär soll im Mittelalter den Weg in den Tower gefunden haben. Löwen waren bald die bevorzugten Tiere auf dem englischen Königssitz, deren adelige Pfleger den privilegierten Titel als »Keeper of the King's Lion« innehatten. Später hielten Kamele, Strauße, Affen, Nashörner, Raubkatzen und Elefanten Einzug in den kleinen Tiergarten, den dann auch die bürgerlichen Einwohner Londons besuchen durften. Wer sich die hohen Eintrittspreise nicht leisten konnte, musste zumindest einen Hund oder eine Katze zur Fütterung der Raubtiere mitbringen.

Auf dem europäischen Kontinent vollzog sich der Ausbau hochherrschaftlicher Menagerien, die auch von den exotischen Tierhaltungen der Azteken beeinflusst worden waren, ab dem 16. Jahrhundert. In Italien wurden die ersten Wildtiere auf den großen Arealen der aristokratischen Residenzen präsentiert. Zum einen dienten die fremdartig wirkenden Tiere als Demonstration der Macht, zum anderen waren Elefanten, Nashörner und Raubkatzen reizvolle Attraktionen, die Adel und Klerus willkommene Zerstreuung brachten.

Das Wildgehege des königlichen Schlosses in Lissabon erlangte durch die Haltung importierter Tiere aus den portugiesischen Kolonien schon damals Berühmtheit. Hanno, der indische Elefant, wurde 1514 von König Emanuel I. als Geschenk für Papst Leo X. nach Rom gebracht, wo der beliebte Dickhäuter leider zwei Jahre später aufgrund der falschen Behandlung einer Verstopfung verstarb.

Zur Zeit des französischen Sonnenkönigs Ludwig XIV. erfuhr die Ausstellung exotischer Tiere einen wahren Boom. Die höfischen Menagerien der Schlösser Versailles und Schönbrunn verfügten über große barocke Anlagen, die allen anderen damaligen Tierschauen als Vorbild dienten. Heute steht der aus der 1752 entstandenen »Menagerie Schönbrunn« erwachsene »Tiergarten Schönbrunn« für moderne Tierhaltung in großen Gehegen. Er ist der älteste Zoo der Welt.

Von der bloßen Zurschaustellung in engen Käfigen gehaltener Tiere bis zu den ersten Erkenntnissen über artgerechte Haltung mussten ab dem 18. Jahrhundert dennoch weitere Jahrzehnte vergehen. Durch die Öffnung einem breiten Publikum gegenüber wuchs die Nachfrage der Bevölkerung nach weiteren Tierschauen. Der erste offizielle Zoo wurde 1828 in London, der älteste Zoo Deutschlands 1844

Flusspferd im Zoo Frankfurt, Eisbär bei der Nahrungsaufnahme im Tiergarten Nürnberg, Zebra im Zoo Duisburg (v.l.n.r.)

in Berlin eröffnet. Es folgten weltweite Zoogründungen in Europa, den USA, China, Indien und Japan. Die Zoos in Köln, Leipzig, München und Stuttgart blicken auf eine lange Tradition zurück und stehen heute für Artenschutz, Nachzüchtungen bedrohter Tierarten und vorbildliche Gehege, die das ursprüngliche Verhalten ihrer Bewohner fördern und regelmäßigen Nachwuchs garantieren.

Als einer der Wegbereiter moderner Zoos gilt Carl Hagenbeck. 1896 entwickelte er seine patentierte offene Tierschau mit freien Gehegen, die in dem 1907 eröffneten »Tierpark Hagenbeck« nördlich von Hamburg seine Verwirklichung fand. Der erste gitterlose Zoo der Welt gehört heute zu den schönsten Europas.

Was wären die deutschen Tierparks ohne das Engagement Bernhard Grzimeks, des langjährigen Direktors des Frankfurter Zoos? In den 1950er Jahren hatte er Afrika bereist und gemahnte in seinem Oscar prämierten Film »Serengeti darf nicht sterben« an den Schutz der bedrohten Tiere des Schwarzen Kontinents. Sein Auftreten in den Medien bewirkte innerhalb der Bevölkerung ein Umdenken hinsichtlich artgerechter Haltung. Auf dem Gelände des Frankfurter Zoos erinnert seine berühmte Dornier im Zebralook noch immer an seine Expeditionen im Namen der Tiere.

Die Zoos der Gegenwart bieten eine Mischung aus interessantem Edutainment, exotischen Abenteuerlandschaften und wertvollen Refugien aussterbender Arten. Unterhaltung und

Tierschutz schließen sich nicht aus, sondern ziehen durch die große Popularität berühmter Zoobewohner auch eine erhöhte Sensibilität bezüglich Klima- und Naturschutz nach sich. Die »World Association of Zoos and Aquariums« besteht aus über 200 weltweiten Zoos und sichert durch ihre Erhaltungszuchtprogramme das Überleben von Tieren, die sonst ausgestorben wären.

In modernen Zoos wird weniger Wert auf die Anzahl der präsentierten Arten gelegt als auf weitläufige Gemeinschaftshaltungen, die der Natur nachempfunden sind. So leben verschiedene afrikanische und australische Steppentiere in ihren jeweiligen Gehegen in harmonischer Eintracht zusammen.

Der größte Tierpark der Welt ist übrigens der »San Diego Wild Animal Park«. Auf dem 720 Hektar großen Areal stehen den Tieren großzügige weite Landschaften zur Verfügung. Das warme Klima Südkaliforniens macht diese freie Haltung exotischer Arten möglich, die sogar selbst aktiv den Kontakt zu den Menschen suchen. Die Löwen Heinrichs III. hätten ihre hier lebenden Artgenossen mit Sicherheit beneidet.

Tiger im Tiergarten Nürnberg (l.)
Elefant beim Trockenschütteln im Zoo Dresden (M.o.)
Giraffen im Serengetipark (M.u.)
Nandu im Zoo Duisburg (.)

ZUR GESCHICHTE DER FREIZEITPARKS

Freizeitparks sind mitnichten eine Erfindung des 20. Jahrhunderts. Vielmehr gehen ihre Wurzeln und Ursprünge zurück bis in das Jahr 1583, als in einem kleinen Waldgebiet nördlich von Kopenhagen eine Wasserquelle entdeckt wurde, deren gesundheitsfördernde Wirkung sich schnell herumsprach.

Schnell entwickelte sich an diesem Ort ein munterer Marktplatz, an dem Waren und Dienstleistungen als Zusatzangebot feilgeboten wurden: die Geburtsstunde des weltweit ersten Freizeitparks »Bakken« im dänischen Klampenborg.

Auch der »Wiener Prater«, wo bereits ab 1766 die Bevölkerung in Kaffeehäusern und Cafés Entspannung suchte, oder der 1843 eröffnete berühmte »Tivoli« in Kopenhagen gehören zu den traditionsreichsten Freizeitparks auf diesem Planeten und zeigen deutlich, dass der Wunsch der Menschen nach Entspannung und Freizeitgestaltung sicherlich älter ist, als es der moderne Freizeitpark mit seinen Fahrattraktionen vermuten lässt.

In den Vereinigten Staaten von Amerika, die gerne als das Mutterland der Freizeitparks gesehen werden, hielt ein solches Konzept erst vergleichsweise spät Einzug. Erst im Jahre 1846 öffnete der erste Freizeitpark auf amerikanischem Boden seine Tore: der »Lake Compounce Amusement Park« in Bristol. 1870 folgte der heute vor allem durch sein Achterbahnangebot weltbekannte »Cedar Point«in Ohio.

Aufgrund des großen Erfolges dauerte es nicht lange, bis überall im Land weitere Freizeitparks gebaut wurden, allerdings fand die Euphorie spätestens mit dem Einsetzen der

Flying Coaster Manta in SeaWorld Orlando (l.o.)
Tivoli Kopenhagen (l.u.)
SheiKra in Busch Gardens Tampa (M.l.)
Die Glocke im HANSA-PARK (M.r.)
Scream im Heide Park (r.)

Großen Depression und des Zweiten Weltkriegs ein jähes Ende. Außerdem stellte sich langsam heraus, dass das Verwenden von Holz als hauptsächlichem Baustoff recht suboptimal war: Alleine auf dem berühmten »Coney Island« zerstörten Feuer im Jahre 1911 und 1944 zwei Parks komplett.

Im Jahre 1929 entstand in Cleebronn mit der Altweibermühle der Grundstein für Deutschlands ältesten Freizeitpark: den »Erlebnispark Tripsdrill«. Bis allerdings die deutschen Großparks entstanden, sollte es noch einige Jahrzehnte dauern. Den entscheidenden Wendepunkt von einem »Amüsierpark« mit Fahrgeschäften und Fressbuden hin zu dem, was wir heute unter einem Themenpark verstehen, markiert sicherlich das Jahr 1955, als ein erfolgreicher Produzent von Zeichentrickfilmen ein völlig neuartiges Park-Konzept der staunenden Öffentlichkeit präsentiert: »Disneyland« in Kalifornien ist von Anfang an ein gigantischer Erfolg und hat zweifellos seitdem alle modernen Freizeitparks inspiriert.

In den darauffolgenden Jahren wirkte sich dies auch auf Deutschland aus: 1967 wurde in Brühl bei Köln mit großem Erfolg das »Phantasialand« eröffnet, 1975 startete der »Europa-Park« seinen Siegeszug. Diese beiden heute größten Parks in Deutschland holten sich trotz vieler eigener Ideen auch so manche Anregungen aus den Konzepten von Walt Disney, dessen eigene Vision eines Freizeitparks wiederum auf der Gestaltung von »Tivoli Gardens« in Dänemark basiert, womit der Kreis zurück zu den Ursprüngen wieder geschlossen wäre.

Colossos im Heide Park

490

IMPRESSUM / BILDNACHWEIS

Alle Abbildungen wurden von Parkscout bereitgestellt. Das Copyright liegt, wenn nicht anders angegeben, bei den einzelnen Erlebniswelten bzw. den Fotografen von Parkscout.

Für einzelne Fotos bedanken wir uns bei:

HANSA-PARK (S.2, S.14–17); Badeparadies Schwarzwald (S.5); Miniatur Wunderland (S.10–11); Tierpark Hagenbeck (S.12); Tierpark Hagenbeck, Götz Berlik (S.13); Klimahaus Bremerhaven (S.19 o.); Klimahaus Bremerhaven, Marcus Meyer (S.18); Klimahaus Bremerhaven, David Farcas (S.19 u.); Zoo am Meer Bremerhaven (S.20–21); Heide Park Resort (S.22–23); Weltvogelpark Walsrode (S.24–25); Serengeti-Park (S.26–27); Erlebnis-Zoo Hannover (S.28–31); Rasti-Land (S.32–33); BadeLand Wolfsburg (S.34–35); Tierpark Nordhorn/Franz Frieling (S.36–37); Zoo Osnabrück gGmbH (S.38–39); Nettebad (S.40–41); pixelio.de, M. Großmann (S.44); Zoo Safaripark (S.48–49); Erlebnispark Steinau (S.50–51); H2O (S.54–55); ZOOM Erlebniswelt (S.60–61); AQUApark Oberhausen (S.62–63); Movie Park Germany GmbH (S.66–69); Schloss Beck (S.70–71); Inselbad Bahia (S.72–73); Zoo Duisburg (S.74–75); Allwetterzoo Münster (S.76–77); Phantasialand (S.78–81); Kölner Zoo/Rolf Schlosser (S.82–83); Taubertsbergbad (S.86–87); Westfalenbad Hagen (S.88–89); Schwimm-In Gevelsberg (S.90–91); FORT FUN Abenteuerland (S.92–95); Zoo Frankfurt/J. Kircher (S.96); Zoo Frankfurt/C.R. Schmidt (S.97); Holiday Park (S.98–99); pixelio.de, Rainer Sturm (S.102); Hockenheim-Ring GmbH (S.106–107); Wilhelma, Zoologisch-Botanischer Garten Stuttgart (S.108–109); Sport- und Badezentrum Fildorado GmbH (S.110–111); SENSAPOLIS/Sonja Bell (S.112–113); Schwaben Park (S.114; 115 o.); Marc Spies (S.115 u.); Erlebnispark Tripsdrill (S.116–119); Europa-Park (S. 120–123); Badeparadies Schwarzwald (S.124–125); Tierpark Hellabrunn/Marc Müller (S.126 o.+u.; S.127); Tierpark Hellabrunn/Anette Wagner (S.126 M.); THERME ERDING (S.126–127, 130–133); Skyline Park (S.134–135); Ravensburger Spieleland (S.136–139); Bodensee-Therme Überlingen (S.140–141); Donaubad Wonnemar, InterSPA Gruppe (S.142–143); LEGOLAND® Deutschland (S.144–147); PLAYMOBIL/Geobra Brandstätter Stiftung & Co. KG (S.150–151); Kristall Palm Beach (S.152–153); Fürthermare (S.154–155); Erlebnispark Schloss Thurn (S.156–157); Bayern-Park, Reisbach – Foto Werner Berthold (S.158–159; S.164-165); Freizeit-Land Geiselwind (S.160–163); pixelio.de, Hans Snoek (S.166); Zoo Dresden (S.170–171); FOTOGRAFISCH-Juliane Mostertz (S.172–173); Zoo Leipzig (S.174–175); BELANTIS (S.176–177); SAALEMAXX (S.178–179); Freizeitpark Plohn (S.180–181); Botanischer Garten und Botanisches Museum Berlin-Dahlem/ I.Haas (S.182–183); Filmpark Babelsberg/Mathwig (S.184); Filmpark Babelsberg (S.185); Tropical Islands (S.186–187); El Dorado Templin (S.188–189); Zoo Rostock/Kloock (S.190); Zoo Rostock/Gohlke (S.191); Wonnemar Wismar, InterSPA Gruppe (S.192–193); Zoo Magdeburg (S.194–195);

Titelbild: Black Mamba, Achterbahn im Phantasialand. Foto: Phantasialand
Titel Fotoreihe: Eisbär, Foto: Zoo Am Meer Bremerhaven; Reifenrutsche AquaChoice, Foto: Inselbad Bahia; Karacho, Foto: Erlebnis-Park Tripsdrill
Umschlagrückseite: Magic Eye Rutsche; Foto: THERME ERDING; Elefant beim Baden, Foto: Zoo Leipzig; Holzachterbahn Bandit, Foto: Movie Park Germany; Atlantica SuperSplash, Foto: Europa-Park
Vordere Umschlagklappe (innen): Eisbär; Foto: Erlebnis-Zoo Hannover
Hintere Umschlagklappe (innen): Silver Star; Foto: Europa-Park

ISBN: 978-3-95733-444-2

Konzeption und Herstellung: Parkscout, Rödelsee
Redaktion: Mike Vester (Parkscout)
Layout: Denis Brünn u. Achim Schefczyk (Parkscout)